金砖国家法律研究

总第2卷
2017年

BRICS LEGAL STUDIES

华东政法大学金砖国家法律研究院 主办
ECUPL Institute of BRICS Legal Studies
主编 林燕萍 杜 涛 执行主编 陈文婧

法律出版社 LAW PRESS·CHINA

主编简介

林燕萍　女，法学博士，教授，博士生导师。现任华东政法大学副校长、金砖国家法律研究院院长。兼任中国国际私法学会副会长、中国欧洲学会欧洲法律研究会副会长、上海国际仲裁中心仲裁员等。主要研究领域为国际私法、国际竞争法、比较法及欧盟法等。主持国家社科基金、上海市哲社、外交部、司法部、卫生部等多项国家级和省部级课题。在国内外发表学术论文60余篇，主编、参编或独著《国际经济法专论》《国际私法学》《贸易与国际竞争法》《国际反垄断法》《国际私法案例评述》《发展中国家10国竞争法研究》《中外法律文献检索》等教材和学术著作10余部。曾在德国Passau大学、美国Rutgers大学作访问学者。

杜　涛　男，教授，博士生导师。曾任复旦大学法学院教授，现任华东政法大学国际法学院教授、博士生导师、金砖国家法律研究院常务副院长。兼任中国国际私法学会常务理事以及国际比较法学会（AIDC）会员。主要研究领域为国际私法、国际经济法和比较法等。主持国家社科基金、教育部人文社科、司法部国家法治与法学研究等国家级和省部级项目。在国内外公开发表学术论文和译文数十篇，出版《国际私法》（上海市优秀教材奖）、《德国国际私法：理论、方法和立法的变迁》（上海市哲学社会科学优秀成果一等奖）等学术著作。曾于德国特里尔大学和德国汉堡马克斯普朗克外国私法与国际私法研究所从事博士和博士后研究。2010年入选上海市浦江学者计划。

执行主编简介

陈文婧　女，华东政法大学金砖国家法律研究院助理研究员。比利时根特大学法学博士、华东政法大学博士后。主要研究领域为公司法、公司治理、欧盟法和比较法等。主持国家社科基金、中国博士后科学基金等国家级与省部级项目。在国内外核心期刊发表论文数篇，出版个人专著《A Comparative Study of Funding Shareholder Litigation》。曾于新加坡国立大学法学院亚洲法研究中心作访问学者（ASLI Visiting Fellow）。2016年受聘上海市高校青年东方学者。

卷首语

自2006年9月金砖国家合作机制正式启动以来,已经走过十个年头。十年来,在金砖国家的共同努力下,金砖机制建设日益完善,合作水平不断提升,并打造了“金砖+”的开放合作模式。受益于自身的良好发展条件和相互之间的务实合作,金砖国家经济总体始终保持中高速增长,经济总量在全球经济中的份额持续攀升,对外贸易和投资占全球的比重大幅提高,对世界经济增长的贡献稳步增大。金砖国家引领世界经济增长的势头依然强劲,金砖合作的“成色”更足。在过去十年中,金砖国家制定了《金砖国家经济伙伴战略》,建立了安全事务高级代表会议和外长会晤等机制,人文交流日益密切,并推动金砖合作进入了政治安全、经济合作、人文交流“三轮驱动”的新阶段。尤其是新开发银行和应急储备安排的建立,增强了新兴市场国家和发展中国家在国际货币金融体系和全球治理领域的话语权。

2017年是金砖国家合作承上启下、承前启后、继往开来的重要年份,金砖国家领导人厦门会晤开启了金砖合作新的十年。展望未来,随着世界经济缓慢复苏、全球治理不断完善、金砖国家经济实力和影响力持续提升,金砖国家的合作将继续深化,未来发展将更加光明,金砖国家必将迎来更加璀璨的第二个“金色十年”。

国家主席习近平在2017年金砖国家厦门会晤中提到,“中国古人说:‘交得其道,千里同好,固于胶漆,坚于金石。’金砖合作之所以得到快速发展,关键在于找准了合作之道。”金砖国家的未来发展,既需要政治家们的顶层设计,也需要各国智库加强合作、集思广益。在中国法学会的指导下,华东政法大学一直致力于推动金砖国家之间的法律交流与合作,并于2015年10月14日第二届金砖法律论坛开幕式上正式成立了金砖国家法律人才培养基地、金砖国家法律研究院,为友国的相关机构与人员参与这项事业搭建一个国际性平台。自金砖国家法律研究院成立以来,一方面,我们积极地“走出去”。2017年6月,华东政法大学党委书记曹文泽作为金砖国家中方理事会副理事长受邀出席了由中共中央对外联络部主办的首届金砖国家政党、智库和民间社会组织论坛,并参加了金砖国家学术论坛的交流研讨。2016年9月,应印度律师协会邀请,我率团赴印参加了第三届金砖国家法律论坛。另一方面,研究院紧紧围绕国家战略,积极开展“主场外交”,以金砖国家法律研究为题材,连续两年入选上海市高校智库建设项目。2017年年初在中国法学会的指导下,我们又相继成功举办了“构建中非立体化法治合作体系座谈会”“投资印度法律风险防范研讨会”等学术活动,积极推动金砖国家智库交流合作,进一步促进了国内研究力量的整合。

工欲善其事,必先利其器。“法律外交”的成功需要对金砖各国法律制度的深入研究积淀。《金砖国家法律研究》不仅是积累金砖国家相关法律问题研究成果的平台,也是构建金砖国家之间法律制度建设合作的重要桥梁。本卷《金砖国家法律研究》收录了校内外多位金砖国家法律研究人员的相关成果,既有对金砖各国国内相关法律制度的深入分析,也有对金砖国家法律合作方面的学术探索。我们将研究成果汇编成册出版,旨在进一步扩大研究成果的社会影响力,更好地为参与金砖国家法律制度研究和实践的各界人士提供支持和参考。下一步,我们将继续组织开展对金砖国家核心法律制度的研究。

志合者,不以山海为远。衷心期盼,通过各方面的努力,能够推动对金砖各国热点法律问题的深化研究,在法制层面为金砖国家第二个“金色十年”作出更大贡献。

是为序。

华东政法大学副校长
金砖国家法律研究院院长
教授、博士生导师
林燕萍

金砖国家法律研究（总第2卷·2017年）

BRICS Legal Studies

金砖国家法律研究(总第2卷·2017年)
第1~9页

打造金砖国家法律的互联互通机制
——第三届金砖国家法律论坛学术综述*

林燕萍　杜　涛　李　娜**

第三届金砖国家法律论坛于2016年9月9日至12日在印度新德里召开,秉承前两届法律论坛金砖国家间紧扣合作发展的主题,本届论坛以“为打造有效、包容、共同的解决方案构建法律框架”为主题,分为“金砖国家金融与法律合作重点问题与关键领域”“国际民商事法律新兴体系:构建金砖国家统一战略与合作机制的现实需要”“国际仲裁与争议解决:构建金砖国家及新兴国家争议解决机制”三个专题。来自巴西、中国、印度、俄罗斯、南非的法律界人士、使馆代表等200余人参加了论坛,就金砖国家法律合作的前沿问题展开了广泛深入的探讨,并且着重讨论了合作的路径和发展方向。华东政法大学金砖国家法律研究院部分研究人员在林燕萍副校长带领下全程参加了此次论坛,并承担了《德里宣言》中文本的修改和翻译任务。林燕萍副校长和杜涛教授应邀作了大会主题发言。论坛闭幕式上,林燕萍副校长代表华东政法大学签署了《德里宣言》。

本届金砖论坛的特点是务实性和多元性。在务实性方面,本届论坛坚持了以问题为导向和以成果为导向,各

---

* 本文原载《法学》2016年第12期。

** 林燕萍,华东政法大学副校长,教授。杜涛,华东政法大学金砖国家法律研究院常务副院长,教授。李娜,华东政法大学国际法学院讲师。

项议题都是金砖国家共同关心、共同面临,并且迫切需要解决的问题。论坛集中了各国专家的集体智慧、联合攻关、凝聚共识,形成的解决方案将提供给金砖合作机制或相关国家决策机构作参考,并且论坛成果及转化的形式也更加多元。通过这次论坛,各国代表一致认为,金砖国家间法律合作必须通过建立一个更加完善的合作框架和开展更加务实的合作措施,才能够取得丰富的合作成果和进一步推动世界的和平、稳定和繁荣。在多元性方面,不仅讨论的议题广泛地涉及金融、税法、司法、知识产权、外商投资、政府治理、律师管理和科研项目等多个法律合作事宜,参会人员也扩展到政府官员、商界人士,真正把论坛办成为金砖国家政府界、法律界和商业界提供一个高层对话的平台。

本届论坛中,各国专家重点就以下问题进行了广泛探讨,达成了很多共识。

一、加强金砖国家金融领域的司法合作

在本议题中,9位专家学者集中讨论金砖国家在金融合作中所面临的问题和合作途径;同时也从税收、破产法、知识产权保护、外商投资机制、司法制度改革、政府法制建设、律师合作和科研合作这8个方面,分别审视了各自国家在法治进程中面临的问题,然后为金砖国家开展合作提出了诸多的有针对性的建议。

在金融合作方面,巴西费雷拉·特谢拉·塞拉诺律师事务所合伙人果姆斯·达若斯提出,巴西金融监管是以中央银行为主体的混业监管机制,只有证券交易所、保险和养老金机构等少数机构不受央行监管。2008年全球金融危机爆发后,巴西经历了短暂而剧烈的经济波动和通货膨胀,为此,巴西监管当局采取一系列改革措施,如实施《巴塞尔协议Ⅲ》、运用宏观审慎政策工具管理流动性、采取反周期的存款准备金率调整信贷周期和加强货币政策与宏观审慎政策的协调与补充等。这些措施在一定程度上抑制了通胀压力,提高了金融机构的透明度,但在参与金砖国家金融合作方面,巴西到目前为止所做的还非常有限。巴西近年来发展进入一个相当艰难的时期,其中最重要的原因就是缺乏投资,因此巴西需要与其他金砖国家以多种方式开展金融合

作,吸引投资和贷款。

针对金砖国家应采取什么方式来开展金融合作,华东政法大学金砖国家法律研究院常务副院长杜涛建议,可以通过金砖国家金融市场间的互联互通来开展合作。香港交易及结算所有限公司在2011年6月提出建立金砖国家交易所联盟(BRICS Exchange Alliance),来方便全球投资者涉足新兴交易市场。目前,香港交易及结算所有限公司、巴西证券期货交易所、俄罗斯莫斯科银行间外汇交易所(MICEX)和俄罗斯交易系统(RTS)、南非约翰内斯堡证券交易所都已参与这项联盟计划,并且印度国家证券交易所和孟买证券交易所也对该计划表示支持,待条件成熟后加入。根据该计划,金砖国家各成员市场的基准股市指数衍生产品将可以在其他交易所以当地货币挂牌买卖,并且联盟交易所将合作开发追踪金砖国家市场表现的创新产品和其他资产类别和服务领域开发产品。

另外,印度律师协会助理主席巴特也提出建议,要利用好金砖国家新发展银行这个平台来开展金砖国家间金融合作。金砖国家新发展银行是当下金砖国家和其他发展中国家变革国际金融法律制度的重要平台,创始成员为中国、俄罗斯、巴西、印度和南非,成员资格向联合国成员国开放。金砖国家通过签订《金砖国家银行合作机制多边本币授信总协议》《多边信用证保兑服务协议》等多项合作协议,已经在逐步开展金融合作,并且根据其支持基础设施建设和促进可持续发展的宗旨,金砖银行将其首批4个贷款都投向了绿色能源项目,分别是:为巴西国家经济社会发展银行提供3亿美元的转贷,支持巴西600兆瓦的可再生能源发电能力;为中国上海临港弘博新能源发展有限公司提供以人民币计价的约8100万美元贷款,用以支持该公司的100兆瓦太阳能屋顶发电项目;为印度卡纳拉银行提供总计2.5亿美元的资金,支持500兆瓦的可再生能源发电能力建设,第一部分合作以7500万美元的转贷形式进行;为南非国家电力公司提供资金支持,支持该公司为670兆瓦电力的疏散提供输电线,以及建设500兆瓦可再生能源独立发电厂。这些投资项目不但有效地支持金砖国家可持续性发展的需求,也向世界传播了绿色发展理念,造福了世界经济。

在税收合作方面,金砖国家法律协会研究员萨维茨基在其报告中提出了金砖国家应该在建立统一的受控外国公司制度方面加强合作。当投资者在海外设立实体时,很多情况下当海外实体所在国为免税或低税地区时,投资者往往决定不将属于其的那部分利润分配至居民国,由此规避对这部分利润应征收的税收。受控外国公司制度正是用于规制这种避税行为,核心是如果该海外实体为本国投资者所控制,那么该海外实体取得的利润无论是否分配,都要对本国投资者就其应享份额加以征税。该制度在各国国内立法上有各种变化,给跨国公司利用各国差异逃避税提供了机会。因此,萨维茨基建议金砖国家在国内立法中统一规定受控外国公司制度的控制标准、豁免及门槛要求、收入的定义、收入的计算、收入的归属及防止和消除双重征税这6个构成要素,以此来实现金砖国家共同打击跨国公司的逃避税行为。从实践角度来看,实施萨维茨基这个建议比较困难,一方面由于金砖五国在税收立法制度和税收征管措施上差异巨大,另一方面金砖国家在打击跨境逃避税方面的侧重点不同。但从理论角度来看,萨维茨基对受控外国公司制度的比较研究成果,对于其他金砖国家,特别是对我国,在税制改革中进一步完善受控外国公司制度有借鉴价值。

另外,对于金砖国家税收合作的途径,俄罗斯金砖国家法律研究院院长维尼茨基建议五国通过签订一个多边税收协定的方式进行合作。近年来,金砖国家都呈现了加强打击逃避税和加大海外投资的趋势,但是五国在税收政策上存在差异,不但为跨国公司逃避税创造了机会,也同时出现了跨境税收争议增长的现象。因此,维尼茨基建议金砖五国利用二十国集团正在全球开展的税基侵蚀和利润转移项目(BEPS项目)机会,通过参与该项目第15项行动——多边工具谈判,争取实现在金砖国家间签署一个多边税收协定,改进目前五国间主要通过双边税收协定开展合作的现象。维尼茨基的这个建议与二十国集团正推进的全球税收治理理念一致,金砖国家的税收政策也确实存在一些签订多边协定的基础。例如,五国目前还多注重保护来源国税权,但随着对外投资的不断加大,都需要转变税收政策,考虑居民国的税权,并且都在加大打击逃避税的力度,在这些共通性基础之上,金砖国家的法律界可以合作起草一份多边税收协定,反映金砖国家的共同税收利益,建立一个统一的税收争议解决平台。因此,维尼茨基的这个建议对于我国参与全球税收治理和构建新型国际税收政策有参考价值。

在破产法方面,印度律师协会副主席阿玛吉克和中国人民大学法学院教授王欣新分别介绍了印度和中国的破产法律及实践。随着金砖国家之间相互投资与贸易的迅速发展,跨国界破产案件的协调与合作正逐步成为金砖国家及新兴国家涉及商事争议解决机制的重要组成部分。因此,阿玛吉克和王欣新教授在报告中除了比较印度和中国在破产法程序方面的异同,也都有针对性地介绍了外国管理人申请认定和执行外国法院的破产裁判的程序,为探讨印度和中国如何在破产法方面进行合作打下了基础。

在报告印度的外商投资机制时,印度资深出庭大律师塞姆·迪万明确地提出希望学习中国外商投资方面的立法和管理制度。印度针对外商投资的指导性法规主要是《1934 年印度储备银行法》《1991 年工业政策》《1999 年外汇管理法》《1956 年公司法》《1961 年所得税法》。进入印度的外国投资通常有两种路径,一种是自动路径,另一种是政府路径。自动路径的外国投资者或印度公司无须经过印度储备银行或印度政府的投资审批;政府路径则要求印度政府通过外国投资促进委员会对该投资项目进行事先批准。在印度,商工部工业政策促进局负责制定外国直接投资政策,同时印度经济事务部外国投资促进委员会将根据情况,对需要经过政府路径批准的外国投资进行修改和调整。目前,除了个别重要的部门外,印度经济的大部分行业已经部分向外资开放,并且在不断地放宽对外国投资的限制,如允许外国航空公司投资国内航空业、提高广电领域的外国直接投资比例等。

二、加强金砖国家之间的国际民事司法协助

金砖国家间法律合作的关注重点之一是建立一个能够促进商业发展的法律框架和环境,金砖国家都需要改革其民商事法律的立法和实践方法,包括监管模式、合约方式、法律结构等,因此本部分集中讨论金砖国家在国际民商事法律方面开展合作的途径,四位专家不但建议在公司治理、刑事司法协助、外国法查明这三个方面建立专项合作机制,而且倡议在金砖国家间建立一个长期可行的对话机制,来监督和促进合作的执行。

在刑事司法协助方面,西北政法大学校长贾宇倡议金砖国家间应开展更加紧密的合作。金砖国家一方面在经济、政治、文化等各方面的交往及人员的流动在增加;另一方面,五国间的犯罪,特别是国际犯罪、跨国犯罪、有组织犯罪等也会增多,犯罪后的出逃他国现象更是不可避免。其结果是惩治犯罪、治理社会,不是哪一个金砖国家所能单独完成,必然需要加强五国间的刑

事司法协助。目前金砖国家峰会的斐然成果为紧密刑事司法协助提供了空间,双边的刑事司法协助文件也为刑事司法协助奠定了一定的法律基础,而且金砖国家检察机关之间的建立总检察长会议机制更为刑事司法协助提供了中央机关的保障。因此,贾宇校长建议,应抓住金砖国家全面深化伙伴关系的历史性机遇,协调行动,相互支持,注重刑事司法方面的实质性交流与合作,共同防范和打击一切形式的恐怖主义等跨国有组织犯罪,在经验交流、情报分享、线索核查、执法合作等领域开展务实合作,推动解决地区和全球毒品等跨国有组织犯罪及腐败犯罪问题,保持金砖国家间刑事司法协助机制的活力,为金砖国家间经贸往来、文化科技交流等提供更好的司法保障。

针对金砖国家在司法实践中普遍存在的外国法查明困难问题,华东政法大学副校长林燕萍倡议金砖国家间建立外国法查明合作机制。这个合作机制的远景目标是所有金砖国家签订一个多边协议,作为金砖五国在外国法查明方面紧密合作的国际公约。这个多边协议可以参照1968年的《欧洲公约》的模式,在各国建立专门的联络机构,来交换各国法律或者司法实践的资料。而近期可以开展的合作机制则是在每个金砖国家设立一个或几个专门的外国法查明中心。这些查明中心可以作为该国法律信息的收集地,然后建立一个网络化的查明平台,可以称为"金砖国家外国法查明合作平台"(BRICS PFL Platform),这些查明中心在这个平台上开展多种类型的合作,例如,每个中心建立起一个专家库,定期发表文章、出版期刊和书籍,向本国政府、司法机构及金砖国家首脑会议和金砖国家银行等机构提供所需的金砖国家法律信息,建立定期的法律培训机制,以及将外国法查明作为今后金砖国家法律论坛上的一个常规性议题等,并且,林燕萍校长建议,将华东政法大学外国法查明中心作为金砖国家外国法查明合作机制的联络枢纽,建立一个合作网络,在金砖国家和金砖国家以外的世界各国来拓展我们的外国法查明工作。

在各位专家所提出的具体合作途径的基础上,印度法律协会常务副主席普拉桑特·库玛尔倡议金砖国家建立一个长期可行的对话机制,来监督和促进这些单个合作机制的执行。这个对话机制需要既有可实践性也要有逻辑性,所以不但需要有纸上的日程安排,更需要有通过电话、网络、访问会面等实际交流访问的日程安排。虽然金砖国家通过每年举办法律论坛可以为法学界提供交流机会,但还不足以构成一个经常性的、可行的机制,因此金砖国家法律界需要尽快建立起一个经常性的对话机制,并且除了金砖国家代表参加这个对话机制之外，也可以邀请其他相关发展中国家参与对话。

三、构建高效率的金砖国家及新兴国家争议解决机制

本次论坛集中讨论使用仲裁机制来解决发生在金砖国家间及新兴国家的争议问题，五位专家学者建议金砖国家通过在仲裁制度方面开展合作，采用最佳的国际仲裁标准，构建高效的争议解决机制，在各金砖国家建立仲裁中心，不需要外包给其他国家。

俄罗斯资深律师派退克雷恩、巴西圣保罗自由大学的助理教授舒密特、印度律师事务所联盟主席拉里提巴森和北京大学法学院教授傅郁林在其报告中都提出，与磋商、诉讼及其他类型的争议解决机制相比，仲裁制度解决金砖国家间及其与新兴国家间的争议方面中具有明显优势。除了仲裁制度本身在当事人意思自治、仲裁程序灵活、一裁终局及仲裁具有保密性等优势之外，对于金砖国家而言，五国在仲裁裁决的执行性、管辖的确定性和程序方面都存在趋同性，因此金砖国家更易于找到合作的基础。例如，金砖国家在制定本国的国际商事仲裁制度时，均在最大程度上借鉴《联合国国际贸易法委员会国际商事仲裁示范法》，因此金砖国家在仲裁方面的基本理念、程序设计、裁决执行等方面都基本相同，而且金砖五国均为《纽约公约》成员国，这大大降低了金砖国家间承认和执行仲裁裁决的难度。因此，在金砖国家内建立仲裁中心是在法律论坛框架下，共同解决金砖国家及相关新兴国家间争议的有效途径。同时，也要继续推进金砖国家间仲裁规则方面的法律交流、培养更多的仲裁人才，以合理的价格和高效的服务来解决跨境纠纷。

以金砖国家争议解决上海中心为视角，上海市贸促会副会长李志刚展望了金砖国家仲裁合作的前景。金砖国家争议解决上海中心在2015年10月挂牌后，设立了专家委员会，由24名中外人士组成，委员涵盖了中国法学会、最高人民检察院、最高人民法院、司法部、华东政法大学、复旦大学、中华全国律协、上海市人大法工委、上海市政府法制办、上海市高级人民法院、上海市商务委、上海市司法局及上海国际仲裁中心的代表，以及来自巴西律师协会、俄罗斯联邦公证协会、印度律师协会、非洲非诉讼纠纷解决组织的代表。上海中心通过召开不定期会议的机制，为金砖国家争议解决中心的良好运作提供

指导和保障。在报告中,李志刚会长呼吁金砖各国在其已经成熟的仲裁机构中继续加设金砖争议解决仲裁平台,或者新设仲裁机构,从而实现五国间的联动合作。由此,从仲裁案件管辖的角度,涉及任意两个或多个金砖国家当事方的争议可由非案涉金砖成员国的仲裁平台或机构予以解决;从专家资源整合的角度,此类案件可以由金砖国家内熟悉金砖国家经贸实务或具有相应法律背景的人士作为仲裁员来解决处理。这样的仲裁合作机制可以进一步提升金砖国家争议解决的专业化水平,更好地实现区域仲裁间的协作及资源共享。

四、总结

本届法律论坛基于其务实性和多元性的特点,坚持以问题为导向和以成果为导向,提出了很多切实可行的合作方案,有助于金砖国家间加强沟通,凝聚共识,齐心协力,提升在国际事务中的话语权和决策权,推动国际关系的法治化和民主化,建立高效、包容、开放、共赢的合作机制。

对于中国在金砖国家法律合作中的作用,正如中国法学会常务副会长陈冀平所指出的,中国有义务也有能力为金砖国家合作机制提供应有的法治贡献,用法治凝聚金砖国家的合作共识、巩固金砖国家的合作基础、为金砖国家合作机制下的重大举措保驾护航、预防化解合作中的风险和争议。第一,以法治互信促进政治互信。金砖五国对法治的重视,为金砖五国之间的合作机制法治化提供了政治基础,而合作机制的法治化也必将进一步增强我们之间的政治互信。第二,以法治共识凝聚合作共识。金砖国家应当建立法治共识机制和实质性的法律合作机制,把法治作为金砖五国合作各方价值理念的最大公约数,用法治方式弥合分歧、设定权利和义务、预防和解决纠纷。第三,在金砖国家合作机制框架下探索构建一体化的商事规则体系和特色鲜明的争议解决机制。其中,商事规则体系应当坚持平等原则、诚实信用原则、高效便捷原则。争议解决机制应坚持谈判协商优先原则,在设计和适用仲裁或者司法程序时要保障当事国家或者其他利益主体的参与权、选择权、知情权和救济权。第四,金砖国家作为国际关系中的重要力量和国际体系的重要建设者,应在推动国际法治发展方面承担更多的责任。应在全球治理、国际经济金融体系改革等重大问题上密切沟通配合，维护好新兴市场国家和发展中国家权益。第五，中国积极参与国际法治建设和联合国立法、执法和司法活动，是国际法治的坚定维护者和建设者。中国在推进“一带一路”建设战略中，也把法治引领和保障放在突出的位置。

金砖国家法律研究(总第2卷·2017年)
第10~25页

金砖国家之间证券市场互联互通及其监管合作的法律框架

杜 涛*

内容提要:随着全球化的发展,各国证券市场越来越走向互联互通。各国证券交易所发起了一轮又一轮的兼并计划,各国企业大量跨境上市,都提高了证券交易跨境交易监管的难度。金砖国家已经开通了证券交易所联盟计划,但是由于各国法律的差异,导致各国之间在跨境监管方面存在很大的障碍。包括中国在内的金砖国家在目前的全球化背景下,应该发展新的国际金融秩序,加强南南合作,逐步增强自己在国际上的讨价还价能力。对于金砖国家而言,更应该利用此次全球金融危机带来的机会,加速推动本国货币的国际化进程,保障金砖国家交易所联盟的有效运转,大力建设金砖国家国际金融中心,增加金砖国家金融市场对全球的吸引力。金砖国家可以利用"一带一路"倡议的契机,进一步改革各国金融监管制度,充分吸收西方发达国家先进监管理念,形成具有金砖国家特色的跨境证券监管制度。

关键词:金砖国家 证券市场 互联互通 监管合作

* 杜涛,华东政法大学金砖国家法律研究院常务副院长,教授,博士生导师。

一、全球证券交易的互联互通趋势

（一）中国证券市场的国际化

中国证券市场正在逐步加快对外开放进程。目前我国对资本项目实行外汇管制，境内投资者买卖境外上市证券受到限制。境外投资者只能通过其经纪人购买境内上市的 B 股，或者通过合格境外机构投资者（QFII）或人民币合格境外机构投资者（RQFII）买卖 A 股。中国境内投资者也可以通过合格境内机构投资者（QDII）投资境外资本市场。近年来，中国证券市场加快了对外开放的步伐。据统计，截至 2014 年年底，中国证监会已批准成立了 13 家外资参股证券公司、48 家外资参股基金公司、3 家外资参股期货公司、251 家 QFII 投资机构、60 家 RQFII 投资机构。内地也有多家证券公司和基金公司在香港设立了分支机构。①

2014 年 4 月 10 日中午，证监会与香港证券及期货事务监管委员会发布联合公告，开展沪港股票市场交易互联互通机制试点（以下简称沪港通，Shanghai-Hong Kong Stock Connect Program）。上海证券交易所和香港联合交易所将允许两地投资者通过当地证券公司（或经纪商）买卖规定范围内的对方交易所上市的股票。沪港通包括沪股通和港股通两部分：沪股通，是指投资者委托香港经纪商，经由香港联合交易所设立的证券交易服务公司，向上海证券交易所进行申报（买卖盘传递），买卖规定范围内的上海证券交易所上市的股票；港股通，是指投资者委托内地证券公司，经由上海证券交易所设立的证券交易服务公司，向香港联合交易所进行申报（买卖盘传递），买卖规定范围内的香港联合交易所上市的股票。2014 年 11 月 17 日，沪港通正式开通。时隔两年的 2016 年 12 月 5 日，深港通也正式开通。

上海证交所还计划与伦敦证券交易所开通“沪伦通”（Shanghai-London Stock Connect Plan），使中国内地投资者和欧洲投资者可以相互在对方证券市场进行证券投资。在 2016 年 11 月 10 日举行的第八届中英经济财金对话上，

---

① 参见中国证券监督管理委员会编：《中国证券监督管理委员会年报（2014）》，中国财政经济出版社 2015 年版，第 81 页。

双方欢迎上海证券交易所和伦敦证券交易所关于“沪伦通”联合可行性研究取得的重要的阶段性成果,双方同意将在下一步开展相关可操作性制度和安排的研究与准备。双方还同意加强在交易所衍生品发展和监管领域的交流与合作。①

(二)全球证券交易所的合并浪潮

近年来,随着经济全球化和证券交易电子化的发展,证券市场和证券交易的跨国化趋势日益加强。国际证券交易市场在过去十年掀起了合并热潮。②许多国家政府为让股票市场更加全球化,允许证券运营商同规模更大的公司合并。2007年4月4日,纽约证交所集团正式与泛欧交易所合并。目前纽约泛欧交易所持有纽约证券交易所、泛欧交易所、NYSE Liffe、NYSE Arca、NYSE Arca Europe、NYSE Alternext、NYSE Amex、NYSE Liffe US,LLC(NYSE Liffe US)、NYSE Technologies, Inc(NYSE Technologies)、EasyNext、BlueNext、Free Market(Marché Libre)和SmartPool等全球多个国家和地区的交易所。美国纳斯达克目前也拥有许多北欧国家的证券交易所。纽约泛欧交易所和德意志证券交易所也曾计划合并,拟组成全球最大的证券交易所。③2011年2月,伦敦证券交易所和多伦多证券交易所也有合并计划。④新加坡交易所也曾宣布以84亿澳元的高价收购澳大利亚证券交易所。⑤日本两大证券交易所东京证券交易所和大阪证券交易所的股票现货交易2013年7月16日开始合二为一,合并后,东证的上市公司数量增至约3400家,跻身世界前三位。2016年,伦敦交易所集团与德意志交易所宣布合并,将成为欧洲最大的证券交易商。在金砖国家,巴西圣保罗证券交易所与巴西商品期货交易所于2008年合并。南非约翰内斯堡交易所与南非债券交易所于2009年合并。俄罗斯莫斯科银行间外汇交易所与俄罗斯交易系统于2011年合并为莫斯科证券交易所。

---

① HM Treasury and The Rt Hon Philip Hammond MP,“UK - China 8th Economic and Financial Dialogue:financial services”, accessed December 13th 2017. http://www.gov.uk/government/news/uk-china-8th-economic-and-financial-dialogue-financial-services.

② 参见骆嘉:《全球交易所合并对金砖国家的影响及其应对策略》,载《金融教育研究》2017年第2期。

③ 2012年2月,欧盟委员会否决了该项合并计划。

④ 2011年6月29日,该项交易宣告失败。

⑤ 该项合并计划后来被否决。

（三）跨境上市浪潮

经济全球化促使各国企业开始跨境上市。根据世界证券交易所联合会（World Federation of Exchanges，WFE）的统计，2003 年，SFE 的 48 家会员交易所中有 33 家交易所拥有外国公司跨境上市，比例为 69%；而到 2013 年，WFE 的 52 家会员交易所中有 41 家拥有外国公司跨境上市，比例达到 80%。其中，伦敦证券交易所集团 2003 年 1 月只有 416 家外国公司上市，占比为 14.7%；而到了 2012 年 3 月，已有 593 家境外上市公司，占比为 20.8%。纽约交易所的外国上市公司数量在 2012 年 3 月也达到了 527 家，占比为 22.6%。新加坡交易所的外国上市公司数量在 2012 年 3 月占全部上市公司数量的40.1%。墨西哥交易所的外国上市公司数量占比甚至达到惊人的 72.9%。目前，只有中国的上海交易所、深圳交易所及印度孟买、印尼、泰国等少数几个国家的交易所没有外国公司上市。

中国企业境外上市起始于 20 世纪 80 年代。经过 20 多年发展，截至 2013 年年底，我国共有 185 家股份有限公司到境外上市，筹资总额 2000 多亿美元。其中在香港主板上市 158 家（含香港、纽约同时上市 10 家，香港、伦敦同时上市 4 家，香港、纽约、伦敦同时上市 1 家），在香港交易所创业板上市 24 家。[①]

（四）证券交易所的互联互通与证券交易的跨境化

证券交易所的跨国合并及各国公司的跨境上市，使得证券交易越来越全球化。跨境交易是指本地投资者交易在外国证券交易所挂牌的证券，或者外国投资者交易在本地交易所挂牌的证券。

早在 20 世纪 80 年代，美国的证券交易所就积极与他国证券交易所进行了跨国证券交易市场的互通互联计划（Market Linkage Plans）。其中最早进行的是美国波士顿交易所和加拿大蒙特利尔交易所的互通计划。该计划通过在两个交易所之间建立电子连接从而使两个市场上的交易者可以在对方交易所进行交易。不过该项计划只是单边的，即只能在波士顿交易所交易蒙特利尔交易所的证券。后来，该项计划的成功促使 SEC 批准了美国证券交易所（AMEX）[②]与加拿大多伦多交易所建立互通。该项互通项目是首家美国主流

① 参见中国证券监督管理委员会编：《中国证券监督管理委员会年报（2013）》，中国财政经济出版社 2014 年版，第 56 页。

② 美国证券交易所曾是美国除纽约证券交易所之外的第二大交易所。1998 年与纳斯达克交易所合并。2008 年与纽约—泛欧交易所集团合并。

交易所与外国主流交易所建立双向互通关系，两个交易所的投资者可以相互交易对方的证券，极大地方便了两国投资者。此后，美国中西部股票交易所也与多伦多证券交易所建立类似互通关系。

2014年11月14日在上海首次举办的亚洲暨大洋洲交易所联合会工作委员会（AOSEF）会议上，交易所间的互联互通成为重要议题。会议认为，不同于欧美交易所频繁的收购兼并活动，AOSEF的会员交易所选择了一条开展市场互联的"温和"合作道路，并产生了多种模式，主要包括产品交叉挂牌，如韩交所的KOSPI200期权、台期所衍生品在德交所挂牌；相互提供订单路由，如新加坡与澳大利亚市场连通、东南亚交易所连接、沪港通，以及即将实施的中国台湾—新加坡互联互通等。这些市场互联互通尝试产生了巨大的影响，也正成为新兴市场交易所合作的一个潮流。

早在2011年，东京证券交易所和纽约泛欧交易所就启动了连接彼此交易系统的计划，此举旨在令各自的客户都能以更便宜、更直接的方法进入对方的交易平台，从而在相互交流的同时刺激交易。

东京证交所的高管和纽约泛欧交易所的操作员在2011年3月签署了一份合作意向书。两个交易所的交易系统连接后，位于东京或位于大洋彼岸的投资者都可以利用各自本地的交易系统进入对方的系统，并对在对方交易所上市的公司的股票进行买入或卖出操作。

东盟国家也在加快实施"东盟交易联接"。根据该计划，东盟成员国的7家交易所交易渠道最终将实现相互联接，由此可以让投资者在任何一家交易所买卖任何交易所的股票。作为启动项目，新加坡和马来西亚交易所已于2012年9月首先实现联接。泰国证券交易所也在一个月后加入。上述3家股票交易所的市值约占整个东盟7家交易所总市值的2/3。随后将加入到联接计划中的另外4家股票交易所为越南的河内证券交易所和胡志明证券交易所、印度尼西亚证券交易所，以及菲律宾证券交易所。

新交所已经从2012年9月18日起修改了条例，使基金机构、股票经纪、资产管理业者等市场参与者能够更直接地通过新交所的交易系统进行证券买卖。与此同时，在马来西亚的市场参与者也将能够从自身系统，或者通过新交所的会员系统，实时看到新加坡的股市价格，以便实时买卖。据悉，目前共有31家证券交易商已经加入到东盟交易联接中来。根据当地媒体的数据显示，新马泰交易所的整体日均交易额约为25亿美元，约为东京交易所的

20%。东盟交易联接计划有望吸引更多的国际投资者,并进一步推高交易量。

(五)金砖国家交易所联盟计划

金砖国家的证券交易所于2011年10月12日在南非约翰内斯堡举行的国际证券交易所联会第五十一届年会上签署协议,宣布成立金砖国家交易所联盟(BRICS Exchange Alliance),以方便全球投资者涉足新兴交易市场。分析认为,这是金砖国家为深化经济合作迈出的坚实一步,也将会给全球经济格局带来重要影响。

据介绍,香港交易及结算所有限公司(港交所)、巴西证券期货交易所、俄罗斯莫斯科银行间外汇交易所(MICEX)和俄罗斯交易系统(RTS)、南非约翰内斯堡证券交易所已参与这项联盟计划。印度国家证券交易所和孟买证券交易所对该计划表示支持,待条件成熟后加入。据悉,这7家交易所共有近9500家上市公司,总市值达到9.02万亿美元,2017年8月股市成交金额超过4200亿美元。2017年6月,这7家交易所占全球交易所上市衍生产品合约成交量的18%。

成立联盟的想法最初由港交所在2011年6月第一次提出。根据该计划,金砖国家各成员市场的基准股市指数衍生产品将可以在其他交易所以当地货币挂牌买卖,该阶段合作有望在2012年6月前实现。第二阶段合作包括合作开发追踪金砖国家市场表现的创新产品,投资者通过单一产品即可同时涉足所有联盟成员市场。第三阶段,该联盟可能在其他资产类别和服务领域开发产品,展开合作。

2012年3月14日,“金砖国家”(BRICS)交易所联盟5名创始成员在美国举行的第37届国际期货业大会上宣布,各成员交易所的基准股市指数衍生产品将从3月30日起在彼此的交易平台互挂买卖。在各交易所按当地交易时间及以当地货币互挂买卖的衍生产品包括:巴西的IBOVESPA期货、俄罗斯的MICEX指数期货、印度的Sensex指数期货、香港的恒生指数期货及恒生中国企业指数期货,以及南非的FTSE/JSE Top40期货。JSE还会将其他4家交易所的基准期货的期权挂牌买卖。此外,5家交易所还计划合作开发代表“金砖国家”的新股市指数相关产品,以便于联盟合作的第二阶段在各交易所的衍生产品及现货市场相互上市。第三阶段则可能包括合作发展其他资产类别相关的产品及服务。

二、金砖国家证券法律制度比较

(一)中国证券监管制度

中国证监会虽然在名义上是事业单位,不属于国务院的组成部门,其工作人员也不列入国家公务员序列,但从国家法律、法规和国务院三定方案所赋予的职责和权力来看,它具有政府部门所具有的典型特征,是一个实实在在的国家行政权力机关,是我国《立法法》所称的“具有行政管理职能”的行政执法机构。

目前内地上市公司的发行审查权力属于证监会发审委,行政性监管在内地证券市场还占主导地位,自律性监管机构包括中国证券业协会及沪深交易所发挥的监管职能还是很少。例如,应当由沪深交易所负责的上市规则、交易规则和会员规则的修改,现已由证监会主持进行;证监会对证券交易活动中的涨跌幅限制、异常交易,对上市公司的暂停、恢复上市等进行一定程度的干预,在很多方面证监会代行了交易所的一线监管职能。而在香港,虽然证监会负责证券市场的大部分监管职责,并且负责监督香港交易所对监管职能的行使,但是香港交易所下属子公司联交所拥有制定《上市规则》《交易所规则》等的权力,并且依据上述规则监督上市公司及交易主体的执行情况,证监会保留最终的上市及市场监察的权力,日常的执行由香港交易所按照自律监管规则进行。

中国的证监会不同于美国的证券交易委员会,没有独立的执法权。2006年修订的《证券法》虽然赋予了中国证监会一定的执法权(冻结、查封权等),但中国证监会作为一个事实上的行政机关,在机构设置、人员编制、福利待遇等方面都受到其他部门的牵制,其执法权难以独立,在执法过程中频频受到外界干扰。据证监会主席肖刚介绍,近年来证监会每年立案调查110件左右,能够顺利作出行政处罚的平均不超过60件。平均每年移送涉刑案件30多件,最终不了了之的超过一半。①另外,中国证监会的职能仍然过多地集中在了事前审批环节,而忽略了对中后期的监管和执法。执法过程中,调查和

① 参见肖刚:《监管执法是资本市场健康发展的基石》,载《求是》2013年第15期。

审理职能没有分离，容易导致执法不公。

目前，中国证券市场的国际开放度尚不够高，管制较严，比如，不允许境外机构在境内发行股票；QFII总体规模较小，门槛较高，审批较严，进行中长期投资的机构占比较小，投资品种有限；QDII境外证券投资额度、比例、品种等限制较多；不允许境内(外)一般机构和个人在境外(内)直接买卖证券，等等。

(二)印度证券监管制度

印度作为英国的前殖民地，很大程度上保留了英国留下的金融制度。早在19世纪50~60年代，孟买就开始了非正式的股票交易。1875年，印度成立了亚洲第一家证券交易所——孟买证券交易所。1887年，印度股票和债券经纪人协会也正式成立。印度独立前，证券交易所已经发展到6家。独立后，印度于1947年颁布了《股票发行法》，1956年颁布了《证券合同法》。

20世纪90年代以后，印度进行了经济自由化改革。1992年印度颁布了《印度证券交易委员会法》，1993年，印度成立了国家证券交易所有限公司，1996年颁布了《证券托管法》，1999年修订了《证券合同法》。改革之后，印度废除了股票发行批准制，发行股票的公司只要向印度证券交易委员会申请，进行规定的信息披露之后，就可以发行股票。股票发行完全由市场决定。绝大部分上市公司都是私有企业，所有股份都是流通股。1992年，印度开始允许外国的机构投资者投资印度股票。交易制度上，采用了国际通用的电子在线撮合交易系统(online electronic trading system)，废除了公开叫价制度，提高了市场透明度和交易效率，降低了成本。

印度证券交易委员会(SEBI)作为一个独立的监管机构，有权对各家证券交易所进行检查和监督。SEBI的主席由政府任命，但它并不是一个政府机构。

目前，印度有两家主板证券市场——孟买股票交易所和国家股票交易所。另有20多家区域性证券交易所，并且都实现了联网。国家证券交易所是印度第一家完成公司化改制的证券交易所，没有控股股东。孟买交易所从2005年8月开始，成为一家盈利性公司，所有权和会员资格相互分离，券商退出证券交易所的经营。印度上市公司共有10,000多家，股票总市值占GDP80%以上，总交易量排名世界第4位。孟买30指数从1996年的5000点左右上涨到2016年的28000点。相较而言，中国上证指数从1996年到2016

年仅仅从1000点上涨到3000点。可以说,印度资本市场的发展创造了一个发展中国家的神话。证券市场已经成为印度企业融资的最重要渠道。

(三)巴西证券监管制度

巴西最早的证券交易所是里约热内卢证券交易所和圣保罗证券交易所,分别成立于1845年和1890年。到20世纪80年代,几乎各州都有证券交易所。经过近年来的改革,目前,BM&FBOVESPA是巴西唯一的一家证券交易所,它于2008年成立,由原来的圣保罗股票交易所(BOVESPA)和巴西商品与期货交易所(BM&F)合并而成。巴西证券市场允许外国公司上市,但数量不多。

1964年,巴西成立国家货币委员会,它是巴西金融体系中最高的管理机构,巴西证券市场的最高监管者。1967年2月,巴西政府创立财政基金(第157号基金),特许该基金投资证券市场。此举极大地促进了机构投资者的发展,2年中新的证券的发行量和交易量增长60倍。1976年巴西通过《证券法案》,设立证券交易委员会(CVM),负责监督管理证券市场及其参与者。证券交易委员会主席和委员由总统任命并经国会批准,享有独立地位和权力。巴西《证券法》第三章规定,证券发行系统由承销商、投资人、咨询中介机构、股票交易所、有组织的场外交易市场和证券登记结算机构组成。第四章规定,新股发行实行登记制,所有上市公司在公开发行新股前,都必须向巴西证券交易委员会申请登记,发行工作由上市公司和承销商共同承担。

20世纪80年代以前,巴西按照美国的标准,实行证券业与银行业分业经营的原则。其好处是,有利于对市场的监管,但也限制了市场规模尤其是二级市场规模的扩大。20世纪80年代中期以后,巴西对包括证券业在内的整个金融体制进行了一系列的改革,证券市场开始与商业银行混业经营,并进一步放松了管制。这固然有利于机构投资者进入证券市场,尤其是全能型银行的进入,从而扩大了证券市场的交易量和交易品种,但同时也加大了证券市场的风险系数和监管难度。特别值得注意的是,1986年,巴西政府批准建立"外资投资基金"和"证券组合投资基金",全面开放外国证券投资,外资大规模进入巴西证券市场,巴西证券市场1/3的交易来自海外。外国银行或通过购并控股巴西国内银行,或直接设立证券经营机构进入巴西市场,致使大量的短期资本和投机资本进入国内市场,增加了市场的波动性。进一步加强市场监管已成为巴西证券市场发展的重要课题,主要应该在市场准入和信息披露上重新规制。

1999年年初,巴西爆发了严重的金融危机,资本市场持续低迷。从2000年开始,巴西对证券法实施过程中的监管执法做了重大改革。特别是于2005年,巴西证监会制定和实施了新的执法机制,开始转变成一个以"事后监管"为主的执法驱动型机构。①巴西此次证券监管通过了一系列,包括公共监管和自我监管在内的改革措施。对这些措施进行梳理,可以看出,主要是从在证券交易所推出"新板市场"、增加巴西证监会自主权和执法力量,以及加强监管合作的"多重执法模式"这三个方面展开。总体上看,巴西的证券监管越来越趋向市场逻辑。

2001年以前,巴西证监会是一个设置在行政体制之下的联邦机构,缺乏独立的人事权和财政预算自主权,运行经费由巴西财政部负责承担。2001年巴西修订了证券法,明确巴西证监会为独立的监管机构,并赋予其行政自主权及财政预算自主权。此举使巴西证监会能专门为了保护投资者的利益和维护资本市场的诚实守信,行使自由裁量权来进行监管、调查并启动执法程序,而不受行政机构的干预和影响。构建独立的监管执法部门,专门负责调查和起诉企业严重的违法行为。该部门由律师、会计师及其他具有丰富证券诉讼经验的人员构成,有权使用强制性手段获取证据,并提起诉讼;有权使用多种制裁措施,如发出停止继续欺诈的禁令或冻结财产等;还有权对有充分证据证实的案件采取执法行动。2005年设立诉讼和解委员会。该委员会由证监会的首席执行官领导,由证监会11个部门中的监管人组成,其职责主要包括,对起诉案件中潜在的和解协议进行确认和谈判,并传达由被告或者被调查人员所提出的和解请求和提议;拟议的和解协议都必须经过巴西证监会全体委员的审查和批准。

巴西外汇市场的主导机构是巴西商品期货交易所(BM&F Bovespa)。该交易所由巴西圣保罗股票交易所(Bovespa)和以前的巴西商品期货交易所(BM&F)于2008年5月合并成立。其中,巴西圣保罗股票交易所成立于1890年8月,有超过百年的股票交易历史,并且直到20世纪60年代中期,巴西圣保罗股票交易所一直是国家控股,其总经理也由政府任命。1965~1966年机

① 参见马其家等:《论巴西证券监管改革对我国监管转型的借鉴》,载《河北法学》2015年第7期。

构改革之后,该交易所才被赋予更多的自由,2007年最终实现股份制改革,并上市成为一家追求利润的商业公司。而巴西商品期货交易所(BM&F)于1986才成立并开始交易期货合约。1991年,该交易所与成立于1917年的圣保罗商品交易所合并成立新的BM&F。2007年,BM&F继巴西圣保罗股票交易所之后实现上市。2008年,两家交易所合并成立新的巴西商品期货交易所(BM&F Bovespa,也可简称BM&F)。

巴西商品期货交易所在过去的一个世纪中几乎合并或收购了巴西所有的其他交易所,成为巴西证券和期货市场的主导力量。目前,该交易所在商品、证券、外汇和利率等市场有齐全的产品线。2010年该交易所的市值达154亿美元,在全球交易所中仅次于芝加哥商品交易所集团和香港交易所。同年,巴西商品期货交易所与芝加哥商品交易所集团互换股份,目前两者互相持股各5%,并结成全球优先战略伙伴(Global Preferred Strategic Partners),在平等互利的原则上寻求与其他交易所的战略投资和商业合作。

(四)俄罗斯证券监管制度

俄罗斯的证券市场经历了一个从无到有的发展过程。20世纪30年代,苏联政府取缔了所有商品和证券交易市场。20世纪90年代,苏联解体之后,随着俄罗斯的自由化经济改革,证券市场重新得以建立。1990年11月,莫斯科国际证券交易所和莫斯科中央证券交易所相继成立,标志着当代俄罗斯证券市场正式建立。1991年12月,俄罗斯出台了有价证券发行和流通的相关规定。1992年2月又颁布了关于商品交易所和股票交易所的法规。这些法规为俄罗斯证券市场的建立奠定了初步的法律基础,并使证券市场得以逐步发展。此后,包括莫斯科中央证券交易所和外汇交易所在内的各类专业证券交易所纷纷建立,而国家有价证券市场也在1993年和1994年间建立起来。1993年5月,莫斯科外汇交易所首次发行了短期债券。1996年4月,俄罗斯通过了《有价证券市场法》,规范了有价证券市场的发展和运作机制。1999年3月颁布了《俄罗斯联邦有价证券市场投资者权利和合法利益保护法》,对市场公开做了具体要求以便更好地保护投资者权益。2003年修订的《证券市场法》对上市公司的信息披露和财会报表进行了更强的约束和监管。

俄罗斯证券市场的监管者是总统直接管辖的俄联邦证券市场委员会。俄罗斯最大的证券交易中心有莫斯科(莫斯科国际证券交易所、莫斯科中央证券交易所、俄罗斯证券交易所、俄罗斯商品原料交易所)、圣彼得堡(圣彼得堡证券交易所)、叶卡捷琳堡(叶卡捷琳堡证券交易所)、新西伯利亚(新西伯利亚证券交易所)。俄罗斯的证券市场以债券为主,企业股票市场规模较小。俄罗斯企业发行股票不需要政府批准,完全由企业自行决定,所受限制较少。联邦证券委员会只负责股票市场监管,而不对股票上市进行资格审查。股票交易完全由交易所负责,各家交易所自行制定上市规则和交易规则,掌握上市公司生杀大权,因此责任重大。

俄罗斯联邦准许外国资本进入资本市场。除了直接发行者以外,俄罗斯证券市场的主要参与者是机构投资者和经纪人,特别是西方国家的大投资银行和经纪公司,他们参与俄罗斯的证券市场, 为俄罗斯国民经济各部门提供了资金, 对证券市场的发展影响也很大。

俄罗斯在金融管理体制上与我国有很大的不同。我国现阶段实行的是金融分业经营模式。而俄罗斯从经济转轨初期就采取了金融混业经营模式,不同金融专业可以相互渗透、交叉经营,信贷资金不仅被允许进入证券市场,而且商业银行从一开始就是证券市场最主要的投资者。在一定程度上,没有商业银行的参与就没有当代俄罗斯证券市场。商业银行曾经是俄罗斯证券市场上唯一的规模投资者,即便在今天已经出现了专业投资机构群体,但由于其规模有限,发展也不成熟,所以商业银行依然是俄罗斯证券市场上的核心力量。①

俄罗斯市场中,莫斯科银行间货币交易所(MICEX)扮演了相似的角色。莫斯科银行间货币交易所由俄罗斯央行和主要银行于 1992 年组建。俄罗斯央行依赖这个市场制定美元/卢布的官方汇率。1995 年之后,该交易所陆续兼并各区域的银行间货币市场交易所,成为全俄罗斯的银行间货币市场。此外,莫斯科银行间货币交易所还与其他商品期货和证券交易所合并,特别是 2012 年与俄罗斯股票交易所(RTS)合并,形成 MICEX-RTS 交易所。

(五)南非证券监管制度

南非作为英国前殖民地,也具有较为发达的金融产业和金融法律制度。南非的证券市场交易额占据着整个非洲的 80% 以上。南非的金融制度非常国际化。20 世纪 90 年代以后,南非逐步取消了绝大部分外汇管制,2004 年取消了对南非公司到国外直接投资的限额,废除了对外国公司取得的红利汇

---

① 参见程亦军:《论俄罗斯证券市场》,载《俄罗斯中亚东欧研究》2006 年第 4 期。

回国内的限制,基本上实现了外汇自由化政策。

约翰内斯堡证券交易所(JSE Limited)建立于1887年,是非洲最早的证券交易所。该交易所是非洲最大的证券交易所,在全世界排名前20。金融业对南非GDP的贡献已经达到20%以上,超过了制造业,位居所有产业之首。南非的证券法律制度也较为完善。1973年颁布的新《公司法》对上市公司发行股票及股票交易制度作了规定。1990年修订的《公司法》专门设立了"证券管理"一章。1999年,南非制定了专门的《内幕交易法》,对股票市场中的内幕交易行为进行了严格限制。该法大量借鉴了英国和美国法律的相关制度。2002年,南非签署了国际证监会组织《关于咨询、合作与信息交流的多边谅解备忘录》,加强与他国之间的监管合作。2004年,外国公司被允许在南非证券交易所上市。2011年,南非颁布法令,将外国上市公司与本国上市公司同等对待。

2005年,南非通过了《证券服务法》,该法统一了此前较为零散的证券法律规则。2008年全球金融危机之后,南非金融业也遭到沉重打击。此后,南非开始对现有金融监管制度进行全面修订。2013年,南非颁布了新的《金融市场法》,该法采纳了世界证券交易所联合会、世界银行、国际货币基金组织等国际机构的意见和建议,加强了对证券市场的监管。该法对《证券服务法》的内容进行了全面修改。

三、金砖国家跨境证券监管合作模式选择

证券交易的国际化给证券监管提出了新的挑战。由于各国证券监管仍然受制于国家主权的限制,无法与证券市场的国际化保持同步,任何单个国家的监管者都无法有效地监管其管辖范围外的跨境证券交易,除非得到其他监管者的合作和协助。跨境上市公司同时受到母国和上市地监管机构的管辖,由于各国证券法、公司法和监管法的差异,很容易造成这些跨境上市公司陷入各国法律冲突的陷阱之内。在全球金融危机的背景下,各国出于维护本国金融安全的需要,同时为了提高本国证券行业的竞争力、扩大本国证券市场的国际份额,会千方百计地扩大本国监管机构的权力范围。在自利主义的驱动下,各国都会尽量扩大本国监管法规的适用范围。

当前,以美国为首的发达国家正利用各种政府间和非政府间国际组织所形成的国际标准,并通过各种形式的技术援助项目,将它们的证券监管制度和理念向广大发展中国家和地区输出,意图从制度和文化上同化其他国家和地区,从而通过这种制度上的"软实力"获取以往通过战争手段才能得到的财富。比如,国际统一私法协会(UNIDROIT)于2009年10月通过了一项《关于间接证券的实体规则的公约》(日内瓦证券公约)。为了促进该公约被更多国家接受,UNIDROIT组织了许多活动来宣传该公约。UNIDROIT外交大会还成立了一个"新兴市场、后续事项和实施委员会"以协助秘书处完成该任务。秘书处还准备撰写一份指南以便向新兴市场国家推荐2009年证券公约。在2013年11月伊斯坦布尔会议上,委员会起草了一份《促进新兴市场证券交易的原则与规则立法指南》,①供新兴市场国家立法者参考。

包括中国在内的金砖国家在目前的全球化背景下,应该发展新的国际金融秩序,加强南南合作,逐步增强自己在国际上的讨价还价能力。对于金砖国家而言,更应该利用此次全球金融危机带来的机会,加速推动本国货币的国际化进程,保障金砖国家交易所联盟的有效运转,大力建设金砖国家国际金融中心,增加金砖国家金融市场对全球的吸引力。金砖国家可以利用"一带一路"倡议的契机,进一步改革各国金融监管制度,充分吸收西方发达国家先进监管理念,形成具有金砖国家特色的跨境证券监管制度。

就中国与其他金砖国家的合作而言,截至2015年8月,中国证监会与外国签署的双边监管合作谅解备忘录达到62项。②在金砖国家之间,中国证监会于1997年11月12日与巴西证监会签署《证券监管合作谅解备忘录》,于2002年10月29日与南非金融服务委员会签署《证券期货监管合作谅解备忘录》。2006年9月15日,中国证监会与印度证券交易委员会签署《证券期货监管合作谅解备忘录》。2016年6月25日中国证监会与俄罗斯中央银行签署《证券期货监管合作谅解备忘录》。③该备忘录取代了2008年中国证监会与

---

① "Legislative Guide on Principles and Rules apable of nhancing Trading in Securities in Emerging Markets," accessed December 13th, 2017. http://www.unidroit.org/english/documents/2013/study78b/cem-03/s-78b-cem 03-02-e.pdf.

② 载中国证券监督管理委员会网:http://www.csrc.gov.cn/pub/newsite/gjb/jghz/201508/t20150807_282485.html,最后访问日期:2017年4月2日。

③ 参见李丹丹:《证监会与俄罗斯央行签署证券期货监管合作备忘录》,载《上海证券报》2016年6月28日,第1版。

俄罗斯联邦金融市场监督总局签署的备忘录。来自中国境外监管机构的协助调查请求数量也逐年上升。2013年度,中国证监会收到境外协助调查请求达到90项,向境外提出协助请求6项。为了完善跨境协查机制,中国证监会于2013年年初与司法部、外交部等部委共同建立了司法部际会商机制,解决了此前中国证监会对外提供涉诉类协查信息的程序问题,在职权范围内同境外监管机构分享了工商注册资料、银行账户信息、个人询问记录等协查信息。2013年3月,中国证监会与财政部共同确立了跨境审计执法合作工作流程,开始在多边和双边合作框架下与境外监管机构开展审计执法合作。

金融领域的合作一直是金砖国家合作的重中之重。相信通过金砖国家的共同合作与努力,金砖国家证券领域的互联互通工程能够取得更大成效。

Interconnection amongst Securities Markets of the BRICS and Relevant Cooperation on Trans-border Regulation

Tao DU

Abstract: In recent years, with globalization of economy and development of e-trading of securities, a trend of multi-nationalization increases in both securities markets and in securities trading systems. Economic globalisation promots companies to go public-listing on other countries' stock exchange. Several Stock Exchanges from the BRICS concluded an agreement announcing to form the BRICS Exchange Alliance, in an effort to expose investors to opportunities in the world's leading developing markets. Internationalization of securities trading brings new challenges on regulating securities. National sovereignty limits the securities regulatory authorities of the countries, which are unable to effectively supervise the securities trading occurred outside of their jurisdictions, unless obtaining cooperation and assistance from other countries. And although companies public-listed abroad should be subject to supervision of both its home country and the place where it is public-listed, due to differences and conflicts in the securities law, company law and regulatory law of these countries, it is easy for these companies fail to comply with regulatory rules. Under the circumstance of global financial crisis, countries are expanding the jurisdiction of their regulatory commissions for the purpose to safeguarding financial security, enhancing competitiveness of its own securities industry as well as enlarging the international market-shares of its securities markets. Developing countries, including China, should establish a new international financial framework as well as strengthen South-South cooperation, in the effectors to enhance their influences on international field.

Key Words: BRICS; Interconnection; Securities markets; Trans-border regulation

金砖国家法律研究(总第2卷·2017年)
第26~36页

金砖国家开展税收合作的前景与路径

李　娜*

内容提要:金砖国家开展税收合作时,一方面要承认五国在经济、政治和税收制度上存在差异;另一方面也要积极寻找五国共同面对的税收政策问题,以及他们的共同利益所在。金砖国家应该建立一个常设的税收事务协调平台,便于税务专家和五国的税务官员们交流合作、求同存异、互信共赢。

关键词:金砖国家税收合作　金砖国家开发银行

“金砖国家”的称谓最早见于 Jim O’Neill 在2001年发表的文章 *Building Better Global Economic BRICs*。① 在这篇文章中,O’Neill 将巴西、俄罗斯、印度和中国合称为“BRIC”,即“金砖四国”。他认为金砖四国具有经济高速发展、人口多等共性,并且预测这四国作为新兴市场国家的代表,将对世界经济发展起到举足轻重的作用。随着南非在2010年加入了“BRIC”集团,金砖国家扩展为五国。巴西、俄罗斯、印度、中国和南非的英文首字母简写依次为“BRICS”,因此被统称为“金砖五国”。②

---

* 李娜,法学博士,华东政法大学国际法学院讲师。

① Jim O’Neill,英国经济学家,高盛资产管理公司前主席,目前是曼彻斯特大学经济学荣誉教授。*Building Better Global Economic BRICs* 是 O’Neill 为高盛2001年11月30日的经济期刊所写的文章。

② 在2010年9月的G20峰会期间,南非政府正式申请加入“BRIC”。2010年12月,中国作为“BRIC”当年的轮值国,向南非发出加入邀请。2011年4月,南非总统参加了“BRIC”集团的第三次峰会。

金砖五国2013年的国内生产总值(GDP)总计达到了15.81万亿美元,占全球GDP的21.10%。① 五国的总人口在2013年也达到了30亿,占全球总人口的42.19%。② 高速增长的经济和巨大的人口基数决定了五国税收制度的任何变化,特别是结构型税制改革,将不可避免地影响世界税收政策的发展趋势。因此,很多国家的研究机构和学者近年来都加强了对金砖国家税收政策的研究。

2014年7月,五国领导人在第六届金砖国家峰会上明确提出了五国要在税收方面开展合作,③于是金砖国家应该如何开展税收合作逐渐成为国际税法界的关注焦点问题之一。

一、经济实力和基本国情的差异决定了五国在税收制度上的不同

在讨论税收合作的可能性时,我们首先得承认,五国在经济、人口、政治等基本国情上存在较大差异,这些差异决定了他们税收制度的不同。

国际货币基金组织(IMF)的研究显示,在2012年和2013年,中国的经济实力在五国中处于主导地位;南非的经济实力最弱,而且在近期有下滑趋势;巴西、印度和俄罗斯的经济则比较平稳。IMF预计,在接下来的几年中,五国

---

① 根据世界银行数据资料(http://data.worldbank.org/indicator/NY.GDP.MKTP.CD,最后访问日期:2017年8月15日),2013年全世界GDP总量为74.91万亿美元,金砖国家中巴西为2.246万亿美元、中国为9.24万亿美元、印度为1.877万亿美元、俄罗斯为2.097万亿美元、南非为3506亿美元。

② 根据世界银行数据资料(http://data.worldbank.org/indicator/NY.GDP.MKTP.CD,最后访问日期:2017年8月15日),2013年全世界总人口为71.245亿人,金砖国家中巴西为2.004亿人、中国为13.57亿人、印度为12.52亿人、俄罗斯为1.435亿人、南非为5298万人。

③ 《福塔莱萨宣言》第17条,原文为"我们认为,对经济活动发生地辖区进行征税有利于实现可持续发展和经济增长。我们对逃税、跨国税务欺诈和恶意税收筹划给世界经济造成的危害表示关切。我们认识到恶意避税和非合规行为带来的挑战。因此,我们强调在税收征管方面合作的承诺,并将在打击税基侵蚀和税收情报交换全球论坛中加强合作。我们指示有关部门探讨在该领域加强合作,并指示相关部门在海关领域加强合作"。载中国政府网:http://www.gov.cn/xinwen/2014-07/17/content_2718754.htm,最后访问日期:2017年8月15日。

的GDP将继续增长,并且中国还能继续处于领先地位。① 经济增长是税收增长的基础,特别是以销售额或销售量为税基的间接税税种(如增值税、营业税、消费税等),它们的税收收入一般会随着GDP的增长而提高;而直接税税种(如所得税)的税收收入与GDP增速的关联度就没有间接税收入那么紧密。目前,巴西、俄罗斯和中国的间接税收入所占比重较大,而南非和印度还是依赖于直接税收入。② 因此,五国的税收收入受其经济增长速度的影响会不同。近年来,很多国家的税制结构都呈现朝偏重于间接税方向发展的趋势,但南非和印度是否能改革税制从偏重于直接税转变为偏重于间接税,这还要考虑这两个国家接下来几年的经济增长速度。改革中直接税收入减少的部分需要间接税收入增加的部分来弥补,而经济增长速度会影响间接税收入的增加幅度。

五国经济实力的差异还反映在它们宏观税负的不同。宏观税负指一个国家的税负总水平,世界银行采用每日历年度的税收收入占GDP的比例来表示宏观税负。③ 图1为世界银行统计的在2005年至2012年期间,五国的宏观税税负与世界平均水平和OECD国家平均水平的比较图。④

---

① GDP数据资料来源为国际货币基金组织数据库,GDP统计单位为百万美元。载国际货币基金组织数据库:http://www.imf.org/external/pubs/ft/weo/2014/01/weodata/weorept.aspx? sy=2012&ey=2019&scsm=1&ssd=1&sort=subject&ds=.&br=1&c=223%2C924%2C922%2C199%2C534&s=NGDPD&grp=0&a=&pr1.x=48&pr1.y=13#cs1,最后访问日期:2017年8月15日。

② OECD, Revenue Statistics in Latin America (1990-2010),载经合组织官网:http://www.oecd.org/ctp/tax-global/Brazil%20country%20note_EN_final.pdf;俄罗斯财政部网站:http://analytic.nalog.ru/portal/index.en-GB.htm;印度国家统计局网站:http://mospi.nic.in/Mospi_New/upload/SYB2013/CH-6-DIRECT%20&%20INDIRECT%20TAX/Chapter%20No-6%20%20DIRECT%20AND%20INDIRECT%20TAXE-WRITEUP.pdf;中国财政部网站:http://szs.mof.gov.cn/zhengwuxinxi/gongzuodongtai/201301/t20130123_729605.html;南非国家税务局网站:http://www.sars.gov.za/Pages/default.aspx,最后访问日期:2017年8月15日。

③ 世界银行的税收收入统计口径不包括社会保障缴款、行政性基金和收费,并且对于税收返还部分也从税收收入中扣除。载世界银行数据库:http://data.worldbank.org/indicator/GC.TAX.TOTL.GD.ZS/countries/CN-RU-IN-BR-ZA-OE-1W? display=graph,最后访问日期:2017年8月15日。

④ 载世界银行数据库:http://data.worldbank.org/indicator/GC.TAX.TOTL.GD.ZS/countries/CN-RU-IN-BR-ZA-OE-1W? display=graph,最后访问日期:2017年8月15日。

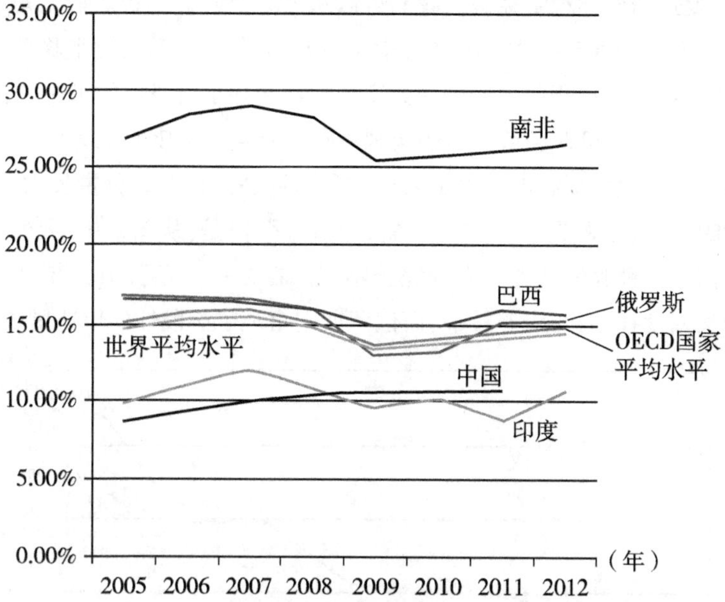

图 1　金砖五国 2005 年至 2012 年的宏观税负比较

我们从图 1 中可以看到,南非的宏观税负在五国中最高,几乎是世界平均水平的两倍。这表明,南非的税收制度与国际通行税制的差异比较大,国家税收的总体负担比较高。若南非经济不能尽快大幅度地提升,近期南非通过提高税负来增加税收收入的空间应该不大。

我们还可以看到,印度和中国的宏观税负在五国中最低,并且都低于 OECD 国家的平均水平和世界平均水平,理论上似乎还有增税空间。但是,世界银行的宏观税负数据没有包括行政性基金和收费,也没有考虑各国家税收管理能力的差异。若考虑上这两个因素,印度和中国的宏观税负很有可能会上升。另外,印度和中国巨大的人口基数导致了印度在五国中人均 GDP 最低,而中国的人均 GDP 仅和南非的水平大体相当。① 因此,印度和中国的税制改革不应仅关注于增加税收收入,还需要考虑如何利用税收政策来调节收

① 人均 GDP 数据资料来源为国际货币基金组织数据库,GDP 统计单位为百万美元。载国际货币基金组织数据库:http://www. imf. org/external/pubs/ft/weo/2014/01/weodata/weorept. aspx? sy = 2012&ey = 2019&scsm = 1&ssd = 1&sort = country&ds = . &br = 1&c = 223% 2C924% 2C922% 2C199%2C534&s = NGDPDPC&grp = 0&a = &pr1. x = 71&pr1. y = 14,最后访问日期:2017 年 8 月 15 日。

入分配、促进消费和稳定经济。我们可以从图2金砖五国税收收入增长情况图中①看到,在2005年至2012年,中国的税收收入呈现缓慢平稳的增长趋势,而印度可能是迫于巨大的财政赤字不得不选择了阶段性的迅速增长。

图1还显示,巴西和俄罗斯的宏观税负都略高于OECD国家的水平和世界平均水平。俄罗斯和巴西由于人口数量有限,并且GDP总量较大,它们的人均GDP也远远领先于其他三个金砖国家。② 但是,从图2中,我们能看到这两个国家在税收增长方面表现完全不同。在2005年至2012年,巴西税收收入增长幅度很小,与南非持平,而俄罗斯则出现了阶段性的快速增长。

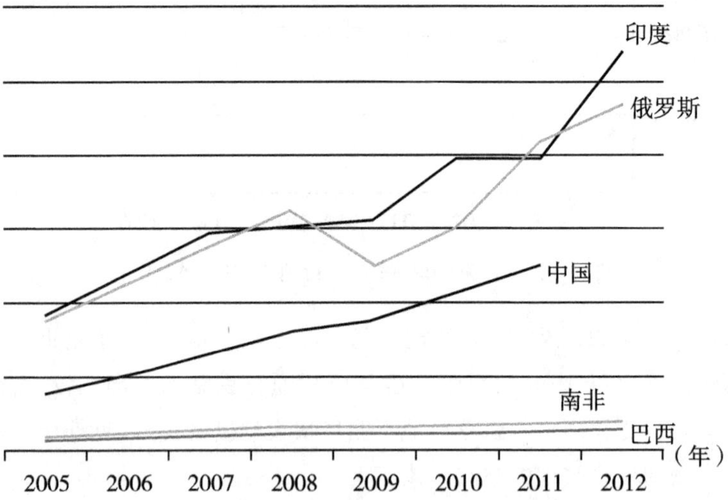

图2 金砖五国2005年至2012年的税收收入增长情况

五国经济实力的差异还决定了他们整体税率水平的不同。从图3世界银行统计的金砖国家2005年至2014年整体税率比较图③来看,除了南非的整体税率水平低于全球平均税率和OECD国家的平均税率之外,其他四国的

① 载世界银行数据库:http://data.worldbank.org/indicator/GC.TAX.TOTL.CN/countries/BR-CN-IN-RU-ZA?display=graph,最后访问日期:2017年8月15日。

② 人均GDP数据资料来源为国际货币基金组织数据库,GDP统计单位为百万美元。http://www.imf.org/external/pubs/ft/weo/2014/01/weodata/weorept.aspx?sy=2012&ey=2019&scsm=1&ssd=1&sort=country&ds=.&br=1&c=223%2C924%2C922%2C199%2C534&s=NGDPDPC&grp=0&a=&pr1.x=71&pr1.y=14,最后访问日期:2017年8月15日。

③ 载世界银行数据库:http://data.worldbank.org/indicator/IC.TAX.TOTL.CP.ZS/countries/1W-BR-CN-RU-IN-ZA-OE?display=graph,最后访问日期:2017年8月15日。

整体税率都高于全球平均税率和 OECD 国家的平均税率。因此,顺应世界税制的低税率、宽税基的发展趋势,在理论上,巴西、俄罗斯、印度和中国应该还有进一步扩大税基、继续降低税率的空间。

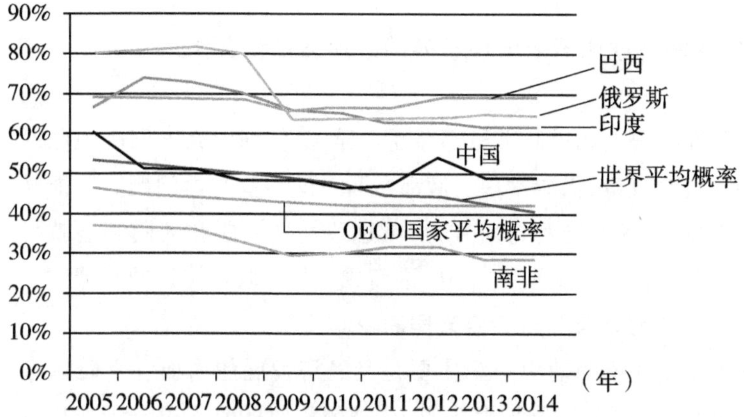

图 3　金砖五国 2005 年至 2014 年的整体税率

在税收分配制度上,五国虽然都实行了分税制,但中央与地方立法权和征税权的划分不同,因此五国在开展税收合作时,合作的级别和层面也会比较复杂。巴西的联邦、州和地方三级政府对各税种分散立法、分别征管,直接导致了巴西现行税制复杂、税率和税基变动频繁。① 俄罗斯的联邦税、地区税和地方税三级分税,税收立法权集中在中央政府,但近年来长期处于频繁修法状态,影响纳税人合规申报和造成了税务机关征管困难。② 印度实行中央、邦和地方政府三级政府分享税收征管权,中央政府主要征收直接税,邦政府主要征收间接税,地方政府主要征收财产税。③ 中国将税种区分为中央税、地方税和中央地方共享税,税收立法权都基本上集中在中央,但是建立中央税收和地方税收体系,分设国家税务局和地方税务局两套税务机构分别征管。④

① See PWC, "Brazilian Tax in a Context, 2013 PricewaterhouseCoopers Brasil Ltda", Accessed June 15, 2017. http://www.pwc.com.br/pt/publicacoes/servicos/assets/assessoria-tributaria-societaria/tax-tsp-13.pdf.

② See M. Ögütçü, Attracting Foreign Direct Investment for Russia's Modernization - Battling Against the Odds, *OECD-Russia Investment Round Table*, June 19, 2002.

③ 载印度驻华大使馆网站: http://www.indianembassy.org.cn/TaxationSystemInIndia-Chinese.aspx,最后访问日期:2017 年 8 月 15 日。

④ 参见《国务院关于实行分税制财政管理体制的决定》(国发[1993]第 85 号)。

南非实行中央、省和地方三级的分税制,税收的立法权和征收权主要集中在中央,省和地方的政府主要负责征收消费税和薪资税。①

二、共同利益和需求催使金砖国家加强税收合作

五国在经济上和税制上虽都存在差异,但仔细研究五国的税收改革措施及其国际税收政策,仍能发现它们都在面对的一些共性问题。若能从这些共性问题出发,寻求共同利益所在,那么这些共性问题和共同利益就可以作为五国在税收合作中"求同"的基础,进而成为税收政策协调的开端。

(一)国内经济转型促使金砖国家税制改革

五国税制改革的动力来源主要是其经济发展的需要。金砖国家都处于经济转型期,政府需要增加财政收入、加强税收的收入再分配作用;同时,也需要进一步简化税制、增强国家的税制竞争力。五国过去20年间的税制改革措施体现了一些共性特征:第一,在间接税方面,尽管五国的增值税制度各不相同,但都逐步从对特定产品征收销售税或营业税向征收统一的增值税方向转变;第二,在直接税方面,五国都在逐步降低税率,同时逐步扩大税基;第三,在税收征管方面,五国都通过税收立法和加强监管力度来打击逃税和避税行为。

五国的经济都处于继续转型的过程中,需要继续吸引外资,也需要增强其居民在海外投资时的竞争力。因此,五国这两方面的共性可以成为其税制改革方面合作的起点。

长期以来,五国都是外商投资的重要目的地国,外资优惠政策一直都在变革之中。五国所面对的一个共性问题就是如何制定出能更有效地吸引投资的税收优惠政策,并且有效地监管这些优惠政策,以确保优惠政策的透明性和一致性。巴西和南非目前还存在繁多的外资优惠政策,特别是巴西的州政府和地方政府各自使用其税收立法权,在各地制定了不同的税收优惠政策,形成了巴西地方政府之间的税收竞争。中国在2008年实行新《企业所得税法》时统一了对内外资(包括合资)企业的税收优惠政策,不再只对外资优

---

① KPMG, South Africa Fiscal Guide 2012/2013, 2012 KPMG Africa Limited.

惠，而是逐渐向吸引高科技企业和环保企业的方向转变。印度和俄罗斯也实施多样的税收优惠政策，比如免税区、低税率和税收减免措施等。笔者认为，对于如何制定税收优惠政策这个共性问题，五国可以建立互信机制、共同协调税收政策。这种协调机制一方面可以避免五国之间的税收恶性竞争，另一方面，五国还可以作为一个团体增强对外商投资的吸引力。

近年来，随着对外投资力度逐步加大，五国就不能再仅仅站在"来源国"的立场上考虑吸引外资，也需要同时站在"居民国"立场上，考虑其税收制度是否有利于本国居民企业进行海外投资。

五国税收制度的一个共性是在所得税方面都采取了属人原则，对本国居民纳税人都就其全球范围内的收入征税，并且在避免双重征税方法上都采用了抵免法，对于本国居民纳税人来源于国外的所得，允许其从本国应纳税所得额中抵免已经在来源国交纳的全部或部分税款。由于目前金砖国家的所得税税率仍然偏高，其居民往往需要就其海外收入回到母国按照差额补税。虽然五国所得税制的规定起到了资本输出中性的效果，既海外投资和国内投资都负担相同的税率，但是，同时也会造成其居民的全球税负比东道国市场上的其他国家投资者高。由此产生的负面影响是，一方面降低了金砖国家居民在海外市场的竞争力，另一方面也可能会打击本国居民将海外收入汇回母国的积极性。

观察发达国家税收制度可以看到，在 OECD 的 34 个成员国中已经有 26 个采用了属地原则(仅对来源于本国境内的所得征税)或在避免双重征税方法上采用了免税法（对本国居民来源于境外并且符合一定条件的所得免于在本国征税的方法)，由此本国居民进行海外投资时不用承担母国的额外税负，有利于本国投资者在东道国能够与来自不同国家之间的资本平等竞争。①鉴于金砖国家不断增长的海外投资，五国都需要重新考量其所得税制和避免双重征税方法。在这方面，金砖国家展开广泛的交流与合作，分享改革经验将起到积极的效果。

(二)国际经济地位变化促使金砖国家转变国际税收合作定位

在税收协定方面，五国都有比较广的税收协定网络。中国已经和 101 个

---

① See IMF Working Paper WP/13/205, "Territorial vs. Worldwide Corporate Taxation Implications for Developing Countries", accessed June 15, 2017. http://www.imf.org/external/pubs/ft/wp/2013/wp13205.pdf.

国家和地区签订了双边税收协定(或安排),印度与95个国家和地区签订了双边税收协定,南非与74个国家和地区签订双边税收协定,俄罗斯有80个有效的双边税收协定,巴西目前也有30个有效的双边税收协定。[①]

金砖五国签订的税收协定有一个共性,就是都并非完全使用OECD税收协定范本和其注释。五国所签订的税收协定有些条款具有相似性,比如构成常设机构的条件、限定预提所得税的最高税率、特许权使用费包括工商业机器设备的租金、税收饶让条款等。对此,笔者认为,五国税收合作的一个出发点可以是研究五国所签的税收协定中各条款的相似性和差异性,然后再寻找五国能在税收协定政策方面进行协调的共性问题,甚至可以考虑能否制定一个金砖国家的税收协定范本。

金砖五国在税收协定方面还有一个共性,就是这五国都面临着从协定的"来源国"的地位向既是"来源国"又是"居民国"的地位转变。作为外商投资多年来的目的地国,金砖国家的税收协定政策也多从"来源国"的利益出发。比如,巴西虽然在原则上遵守联合国范本和注释,但在解释税收协定时往往会从"来源国"的角度作更宽泛的解释。[②] 随着加大海外投资,金砖国家在税收协定谈判和执行过程中的角色也要随之转变。五国都亟待学习资本输出国(特别是OECD国家)在税收协定方面的经验,从"居民国"的利益和角度来重新考量税收协定政策。

转让定价问题也是金砖国家所面临的一个共性问题。在《联合国2012年转让定价指南》中,巴西、中国、印度和南非都分享了本国经验。巴西提出使用固定利润率来进行公式分摊,中国提出选址节约和区位优势,印度提出对于跨国公司在印度设立的子公司应根据生产经营控制程度、管理人员的工资等因素来划分利润,南非则提出对于服务收入应根据服务的实际经济内容和受益人来划分利润。虽然四个报告方案各有区别和侧重点,但它们都表达了与OECD的独立交易原则不同的处理方法。这也可以作为金砖国家税收合作的一个出发点。若五国能够找到一个共通的转让定价处理方案,并且能够代表发展中国家的共同利益,则这个新处理方案将不仅可以在金砖国家实

---

① 参见国际财税文献局(IBFD)数据库:http://online.ibfd.org/kbase/#topic=tsm&format=ghtml,最后访问日期:2017年8月15日。

② See H. Reisen, "Economic Policy and Social Affairs in the BRICS", accessed June 15, 2017. http://www.sgi-network.org/brics/pdf/BRICS_Economy_and_Social_Affairs.pdf.

施,也很可能会被更多的发展中国家所采纳。

五国正在共同面对的另一个国际税收问题是“税基侵蚀和利润转移”(BEPS)。在G20峰会上,金砖国家领导人都承诺了要参与BEPS行动计划,但是金砖国家的利益与发达国家的利益存在明显差异。所以,五国实施BEPS行动计划时,一方面要通过加强税收立法和税收征管来保护本国税基,另一方面也要考虑如何吸引跨国公司继续留在金砖国家开展经济活动。BEPS行动可以成为五国进行政策协调和开展合作的一项内容,合作的起点可以是金砖国家领导人在第六届峰会上提出的共同打击国际逃避税,也可以针对某项行动或多项行动进行合作,比如对数字经济征税、打击有害税收竞争、防止滥用税收协定优惠等。

(三)克服差异、借鉴经验、建立平台是加强金砖国家税务合作的有效途径

2013年1月,金砖国家的税务局长们在印度德里会议上承诺了五国税务部门要信息共享、交流各国税收征管经验、共同打击避税和其他税收不合规行为。这些承诺启动了金砖国家税务合作的第一步。每年举行一次的金砖国家领导人峰会,以及金砖国家的财政部长和税务局长在联合国、世界银行、IMF的各种国际会议上的不定期会晤,都为五国开展税收合作创造了沟通和交流的平台。

从当前的情况来看,五国在税收信息交换方面开展合作已经具备了条约和一定的机制基础,可以成为开展税务合作的突破口。目前,五国都加入了“税务透明和信息交流问题全球论坛”,也都签署了《多边税收征管互助公约》;金砖国家领导在第六届峰会上承诺的“在打击税基侵蚀和税收情报交换全球论坛中加强合作”,“指示有关部门探讨在该领域加强合作,并指示相关部门在海关领域加强合作”也为在五国交换税务信息方面开展合作奠定了政治基础。

除了税收信息交换,金砖国家还可以考虑搭建平台机制来开展税收合作。鉴于五国在经济、政治、地理、文化和税收制度上的巨大差异,若没有一个常设的平台来协调,五国很难做到长期的有效合作。五国的税收合作在开始阶段较为松散,平台的形式可以参考联合国的国际税收合作专家委员会模式,邀请五国和其他国家的税务专家定期举行会议,共议税收合作议题。当税收合作进入长期性、持续性阶段时,该平台可以仿效OECD内部专设的税收研究部门形式,在金砖国家开发银行①中设立一个常设性的税收政策部门,集中税收专业人士来研究五国及相关其他国家的税收政策问题,定期发布研究成果,并且协调五国的税务机关和税务专家的合作。

三、小结

金砖国家的税收合作将不仅有助于五国的税收政策发展和经济发展,而且将影响其他发展中国家甚至世界的税收秩序的发展方向。金砖国家税收制度存在差异已是事实,所以开展税收合作时,应该先找到五国的共性问题和共同的利益所在,再建立一个常设的沟通平台,达到求同存异、协商一致、互信共赢、共同发展的目的。

The Prospect and Approach of Tax Cooperation Between BRICS

Na LI

Abstract: Tax coordination amongst BRICS should on one hand recognize the difference in the economy, politics and tax system of these five countries; and on the other hand, also should seek for the common challenges as well as common interest of the five countries in term of their tax policy. BRICS should establish a permanent platform, on which the tax experts and tax officials of these five countries can exchange their opinions and seek for common grounds to carry out consensus actions.

Key Words: BRICS tax coordination;BRICS Bank

① 《福塔莱萨宣言》第12条规定:"金砖国家开发银行法定资本1000亿美元。初始认缴资本500亿美元,由创始成员国平等出资。银行首任理事会主席将来自俄罗斯,首任董事会主席将来自巴西,首任行长将来自印度。银行总部设于上海,同时在南非设立非洲区域中心。我们指示金砖国家财长研究确定银行运营模式。"载中国政府网:http://www.gov.cn/xinwen/2014-07/17/content_2718754.htm,最后访问日期:2017年8月15日。

金砖国家法律研究(总第2卷·2017年)
第37~53页

印度《公司法》的新近修改及印度公司治理制度评述

陈文婧*

内容提要：根据世界银行集团(the World Bank Group)2018年最新发布的权威研究报告《营商指数2018》(Doing Business 2018)显示，在被考察的189个国家中，印度的"投资者保护"指数排名第4，位居金砖五国的首位，同时也是该指数排名前十位的经济实体中唯一的发展中国家。① 实际上，印度营商环境的改善，投资者保护水平的提升，与印度的公司治理制度以及印度2013年以来对《公司法》进行的一系列改革有着密不可分的关系。印度的公司治理，尤其是上市公司的治理，遵循一套严格的公司治理指导方针，其上市公司治理在发展中国家里处于领先位置，被西方媒体认为是新兴市场经济国家的典范。本文将结合印度《公司法》的修改，针对印度公司治理法律制度框架下的独立董事制度以及对关联交易的规制进行具体分析，对具体的法律框架、改革内容以及仍存在讨论和争议的问题进行分析。

关键词：印度2013年《公司法》　独立董事　关联交易

---

* 陈文婧，华东政法大学金砖国家法律研究院助理研究员，法学博士。

① 世界银行《2018年营商指数年度报告》，载世界银行营商环境报告官网：http://www.doingbusiness.org/data/exploreeconomies/india，最后访问日期：2017年12月13日。

一、印度公司治理的历史演进(从殖民前到独立后)

与许多新兴经济体相对短暂的“公司治理”历史不同,早在1866年,印度就存在“公司治理”的理念。① 1875年,印度就已发展出“股市交易制度”的雏形,“股份公司”开始在印度产生、发展。② 1947年印度宣告独立以后,印度的经济发展模式接近于“政府计划经济”。政府成为当时市场上最主要的资本提供者,提供资本金入股公司,以使公司经营商业活动。③ 在当时,印度所有公司资本金的90%均来自政府,因此印度政府成为当时市场中最大的股东。④ 但是,作为股东,印度政府也未履行股东权利,直接或间接参与公司任何经营活动的决策,使印度发展已久的“公司治理”的理念被暂时搁置。

直至1991年,由于一系列市场危机,印度政府国库收支不平衡等状况的出现,印度政府方才开始采取行动,力图摆脱“政府计划经济”的模式,促使部分产业开始向“私有化”转变。印度政府的这一导向性改革使得长达44年之久的印度公司高度“国有化”且缺乏有效公司治理规则的状况开始逐渐改善。⑤ 1992年4月,印度证券交易委员会法案(Act of Securities and Exchange Board of India, SEBI Act)正式生效,意味着印度最主要的负责规范公司治理以及投资者保护的监管机构——印度证券交易委员会(Securities and Exchange Board of India, SEBI)开始正式运行并且对上市公司的市场行为进行有效监督。⑥ 2002年,为了对上市公司的经营和市场交易等行为形成一套更规范的监管措施,印度证券交易委员会制定了《上市协议》第49条(Clause

① RadheShyamRungta, *The Rise of Business Corporations in India, 1851 - 1900*, Cambridge University Press, 1970.

② Ibid.

③ M. D. Morris, The growth of large scale industry up to 1947, in D. Kumar (eds.), *Cambridge Economic History of India*, Volume II, Cambridge University Press, 1983, p. 568.

④ Ibid.

⑤ Marcelle Colares Oliveira, Silvio Romero de Almeida, Rodrigo Stefe andGlauber Cunha, Comparative Analysis of the Corporate Governance Codes of the Five BRICS Countries, *Accounting, Management and Governance*, 2014, Volume 17(2), p. 59.

⑥ Rajesh Chakrabarti, William L. Megginson and Pradeep K. Yadav, Corporate Governance in India, *Journal of Applied Corporate Finance*, 2008, Volume 20(1), p. 67.

49 of the listing agreement,clause 49,以下简称《第49条》)。《第49条》主要涉及与公司治理相关的法律规则,内容是企业与印度股票交易所缔结的上市协议时在公司治理方面需要满足的条件,具体包括,如在董事会和审计委员会中必须具备一定数量的独立董事;董事会成员必须遵守的行为准则;审计委员会需要履行的职能等。[①]《第49条》于2005年12月31日正式生效。

在评析印度公司治理法律制度演进和发展过程时,印度被英国殖民的历史是一个必须要提及的重要历史因素。也正是由于英国人在印度的殖民历史,印度法律(尤其是商事法律制度)很大程度上继承了普通法的渊源。[②] 而英国作为近代商事法律制度最为发达和完备的国家之一,其发达严密的公司法律体系很大程度上影响了印度该方面法律的立法和发展。例如,英国法中对私有财产权的保护原则以及公司治理中重视对小股东利益的保护,都在很大程度上影响了印度相关法律的立法原则;又如,英国法中对于公司董事"忠实勤勉义务"(fiduciary duty)在判案时赋予法官的自由裁量权也影响了印度法律中关于这一条款的设计。有学者认为,相比于同是新兴经济体的中国,印度的公司治理水平明显优于中国,其中一个重要的原因即在于:印度传承了普通法中关于公司治理相关法律制度的精髓,更能适应自由市场的发展。[③]

自印度政府自1991年进行经济改革,去"国有化"以来,推行规范严格的公司治理模式(尤其是对大型公众公司)是印度政府采取的一项重要手段。从法律框架的构建以及具体条款的设计上,印度沿袭了普通法系的做法,制定出一套严格的公司治理法律规范,一度被西方国家认为该国的公司治理法律体系是新兴市场中的典范。得益于公司治理方面的一系列改革措施,自20世纪90年代以来,印度进入经济增长高速期,营商环境大幅改善,市场经济

① RuchiKulkani and BalasundramManiam, Corporate Governance: Indian Perspective, *International Journal of Trade, Economics and Finance*, 2014, Volume 5(4), p.365.

② Rafael La Porta, Florencio Lopez-de-Silanes and Andrei Shleifer, What Works in Securities Laws, *Journal of Finance*, 2006, Volume 61(1), pp.19 – 20.

③ 上述观点见于以下学者的论文,例如,Rafael La Porta, Florencio Lopez-de-Silanes, Andrei Shleifer and Robert Vishny, Legal determinants of external finance, *Journal of Finance*, 1997, Volume 52, p.1131; Rafael La Porta, Florencio Lopez-de-Silanes, Andrei Shleifer and Robert Vishny, Law and finance, *Journal of Political Economy*, 1998, Volume 106, p.1113; Vikramaditya S. Khanna and Nicholas C. Howson, The Development of Modern Corporate Governance in China and India, in M. Sornarajah and J. Wang, eds., *China, India and the International Economic Order*, Cambridge University Press, 2010, pp.553 – 555。

蓬勃发展,跻身象征新兴经济体最强联盟的"金砖五国"(BRICS)之一。但是,值得注意的是,尽管印度在公司法律体系上传承了普通法系的相对先进的模式,然而,在法律的实施过程中,印度司法体系相对落后,使得"优良"的法律传统难以完全得以实现。①

二、印度公司治理的基本构架

印度公司治理主要依据印度2013年《公司法》以及《第49条》两部法律中的相关条款。印度现行《公司法》于2013年正式颁布,取代了在印度施行了长达57年之久的印度1956年《公司法》,新法大规模修改了有关公司治理构架的相关规则,旨在大力推进印度公司治理水平的提升。为了与新《公司法》在内容上保持同步,针对上市公司治理的《第49条》也作出了相应改革,并于2014年10月1日正式实施。

印度在公司治理构架上采取的是英美法系的单层治理架构:股东大会—董事会—经理层。下文将分别对印度公司治理中的这几个主要机关分别进行评析和解读。

(一)董事会

董事会为公司治理的核心机关,包括下设的若干专门委员会,为良性的公司治理提供保障。董事会下设专委会包括薪酬委员会(remunerationcommittee)、提名委员会(nomination committee)以及审计委员会(audit committee)等。根据修改后的《公司法》和《第49条》的规定,上述三个专门委员会均为上市公司董事会的必设专委会。其中,薪酬委员会以及提名委员会的主要职能包括:向董事会提供关于董事、公司高管以及公司员工薪酬政策方面的建议,以及向董事会任命、罢免董事以及评估独立董事的工作表现提供建议;②审计委员会的主要职能包括:审查公司的内部债务以及投资、评估审计人员的审计工作、保障审计人员的独立性并且对公司的风险防控体系进

① Neha Sharma and Surya Prakash Rathi, Corporate Governance: Conceptualization in Indian Context, *International Journal of Management and Social Sciences Research*, 2014, Volume 3(5), pp. 22 - 23.

② Amendment cl. 49(IVB)(1)(2)(3).

行评估。[1] 此外,上市公司的董事会必须设置独立董事。《第 49 条》规定如董事长是执行董事,则独立董事应占 1/2 以上;如董事长不是执行董事,则独立董事应至少占到董事人数的 1/3 以上。并且,为更好地保障独立董事的“独立性”,新《第 49 条》专门规定,公司发起人的亲属不得担任独立董事。[2] 此外,印度法律中富有特色的一项规定是,为促进性别平等,在新《公司法》中,要求印度上市公司的董事会中至少要有一名女性董事。[3]

相比于印度 1956 年《公司法》,修改后的新 2013 年《公司法》显著的特点之一就是为了进一步提升印度公司治理水平,加强了对董事会以及董事职责的规定,同时,2013 年《公司法》也是第一次在印度引入独立董事制度。[4] 并且,该法对公司独立董事的当选资质、职责范围以及独立董事的推选程序等都作出了详尽的规定。

(二)股东大会

股东大会为公司最高权力机关,选举产生董事并将日常决策权委托给董事会行使,由董事会全权代理股东负责公司的经营。值得一提的是,为了使股东大会表决过程更为便捷并鼓励小股东积极参与公司经营决策,2013 年《公司法》首次赋予股东可以进行电子投票(e-voting)的权利。并且,自 1956 年《公司法》颁布以来,印度就允许虚拟股东会(virtual shareholder meeting)的使用,即股东可以通过网络视频、电视电话会议等方式,远程参加股东会,并对特定事项进行表决。新法仍然允许和提倡虚拟股东会的使用,但关于虚拟股东会和实体股东会可否互相替代,以及在何种情况下只允许使用实体股东会等问题,引发了一系列广泛的讨论和争议。本文第三部分将对虚拟股东会的相关问题展开详细的分析。

印度公司法未集中规定股东大会的权利,而散见于相关条款中。与中国法的规定类似,印度公司股东大会的权利包括,例如,制订和修改公司章程,选举董事和审计师,股利及剩余财产的分配,行使表决权,查阅公司财务记录或账簿、股东会会议记录等。此外,与大多数国家的规定类似,在印度,股东

---

① Amendment cl. 49(IIID)(7)(9)(12).

② Amendment cl. 49(IIA)(2).

③ Section 149 (1)(b) of the Indian Companies Act 2013.

④ 印度 1956 年《公司法》中并无独立董事制度,但在《第 49 条》中有关于要求上市公司必须设立独立董事席位的规定。因此,也为了与《第 49 条》在内容上保持一致,同时提高所有公司治理水平和透明度,2013 年《公司法》中引入了关于独立董事的规定。

大会也分为一般(年度)股东大会和特别股东大会,后者必须由超过一定数量的董事或由国家公司法庭(National Company Law Tribunal)[①]召集。

(三)经理层

经理层领导公司的日常经营活动。印度经理层通常包括首席执行官、总裁、副总裁、财务总监、经理、公司秘书等,通常由董事会任免,可以担任董事、无国籍限制。经理层的职责由董事会决议或聘用协议规定,其权限范围内的行为对公司具有法律约束力。

三、印度的独立董事制度

独立董事通常被视作为保障公司治理的透明、专业化运行而设立的席位。印度1956年《公司法》并无要求所有公司必须设立独立董事的规定,仅在《第49条》中对上市公司必须设立的独立董事席位的数量进行规定,而对于非上市公司,则没有此方面要求。2013年《公司法》首次要求非上市公司也必须设有一定数量的独立董事。并且,新法对有关独立董事的任职资格、职权范围、职责义务等,都作出了具体的规定。

(一)独立董事的任职资格

2013年《公司法》中的第149条规定了独立董事的遴选标准。与中国法律框架下独立董事的任职要求相类似,印度法中对独立董事的任职资格也采取了"正面清单"和"负面清单"相结合的模式。例如,2013年《公司法》规定了独立董事必须是具有一定专业资质且正直诚实的人,但该法也同时规定了独立董事不得为公司高级管理人员的亲属等。但在《第49条》中,仅对上市公司独立董事任职的"禁止性"条件有所规定,而未对独立董事需要具备的特定资质进行规定。因此,在独立董事的任职资格方面,2013年《公司法》的规定严于《第49条》,这被认为是有悖于基本的法理,因为根据通常的情况以及世界各国的通行做法,对上市公司独立董事的要求基本上要严格于对一般公司的要求。因此,作为规范上市公司治理的《第49条》没有发挥预期作用,并

① 国家公司法庭(National Company Law Tribunal)为印度2013年《公司法》新创设的机构,于2016年6月1日正式设立。该机构专门处理与公司相关的纠纷。

未对上市公司独立董事的任命提供更严格的标准。[①]

除此之外,对于独立董事资质中关于"关联关系"的禁止性规定(如不能与公司高管、董事等存在商业上的往来),《第 49 条》采取了列举式的方法,排除了六种不能作为独立董事"关联关系",例如,该独立董事提名人不能与公司、公司高管、董事、控股子公司等存在实质上的关联关系;且该提名人不可与公司的高管、董事等存在亲属关系等。而 2013 年《公司法》则规定了比《第 49 条》更为严格的"禁止性规定"。除《第 49 条》中所列的禁止性规定之外,2013 年《公司法》还增加了,如提名董事的亲属与公司、公司董事、高管、控股子公司等存在实质上的关系等规定。可以见得,《第 49 条》旨在考察独立董事提名人与公司、公司高管、董事以及控股子公司的关联关系,而 2013 年《公司法》则把该"关联关系"的考察对象扩大至独立董事提名人的亲属。2013 年《公司法》中"扩大性考察"这一做法,与当前几个主要国家法律中关于独立董事的任职资格的规定相类似。例如,纽约证券交易所上市规则(NYSE Listing Rules)中规定,直系亲属担任该公司高管的提名人,不得担任该公司的独立董事。[②] 由此可见,在独立董事任命资质的中关于"关联关系"的禁止性规定中,2013 年《公司法》较《第 49 条》相比,更为严格地杜绝独立董事提名人与公司可能存在的关联关系。

在独立董事的任职资格方面,《第 49 条》与 2013 年《公司法》还存在一处明显的不同,即前者认为提名董事(nominee director)可以被视作独立董事,而后者则认为二者不可混为一谈。提名董事作为一种公司治理手段,通常被用于这样一种情况,即母公司指派某个提名董事在子公司董事会中任职,帮助维护母公司在子公司的权益。因此,很显然,《第 49 条》把提名董事和独立董事的概念错误混淆,造成理解上的误区。

因此,在独立董事任职资格方面,《第 49 条》与 2013 年《公司法》在具体规定上存在分歧,总体而言,后者的对独立董事的资质要求要比前者严格。结合大多数国家的实践不难发现,通常,对上市公司独立董事任职资格的要求应当不能低于对非上市公司独董的相应要求,而印度这两部法律却呈现出相反的趋势,因此,有学者建议,应当修改《第 49 条》中的相应规定,使其与

① Krishna Thej, Independent Directors in the Companies Act 2013: An Analysis, *Company Lawyer*, 2014, Volume 35(8), pp. 247 - 248.

② NYSE Listing Ruless, 303A.

2013年《公司法》保持同步。①

(二)独立董事的委任方式

2013年《公司法》第150条规定了委任独立董事的一般程序,即由公司的任命委员会(nomination committee)从印度中央政府持有的,记载着姓名、职业、个人执业资格的"独立董事名录"中挑选其认为符合公司要求的独立董事,在双方达成合意以后,予以委任。独立董事的委任过程以及委任方式,与公司其他人员的任命并无显著区别。但是,显而易见的是,委任独立董事时需要考量的因素,不同于其他公司董事、高管等,因此《公司法》没有指出任命委员会在委任独立董事时应当有区别于委任其他人员的一套程序,是欠科学的做法。并且,在印度的公司,尤其是上市公司里,"一股独大"的现象广泛存在。很大一部分印度公司的发起人,同时也是该公司的大股东,在"资本多数决"的原则下,他们在委任董事、高管,以及独立董事方面具有实质影响力甚至实际决定权。②

在印度,任命独立董事时,首要因素是考量该提名人的"独立性"。而"独立性"的考量通常是由任命委员会代表公司进行的。而如前所述,印度"一股独大"现象的普遍存在,使任命委员会对提名人的考量实际上会受到大股东的干预,并不能完全出于自身的独立判断。有数据表明,在印度,90%以上的公司独立董事都是由公司的首席执行官推荐的,实际上鲜有与公司高管、董事等"完全无关联"的独立董事存在。③ 事实上,2013年《公司法》的修改并未对这个问题的解决提供实质帮助。在这个问题上,笔者认为,要完全杜绝独立董事与公司高管、董事的"任何关系"是不现实的。在实践中,独立董事往往是需要具备一定的专业素质和能力,如专业律师、会计师、商业管理研究者

---

① 此观点见于多位学者的文章。See Roberta S. Karmel, Is the Independent Director Model Broken, *Seattle University Law Review*, 2014, Volume 37, pp. 807 – 809; Madhuryya Arindam, The Independent Director: Has it been Indianised Enough?, *NUJS Law Review*, 2013, Volume 6, pp. 239 – 240; Krishna Thej, Independent Directors in the Companies Act 2013: An Analysis, *Company Lawyer*, 2014, Volume 35(8), p. 250.

② VikramadityaS. Khanna and Shaun J. Mathew, The Role of Independent Director Directors in Controlled Firms in India: Preliminary Interview Evidence, *National Law School of India Review*, 2010, Volume 22, pp. 40 – 41.

③ See Prashant Mahesh and Krishna Gopalan, Satyam fiasco puts the role of independent directors in spotlight, 2009, accessed July 5, 2009. http://articles.economictimes.indiatimes.com/2009 – 01 – 17/news/27659723_1_independent-directors-krishna-palepu-satyam-fiasco.

等。因此,该独立董事被提名前很可能就与公司高管、发起人、董事等有过一定往来,而这种一般的社会往来,而非商业利益关系,是否一定被认为是影响独立董事"独立性"的因素,是一个值得商榷的问题。笔者认为,完全排除独立董事与公司高管、发起人等的"任何社会关系"在现实中可操作性较弱。取而代之的是,可以在独立董事对特定事项表决的程序上进行创新设计,以避免此种"关联性"影响独立董事的独立判断。例如,独立董事可以不去现场参与某个事项的讨论和表决,而仅对匿去关键人(如公司某董事)信息的书面文件发表自己的专业看法。如此,既可以相对保障独立董事对特定事项的"独立性"判断,又可以保证独立董事专业意见的提供。

(三)独立董事的任期

2013年《公司法》规定一届独立董事的任期最长可达5年,且如果经过特别决议,该独立董事可获得一次连任。并且,在两个任期完成以后,必须至少要在3年以后,该独立董事才可继续受聘。在独立董事的任期问题上,《第49条》的规定相对宽松,并未规定独立董事仅可连任一次,而仅仅建议独立董事在同一公司的任期最好不要超过9年。通常认为,独立董事在同一公司的任职期限过长(如超过10年),容易导致独立董事丧失其"独立性",在事项表决上,易与公司董事、高管的立场越发相近。因此,对独立董事的任期限制在各国的法律中并不鲜见。例如,根据英国法,独立董事不得在同一公司连续任职九年以上。但也有相反观点指出,对独立董事任期的限制很有可能使独董在有限的任期内"懒政"而并非尽心履行忠实勤勉义务。① 并且,反对有限任期的观点认为,对公司运作以及公司事务的熟知,有利于独立董事对特定事项进行更全面的判断。倘若将独立董事的任期限制在一定的时间内(如3年或者6年),很可能会造成对公司业务运作非常熟悉的"熟手"的流失。而在此种情况下,新上任的独立董事又必须重新对公司业务进行了解。从一定程度上说,有限任期的独立董事,增加了公司的用人成本。②

对于独立董事的任期问题,笔者倾向支持独立董事必须实行有限任期制的观点。如前文所述,"一股独大"的现象在印度普遍存在,独立董事在被任命前,就很可能与公司其他董事、高管存在一定程度的联系。倘若在印度推

---

① See Limited tenure for Independent Directors, 2013, accessed July 3, 2013. http://thefirm.moneycontrol.com/news_details.php? autono =469184.

② Ibid.

行独立董事的“无限任期制”,很可能会加剧独立董事“独立性”的减损。也存在这样一种可能,独立董事为了获得连任而减少对特定事项的异议,依靠顺从大多数董事和大股东的观点,以期在下一次独立董事选举时获得连任。即便反对意见认为独立董事的更新和换届,导致公司用人成本的增加,但从另一个方面而言,独立董事的定期更新也可为公司经营进行“思维换血”,避免思维僵化,可以更客观地“提出异议”。

(四)独立董事的问责机制

印度法律仅笼统规定“董事的责任”,并无明显区分“独立董事的责任”与“董事的责任”。因此,在法律适用上,印度2013年《公司法》第149条所规定“董事仅须对‘自身专业知识范围内’所作出的判断负责”,也被认为可以适用于独立董事的责任认定。简言之,该条款使独立董事可以用“专业知识不足”来作为免责理由。但法律并无明确规定基于何种情况下的错误判断可以被认为是由于“超越专业知识”引起的。因此,判断独立董事是否要对某一事件负责,标准相当模糊。事实上,学术界和实务界对于独立董事“在何种情况下可以获得免责”的争论一直存在。一种观点认为,如果对独立董事实行过于严苛的责任制度,则会在实质上使独立董事成为一项“风险职业”,从而大大削减专业人士愿意从事独立董事这一职务的积极性。① 例如,2009年印度萨蒂扬造假丑闻(Satyam scandal)爆出以后,短时间内印度全国一共有620名独立董事辞职,凸显了由于法律条款的模糊规定,独立董事“人人自危”的状况。因此,有学者认为,给予独立董事适当的免责理由是保障独立董事制度继续存在发展的重要因素。② 基于这种考虑,印度公司事务部(Ministry of Corporate Affairs)在2011年颁布重要通告,采用列举的方式指出了独立董事可以获得免责的情况,但仍未对独立董事“错误行为”和“专业知识所限”之间的因果关系进行明确清晰的阐释,因此,该通告中穷尽式的列举方式并不能解决实质问题。

实际上,在印度,对独立董事免责事项大多是基于判例来解释的。其中,

---

① Rajesh Chakrabarti, The drop in the number of independent directors bodes ill for corporate governance, 2011, accessed July 3, 2016. http://articles.economictimes.indiatimes.com/2011-08-20/news/29909298_1_independent-directors-satyam-crisis-satyam-scandal.

② SantoshPande and Valeed Ahmed Ansari, Effectiveness of Independent Directors on the Board of Indian Listed Companies: Are the Recent Regulatory Changes Enough?, 2013, accessed July 5, 2016. http://papers.ssrn.com/sol3/papers.cfm?abstract_id=2351693.

Raymond Synthetics Ltd. v. Union of India[①] 一案中,印度最高法院的意见具有典型意义,为后续问题的解释提供了指引。在该案中,印度最高院认为:首先,笼统概括“董事责任”而未对独立董事和执行董事的问责机制进行区分是欠妥的;其次,在对董事问责时,判定独立董事与执行董事的“错误行为”与“专业知识不足”之间存在的因果关系时,应当采取不同尺度的解释标准,即对独立董事的免责事由进行“扩大解释”,以“从宽”的原则对独立董事问责。最后,与公司执行董事不同,独立董事并未参与公司每日、每个具体事项的经营,仅对特定的事项才行使表决权或异议权。因此,印度最高院认为,与执行董事和经理的问责方式不同,独立董事仅须在证明其与执行董事与经理存在串谋行为时,才应当被问责。Raymond Synthetics Ltd. v. Union of India 中印度最高院的此种观点,在此后的案例中也陆续得到体现。例如,在 K. K. Ahuja v. V. K. Vora[②] 一案中,法院同样认为,除非有明显证据证明独立董事参与了公司董事或者高管的违法行为(如伪造会计账簿等),则独立董事通常情况下应当免于被问责。

关于独立董事的免责问题,笔者的观点与 Raymond Synthetics Ltd. v. Union of India 案中印度最高法院持有的观点相类似。首先,作为非执行董事,独立董事的责任标准必须要与执行董事以及直接从事公司经营活动的其他高级管理人员进行区分;其次,与执行董事或直接从事经营管理的公司高管可以通过商业判断原则(business judgement rule)来免责相类似,非从事公司每日经营活动的独立董事,也应当可以通过证明自己并未参与某个被追责事件来免责。最后,需要指出的是,笔者认为,证明独立董事参与被诉事件的举证责任应当遵循“谁主张,谁举证”的原则,由对方承担。

四、印度法律对关联交易的规制

与欧美国家相对分散的股权结构相比,亚洲国家相对集中的股权结构容

---

① Raymond Synthetics Ltd. v. Union of India (1992) 73 Com. Cas. 762(SC).

② K. K. Ahuja v. V. K. Vora (2009) 10 SCC 48.

易滋生关联交易。[①] 尤其是在印度,股权高度集中,"一股独大"的状况使如何规制关联交易成为公司治理的一项重要任务。因此,在新近修改的印度2013年《公司法》中,也对如何更全面地规制关联交易行为进行了一系列改革。本部分将结合2013年《公司法》以及《第49条》中关于规制关联交易的条款,评析关联交易中的若干具体要素以及潜在的问题,如非利益相关方的同意、关联交易的"豁免规则"等。

(一)关联交易的范围:法律的列举式规定

2013年《公司法》第188条第1款明确了本法所指的关联交易的定义,并同时列举了关联交易的几种内容形式,如关联方签订购销合同、财产租赁合同、中介合同等。对关联交易行为的禁止早在1956年《公司法》就有所涉及,但在近几年印度社会曝出的一系列公司丑闻(如萨蒂扬丑闻)之后,为了加强公司治理,杜绝造假等丑闻的发生,新法对关联交易的规制作出了更为严格的规定,例如,扩大了可能被认为是涉及关联交易的行为范畴。

在印度的法律框架下,通常来说,公司与关联方的交易在下列两种例外途径下,可视为被法律所允许的"关联交易":其一,"批准途径"(approval-based mechanism),其二,"披露途径"(disclosure-based mechanism)。[②] 前者主要是指,如果非相关利益股东、董事或独立董事表决同意公司与某个关联方所进行的交易行为,那么该种行为则不被认为是关联交易;后者"披露途径"主要指的是,根据《印度会计准则》(*Indian accounting standards*)以及《国际财务报告准则》(*International Financial Reporting Standards*)的相关要求,对相关交易的账目、收益以及成本等进行公开,并供审计等部门公开监督的一种途径。[③] 印度采取的是前一种途径。

在对关联交易具体行为类型的范围划定问题上,在2013年《公司法》修订的提案中,印度立法机关采用的是"原则式路径"(principle-based approach),指出:一旦一个交易行为受公司内部利益人士所"控制",并且此交易会对公司利益有实际的"负面影响",如果同时满足上述两个条件,那么该

---

① 参见李文莉:《〈亚洲滥用关联交易监管实用指南〉评述及启示》,载《法学》2011年第5期。

② Press Trust of India, Satyam scam will help improve corporate governance: ICAI, *Economic Times*, accessed July 7, 2016. http://articles. economictimes. indiatimes. com/2010 – 04 – 19/news/28447252_1_satyam-scam-corporate-governance-satyam-saga.

③ Ibid.

种行为应当被认为是法律所不允许的关联交易。[①] 然而，其后颁布的2013年《公司法》在法律条文的设计上，并未采取提案中的“原则式路径”，而是采用了绝大多数亚洲国家运用的“列举式”，即法律直接明确列举出若干被认为是关联交易的行为。与1956年《公司法》相比，新法扩大了关联交易的类型范围。在旧法中，仅禁止买卖合同、货物供应合同、服务供应合同等基本形式的关联交易。而在新法中，新增了如中介机构的选择等，从实质上扩大了可能被认作“关联交易”的类型。

除此之外，新法中的“列举式”还表现为，在2013年《公司法》第2条第76款中，法律直接列举说明，什么样的对象会被认为是“关联方”。例如，公司董事的亲属、公司主要管理人员的亲属、公司董事高管亲属实际控制的公司等。在原先的1956年《公司法》中，法律并未详尽阐述或列举什么样的交易对象会被认为是“关联方”，仅笼统禁止公司董事、高管的直系亲属成为合同相对方，此笼统的规定被认为是旧法中一个重大缺陷，也被认为是印度公司小股东权益屡受侵害的原因之一。[②]

（二）非利益相关方的批准

然而，2013年《公司法》中对关联交易的相关规定，后被印度立法者认为过于严苛而影响了公司日常运作的效率以及经营活动。因此在2015年《公司法修正案》（以下简称《修正案》）中，印度立法者基于“促进营商便利化”（ease of doing business）的考虑，对关联交易相关规则的修改提出了议案。首先，《修正案》对关联交易的“批准”问题进行了重构。2013年《公司法》规定，如果一项交易，同时征得非利益相关董事以及非利益相关股东的同意，那么此项交易可以不被视为法律所禁止的“关联交易”。并且，2013年《公司法》进一步规定，必须通过特别决议才可以批准此项“关联交易”，这一规定即意味着，至少要75%的非关联股东投票同意。立法者认为，此项规定是不尽合理的，“75%”以及“特别决议”的要求在运作上是不现实的，倘若如此执行，公司的管理人员将会花费极大的精力和时间来召集绝大部分非利益相关股东进行表决，此举势必影响公司日常运作效率。因此，《修正案》提出，仅须一

---

① BhavnaPattanaik, The Changing Law on Related-party Transactions: Easing Business at the Cost of Minority Shareholders?, *International Company and Commercial Law Review*, 2016, Volume 27 (5), p. 150.

② Ibid.

般决议就可对批准某项交易,即获得过半数非利益相关股东的同意即可。2015年《修正案》的这一规定,被视作对“关联交易”的“松绑”。[①] 此外,为了保持立法导向上的一致性,《第49条》也在2015年9月对上市公司非利益相关股东对关联交易进行表决这一问题上进行了“松绑”,以一般决议取代了原先要求的特别决议。

除此之外,2013年《公司法》还规定关联交易必须由公司的审计委员会(audit committee)进行审批,这一规则也被认为过于严苛。由于公司每日进行大量日常重复性交易,倘若每一个被怀疑为法律禁止的关联交易行为都需要审计委员会的审批,必将极大影响公司的日常运作,降低效率。[②] 针对此问题,2015年《修正案》指出,公司审计委员会可以发布一个总括性综合标准,例如:该合同标的额达到或超过一千万印度卢比,或该合同所述事项持续时间要多于一年等。仅有达到这个标准的合同,才必须要提交给审计委员会批准。与该《修正案》类似,《第49条》对上市公司关联交易经由审计委员会批准方面,采取的也是总括性综合标准,仅有符合该标准的关联交易,才必须经由审计委员会批准,此举有利于提高公司日常经营运作的效率。

(三)关联交易的“实质性门槛”

除非利益相关方的批准之外,印度法律还对关联交易有一项“豁免”,即该关联交易是否达到“实质性门槛”(Materiality thresholds)。也就是说,仅在某些情况下,某项关联交易才被视为满足“实质性门槛”,则该项关联交易才会提交给非利益相关董事/股东,进行表决,以确定其是否为法律所禁止的关联交易。而未达到该“实质性门槛”的交易,则不须经由非利益相关方的表决就可以认为是法律允许的“关联交易”。“实质性门槛”的内容包括,例如,实缴股本达到一亿印度卢比的公司,无论交易所涉金额大小,均需提交非利益相关方进行表决,以确定其是否为关联交易;又如,相关法律直接规定,当所涉交易金额大于多少时,此项交易必须通过非利益相关方的表决才可得到“批准”。但此后,鉴于该两项条款操作上的困难,印度公司事务部(Ministry

① SaiVenkateshwaran, The amendments to Companies Act are a great relief to India Inc, accessed July 5, 2016. http://www.dnaindia.com/money/report-the-amendments-to-companies-act-are-a-great-relief-to-india-inc-2090029.

② Padmini Srinivasan, An Analysis of Related-Party Transactions in India, 2013, accessed July 7, 2016. http://papers.ssrn.com/sol3/papers.cfm?abstract_id=2352791.

of Corporate Affairs）在（Meetings of Board and its Powers）Amendment Rules 2015 这一修正案中指出，上述第一个“豁免规则”应当被废止，一项交易是否需要提交非利益相关者决议，应当取决于合同所涉价值。该法案进一步指出，当合同标的额达到或超过公司年营业额的 25%，或合同标的额达到或超过公司资本净值的 10%，或该合同标的额达到 10 亿印度卢比时，无论公司实缴资本额为多少，该交易合同必须提交给非利益相关方进行表决，以确定其是否为法律所禁止的关联交易。①

（四）“正常商业行为过程”（ordinary course of business）以及“常规价格”（arm’s length price）

除了“实质性门槛”之外，2013 年《公司法》还规定如果某交易合同属于“正常的商业行为过程”以及合同所涉价格是“常规价格”，那么此类交易将不需要被怀疑是关联交易而提交给非利益相关方批准。但如何定义“正常的商业行为过程”以及“常规价格”成为实践中的一大难题，印度法律至今未明确解释上述两个情况该如何具体定义。鉴于实践中的模糊性，与 2013 年《公司法》不同的是，《第 49 条》并未对上市公司的关联交易作出这两种例外性的规定。《第 49 条》仅规定，但凡达到“实质性门槛”的关联交易，均必须经由非利益相关方批准。

（五）2013 年《公司法》与《第 49 条》在关联交易问题上存在的分歧

2013 年《公司法》与《第 49 条》在关联交易，尤其是上市公司的关联交易的相关规定存在分歧和矛盾之处，使上市公司与非上市公司进行交易时面临实践上的困局。两部法律的分歧主要体现在以下两点。

其一，对“什么是关联交易”的认定存在不同。如上文所述，2013 年《公司法》中采取的是“列举式”方法列举了关联交易所涉的具体合同类型以及什么样的合同缔约方会被认为是“关联方”。然而，《第 49 条》对关联交易行为类型以及关联方认定的规定，不仅包括 2013 年《公司法》中的内容，也包括《印度会计准则》（*Indian Accounting Standards*）中的相关规定。在《印度会计准则》中，任何会对公司有实际控制权或会产生实质影响的人以及此人的亲属以及上述几类人所实际持有的公司，均会被认为是“关联方”。因此，可以

---

① Meetings of Board and its Powers, Amendment Rules 2015, Rule 15, accessed July 7, 2016. https://www.icsi.edu/portals/70/3.pdf.

见得,《第49条》对关联方的定义采取的是"原则式路径",而非2013年《公司法》中简单的"列举式"。因此,实质上,《第49条》规定下的"关联方"的范围要比2013年《公司法》所列举出的范围广。

其二,在例外规则方面,《第49条》也采取了《印度会计准则》的标准,即不认为"正常的商业行为过程"以及"常规价格"可以作为"关联交易"的例外。而如上一部分所述,2013年《公司法》承认"正常的商业行为过程"以及"常规价格"可以作为"关联交易"的例外。由于两部法律在此方面的分歧,在实践中可能造成这样的困局:当一个上市公司和非上市公司按照正常价格,进行常规商业行为时,代表该上市公司参与合同缔约的一方的很可能会因涉嫌关联交易被审查,而非上市公司的缔约方则可以免于被诉"关联交易"。

对于2013年《公司法》和《第49条》中存在的分歧和矛盾,笔者认为,主要是由于两者对于具体规则设计的意图有所不同。如前文所述,2013年《公司法》中有些规定,例如,须经由特别决议才能批准一项关联交易,被认为过于严苛,有碍公司日常经营活动。因此,2015年公司法《修正案》对相关规定进行"松绑",例如,规定关联交易只需非利益相关通过一般决议即可。可以见得,印度《公司法》近年来的导向,这些"松绑"的规定,旨在促进营商便利化,避免对公司的日常经营活动造成负担。而《第49条》则与之不同,该法旨在进一步规制上市公司的公司治理,对广大小股东倾斜保护。因此,在《公司法》中被认为过于严苛的制度,正是《第49条》中为了规范上市公司治理所强调和采用的。鉴于两者的倾向不同,对一些制度的规定产生了分歧。但在实践中,如上文所述,两部法律对关联交易的不同规定容易造成实践中的困局,因此统一这些分歧之处,是相当必要的。

五、结语

作为新兴市场经济国家之一,印度的公司治理制度广受赞誉。《营商报告》显示,多年来印度的"投资者保护"指数的排名均居于前列,并且一直雄踞发展中国家的首位,这与印度政府长期以来致力于优化公司治理制度不无关系。同时,印度作为前英国殖民地的印度,在法律传统上也继承了英国法中相关法律制度的精髓，为其公司治理制度构架的设计提供了良好的基础。印度公司治理制度的沿革和发展，印度《公司法》的改革道路，均值得许多国家尤其是股权相对集中的发展中国家借鉴。例如，公司治理中独立董事的地位以及相关的制度设计，董事会中下设专门委员会以履行不同职能规范公司治理等，都值得我国借鉴。同为"金砖国家"成员国，作为新兴经济体，中国也存在股权过分集中、一股独大、小股东（尤其是散户）的权益得不到保障等现象的困扰，因此，基于类似的现实情况，对印度公司治理制度如何发展、如何设计的研究，对我国具有现实意义。

Recent Development in the Indian Companies Act and an Overview on Corporate Governance in India

Wenjing CHEN

Abstract: The World Bank Group's recent-published report Doing Business 2018 indicates that, among the 189 countries examined, 'investors protection' indicator of India ranks 4th, which is also the best among the BRICS countries. The improvement of business environment, *inter alia* its protection for the investors, might be attributed to the amendment in Indian Companies Act 2013 and the corporate government regime. This article will investigate key amendments in the Indian Companies Act 2013, such as, the provisions about independent directors and related transactions. In addition, some under-discussion or controversial issues in the new law will also be touched upon.

Key Words: Indian Companies Act 2013; Independent directors; Related transactions

金砖国家法律研究(总第2卷·2017年)
第54~79页

投资印度法律杂谈

澜亭(印度)律师事务所

内容提要:近年来,印度凭借其不亚于中国的人口市场对全球的企业逐渐显现出巨大的吸引力。然而,了解并认识印度的投资环境是迈向印度市场最关键的一步。是以,本文分别对经济面向的印度宪政概览、印度税收法制、司法体系、劳动法相关规定及FDI投资政策等几个方面进行介绍并分析,指出印度的复杂而分裂的宪政影响了印度经济的有效发展,但也因其多元包容的法制环境维系了印度的统一。而印度税收制度混乱、地方中央权责划分模糊,税法执法环境相较之下也并不乐观,加之印度司法体系的低效与资源匮乏,劳动法律规定之复杂与严苛,均为企业投资海外设置了一道又一道的看似高不可攀的门槛。

关键词:印度宪政　税务环境　司法体系　劳动法　FDI投资政策

自从2014年人民党获得压倒性的胜选之后,莫迪政府上台后采取了一系列的经济改革开放政策和强有力的整合措施,促使印度在2015年吸引外商投资(FDI)和国民生产总值均超过中国。印度的经济发展势头如此迅猛,自然而然吸引了众多中国投资者。与此同时,许多中国企业面临国内经济下行的压力,必须要进行产能转移。中国的技术力量、管理经验、资金及中国企业家的眼光,要寻找一片适合中国投资的大市场,印度确实在很多方面都适合作为中国企业转移的阵地。但是,因为许多中国企业在决定投资印度之前,所有可能获取的信息和资讯基本来自中印双方的媒体,且鉴于两个国度之间的民族情绪和媒体的政治性炒作,使得在媒体上了解的印度环境并非真正商务投资判断意义上的印度,加之企业家们往往没有做好事先的功课和掌握历史事件的脉络,更没有分析科学的数据,只是走马观花之后匆匆忙忙决定投资,从而导致蜂拥至印度的中国企业的投资带有盲目性与非理性。

因此,作为国人到海外去投资,最基础也是最重要的,就是对海外投资环境的认识。如果对海外有正确的认识意味着每走出去一步都是坚实的。以下谨就经济面向的印度宪政概览、税收法制、司法体系、劳动法相关规定及FDI投资政策作简要介绍,以期大家对印度的投资环境有一个基本的认知。

一、经济面向的印度宪政

印度是个文化多元的国家,她既有以《摩奴法典》为代表的种姓法律制度的悠久传统,同时又受到西方法治文化的长期侵入与影响,西方宪政、人权、民主、法治的观念深深植根于印度法治与现实。印度在漫长的历史中孕育自己灿烂的印度教法律文化,曾经伴随着她的宗教传播到东亚、东南亚等地,当时的“印度法系”在东方三大法律文化中占有一席之地,直至近代沦为英国的殖民地之后,英国统治者移植了大量欧洲的政治及法治模式,印度在外来法治文化和本土法律之间的不断冲突中实现两者的交融,最终形成了现在印度特有的法治模式。

印度宪政立国至今已60多年,尽管其落后现状、腐败乱象、民生不济都使其民主宪政的体制被广为诟病。但若将其与近代民主转型的国家进行对比,并以理性的目光进行审视,观察印度的“民主选举、政党轮替、三权分立、违宪审查、新闻自由、基本权保障”等宪政评判要素的历史脉络和运作现状,均足以认定印度是个较为成功的现代宪政国家。

当下,印度正处于改革开放和与国际接轨的社会转型时期,政府在这一历史进程中自然发挥着极其重要的积极主导作用。因此,分析思考印度的经济走向及了解其社会环境,印度的宪政问题显然是不可忽略的,或换言之,印度的宪政对印度未来的经济走向将产生决定性的影响。

长久以来,印度的政治家和社会精英在国际舞台上不断地声称或鼓吹“印度是最大的民主国家”,由此也误导了经济界人士总是习惯性地从积极的角度看待印度宪政。绝大多数的经济学者或企业家看好印度的经济未来,基本都是建立在“印度是个中央政府集权的单一制国家,印度有全国整体性的大市场”的前提条件上进行预测分析。以文意解释的方法来详读印度这部十多万字的世界最长的成文宪法,确实难以明确界定印度是联邦国家、邦联国家还是单一制国家,也许只能从印度的建国历史轨迹中寻找端倪。

虽然印度的宪法上明文规定印度是单一制国家,但是现实中中央并没那么集权,印度更像是个联邦。印度的民主是中央集权式联邦制度,它既包含有英国议会制的特点,又同时兼具美国式的独立司法体系,这是印度经英国殖民时期统治、独立时期一系列政治斗争及中央与地方邦之间权力博弈影响的产物。印度的特殊性在于,印度的建国民族领袖不是先取得政权后再拟就宪法,而是在英国政府主导下与印度的民族精英用两年半的时间“和平协商”共同拟就宪法,并通过议会程序建国。在当时,印度并非为一个统一国家,而是由562个王侯土邦和11个省组成的“松散联盟”。国大党在印度统一过程中除使用军事等强制力外,也需要与土邦的高种姓和王公贵族妥协,给予其更多的自主权。例如,印巴分治时期,面积最大的海德拉巴土邦的穆斯林君主其尼扎姆并未选择加入印度,而是在国大党决定军事占领的“技术性”压力下进行合并,且通过了民主表决程序。类似这样的邦于是自然承袭其历史轨迹与习惯,保留了其大量的“分治或自治”的权力。英国人虽然相继制定了1858年《印度政府法》、1935年《印度政府法》、1947年《印度独立法》,但这些法律法规的内容和具体实施基本都是遵循维多利亚女王的指示:“在印度的统治,不要破坏当地风俗、习惯和信仰,要做印度的管家,”以及对各土邦和省“分而治之”,等等。同时,又由于新宪法的很多条文都是复制于1935年《印度政府法》,所以印度的宪法在建国之初,在“萧规曹随”的社会大背景下就留下了“维持联盟”“统一艰难”的硬伤。从印度宪法中“中央政府保留90多项立法权,地方议会独享60多项立法权,中央与地方共享40多项立法权”的规定,便可得知印度中央与地方分权分治的程度有多大。

在这样的历史背景下,宪法自然赋予了印度各邦大量的立法权、警察权、行政权、财税权等分治或自治的权力,尤其是众多地方政党高举“联邦主义”的大旗,导致了长期以来中央式微、地方做大的趋势。例如,对于重罪的规定,绝大多数的联邦国家基本是标准的、统一的,而印度各邦的《刑法》对屠牛、饮酒是否入罪的规定却截然不同,对于如何入罪、什么标准、什么要素、怎么量刑更是千差万别。各邦的《税法》让印度的商品在各邦之间贸易流通,就必须如同过外国海关一样烦琐地课以"入市税"。例如,"统一税制"这种利国利邦利民的事,也需要几任内阁用几十年的时间来多方游说才得以立法通过;再如,印度的土地改革是建国以来最重大的国家政策,虽历经了计划经济高度集权和尼赫鲁父女的政治权威体系下的几十年的努力,但各邦《土地法》对土地性质、权属年限、获得条件等方面都存在千差万别的规定。

也许人们会认为类似美国宪法的联邦体制也赋予了地方很大的自治权,但印度的"统一艰难"更体现在法律之外的语言、教育、宗教、政党等具有"民族共识"的重要因素上。就语言而言,因为印度是个多元社会,虽全国通行的官方语言是英语、印地语,但仅有不到 15% 的人掌握英语、不到 35% 的人使用印地语,其他各邦普遍保留并习惯使用着 25 种地方的官方语言,让最基本的现代人际交流都显得支离破碎;就教育而言,全国并没有统一教材,也极少有可以有效覆盖全国的文化或意识形态机构;就宗教而言,虽然有 80% 的民众是印度教,但该宗教的万物有灵的多神论和现实中的多派别,让其远逊于美国基督文化和中国儒家思想的统一性,正如上述的屠牛、饮酒入罪虽均缘于印度教教义,但却各地迥异;而就政党而言,中国的一党执政效力贯穿到村级基层、美国两党轮流执政的影响力也可遍布各个街区,然而印度却有 1000 多个地方政党,在近 30 年内没有任何一个政党获得国会过半的席位,也没有获得过半的邦地方议会的支持,多数的地方议会均被地方政党长期掌控着,从而导致当中央倾向于对外开放,以及大部分的邦也积极引进外资的背景下,一些印度共产党势力大的邦,例如,西孟加拉邦却可毅然选择拒绝对外开放。

上述印度在宪政层面存在的"统一艰难"的硬伤与现实,让人对印度有个宪政印象的同时,也足以让人们审慎思考、分析判断以下经济面向:

第一,印度的"统一市场",并不等同于"落户某个邦,就占领或可贯通印度的全国市场"。因为印度的这种宪政性的分治,不仅是表现在政治架构层面,而且必然形成商业中习惯性的"市场分裂"。以律师业为例,中国有 30 万名不到的律师,却有上百家全国性的律师事务所;印度有 150 万名律师,却没有一家布局过半数邦的全国性律师事务所。印度法律并没有限制律师事务所在全国发展网点,只是因为其经济市场的历史性和习惯性的分裂无一例外地折射在律师业上,其他代理商等服务业也大体如此。

第二,对印度的中央经济政策,尤其是对外改革开放政策的解读,不应只遵循文本形式上的简单理解或以国际标准加以习惯性的常识判断,而应密切审视这些政策在现实中的执行力与落地状况。莫迪被媒体讥讽为"口号总理"并非空穴来风,并非莫迪操守不力,而是在这样的宪政体制下,印度中央经济政策在全国的推行,必然存在原则、时间、力度上的阻力与折损。自20世纪90年代改革开放以来,印度中央政府虽已批准200个经济特区,但真正落地实施运作的才70个左右。

第三,社会流动性是考察一个国度经济发展潜力的重要因素,尤其是在"效率就是生命"的现代竞争经济模式下。物流、信息流、资金流和人力资源的流动性都必然直接影响着投资成本和发展效率。印度基础设施之所以落后,很大程度上归咎于其"统一性"的缺乏,中央政府没有足够的权力协调或限制地方的"各自为政"。例如, 2016年9月班加罗尔的暴动起因是卡纳塔卡邦与塔米尔那邦持续了近一个世纪以来的水源争端。对于此类直接影响印度国际形象和招商效果的暴力事件,莫迪却只是无能为力地在推特上发文呼吁各方"和平解决问题"。语言、文化、教材的地方性,也必然形成了人力资源的"非通用性",从而禁锢了人才、知识产权、无形资产的合理流动。比如,一个连锁经营的企业根据英文或印地语设计商标、创意广告,但对于绝大多数地方而言却无法达意风行。当打开印度电视,发现同时有几百个不同语言的频道时,就能理解在印度的全国市场中流通有多艰难。

第四,在国际投资环境的评估系数中,除了对法律环境的统一性较为看重之外,商业习惯规则的统一也较为倚重。例如,由美国商会制定的一系列《商事统一规则》,对于美国全国性商业活动和国际投资贸易都起到至关重要的促进作用。印度政治家常以"印度是法治国家"引以为傲,但为了遵循英国殖民时期延续下来"属人主义"的法律习惯,印度至今无法制定出一部类似中国1986年颁布的较为现代和完善的《民法通则》。印度的宪法对公民结社自由的保障程度毫不逊色于西方发达的民主国家,但由于印度政府行政能力薄弱或不健全,印度这些与经济相关的行业协会或工会,对市场游戏规则和行业标准几乎有着决定生死的影响力。例如,根据2004年的统计数据,印度有6万多家的工会,纵使经改革,能在4个邦以上有分支的全国性工会就有印度工人协会(BMS)、全国工大(INTUC)、印度工会中心(CITU)等政见相左、理念对立的5家,同时又由于各种中央和地方的不同政治力量把控或影响着不同的工会,于是“何为合理罢工诉求”,在印度则很难形成一个全国性的统一评判标准或行业共识。因此,无论是投资印度的专家还是印度的法律人,对于印度全国的“用工稳定性”问题都无法提供较为统一的答案。

鉴此,本文粗略认为,由于印度宪政上的统一性功能薄弱,势必影响当下印度经济的有效发展。但纵观印度从1861年的《印度参事法》缘起而走过的百年宪政史,或正是由于其充分保障了地方的自治权、多元性和包容性,才能够有效地维持了印度这个民族形式上的统一。

二、管窥印度新税政

税收因素是海外投资中所有重要决策内容中的重中之重,税收它不仅决定了企业成本的高低,更决定了一个企业在海外市场的核心竞争力;一个国度税务执法环境的好坏,也必然决定了一个企业的生死。因此,当投资者决定到海外投资,不能简单地评估投资国税率的高低,而应综合一个国家所有的税务因素,包括税务法治环境、司法环境、执法环境等一系列的因素来进行科学的评估,而不是简单地仅依会计师事务所提供的税率进行成本核算。①

(一)复杂的税务环境

诚如第一部分所述,印度是一个发展中国家,而且仍处于转型时期、改革开放时期,因而其税务环境极其复杂,就其当下而言,印度的税务环境可以概括为如下三点:其一,无论是财政预算还是财政执行上,印度的整个财政聚力目前处于非常松弛的状态,并不具备严格意义上现代国家的财政制度;其二,印度的税收存在权责倒挂的现象,征收税收和使用税收的权责并不明确;其三,地下黑金现象非常严重。以上三个历史因素是导致印度整个税务环境复杂的主要原因。②

回顾印度的税务历史,从16世纪莫卧儿王朝开始,印度的土地制度采取

① 参见饶慧、陈平路:《印度税制简介》,载《涉外税务》2006年第10期。

② 参见《印度的税务体系及其改革》,载走出去智库:http://www.toutiao.com/i6290519216126689793/,最后访问日期:2017年9月2日。

的是柴明达尔制,即政府通过中间人柴明达尔向农民征收田赋,地主和地方官僚同时身兼包税官,印度政府为了使柴明达尔交足赋税,允许他们在自己的领地享有行政、司法、军事权力,导致农民负担过重赋税,这种税务制度在20世纪50年代末基本被废除,但是其文化影响一直延续至今;18、19世纪英国人统治期间引进的是现代工商税务制度;建国之后在整个国家实行的是以国家资本主义为核心的,确保计划经济跟财政为主轴的税务制度。一直以来,以上这三种税务制度仍然被混合使用,并相互影响着。

虽至20世纪90年代,印度政府成立了税务改革委员会,但是印度的整个税务体制并没有大刀阔斧地作出重大的变革。直到2017年7月1日,印度政府推行了商品和服务税(GST,Good and Service Tax),从宪法上对中央和各邦的税权作出了严格的分权规定。在这个统一税法颁布之前,地方在很多税种征收权上和立法权上有非常大的空间和幅度,地方税务名目繁多,征收手段、尺度相对而言都不尽统一,从而使得印度的整个市场不具备统一性,也形成了印度繁杂的税务体系。目前,印度进入了一个转型时期,国家由于改革开放和进入商品社会的需要,统一税法必然成为重中之重。

实际上回顾历史我们亦可发现,在2000年,总理瓦杰帕伊已经提出要统一全国税法,但是当时提出的方案遭到人民党在古吉拉特邦当首长的现任总理莫迪的极力反对而流产,之后,辛格总理厉行推行税务改革,却因地方政府阻力太大仍以失败告终。这次的税务改革之所以成功,不仅是因为政治家形成共识,同时要归功于辛格总理在国大党一方所做的努力,才使两党形成统一意见推行税务改革。在这次税务改革之前,世界银行对190个国家的调查数据表明,印度的税务的复杂程度和征税的难度在全世界190多个国家排在172位,①德勤会计师事务所也对亚太地区所有的跨国经商人士做了调查,80%以上认为印度是整个亚太地区征税最难的一个国家。由此可见,印度推行全国统一税制实乃迫在眉睫、不得不为的改革。

(二)税制改革的实质影响

针对此项税制改革,无论从媒体界、经济界还是政治界,都一致地对外声称:通过GST改革具有诸多好处,其可让印度的税务征收更加简单,同时也可达到减轻赋税的目的。但实际上,从立法层面来看待这次税制的统一,实际

① 参见袁源:《印度税改还有多长的路要走》,载《国际金融报》2017年6月19日。

上只解决了税务征收的立法权统一问题,从执法权层面上看,尽管成立了中央统一税委员会和邦统一税委员会,也对执法权做了相对而言的统一,但是因为宪法对执法权、检察权及财政使用权并未做出更多的修改,所以这次的税务改革对于减轻赋税而言,并未产生重大影响。因此,舆论把这次税制的改革上升为能减轻企业或者外来投资的税负,完全具有欺骗性或者欺诈性。

对一个国家而言,它的财政征收应当是量出而入式的,这意味着,当一个国家或者地方政府,急需财政支持的时候,它一定会加大税负,因为它的需要是人民的需要,是公利益的需要。就印度当下而言,在世界经合组织的成员国中,其他成员国税务的征收占 GDP 的 34% 以上,而印度的税务征收却仅占 GDP 的 16.6% 。由此数据可知,作为一个正常运行的国家,如果要让税收涵盖整个国家财政的正常开支,无论是公民的福利,还是社会治安的维护,税务征收百分比一定要达到一个国家国民生产总值的 30% 左右,才能保证政府的正常运行。印度当下处于转型时期,必然要提升政府的管理能力,也需要加大对基础设施的投入,就这两项而言,印度必然要提高其征税幅度。① 统一税法的出台,仅改变了税收的征收方式跟立法方式,并没有改变财政的支出方式和减少财政的支出的需求,因此没有理由相信通过一部税收法律的改革,就能降低国家财政对税收的需求。进一步对比中国和印度的财政收入可知,中国 2016 年整个国家的税收约是 9 万亿元人民币,占国民生产总值的 19% 左右,除此之外,中国政府还有另一部分印度政府所没有的收入——土地的收入与土地使用相关的收入,这部分土地收入使每个年度中国政府财政收入增加 4 万亿元左右,这两项相加约等于国民生产总值的 30% 左右。更何况中国政府并未实施印度政府所实施的免费医疗,从以上理论数据进行常识判断,印度的经济界和政治家声称的通过 GST 税法改革能降低企业的税负,显然是一个伪命题。

另外,我们从新税法和旧税法某些商品税率的比较上也能得出结论,在马邦(Maharashtra),原先对于二手车的交易仅征 15% 的地方税,这一次税法改革之后,不仅保留 15% 的地方税,而且增加对二手车征收等同于新车 28% 的交易税,在新税法实施后,就二手车的交易而言就要征收 43% 的税率,除此

① 参见《经合组织国家税负水平税制结构和收入划分的变动分析》,载《国际税收参考》2013 年第 2 期。

之外,马邦政府还规定,新税法出台之后,由于原先各邦之间的入市税的废除,需额外增加了一项关于汽车的税收——2%的道路税,那就意味着,不论二手车还是新车,在当下新法律的尺度之下,征收的税收可达45%左右。从上述比较中可以得出,新税法并没有降低税负,反而是增加了税负。

(三)税法的立法及执法环境恶劣

相对而言,印度的税法的执法环境并不乐观,印度政府在税收执法上带有很大的恣意性或者滥权性。或许是因为印度的本土企业或者本土国民地下黑金的盛行,导致印度政府只能"盯着"海外投资企业。

在2007年,沃达丰公司通过和记黄埔在开曼群岛设立了公司,以112亿美元的股权转让开曼群岛的股权,这一项交易,无论根据国际上任何一个国家的税务征收政策都属于一项海外交易行为,针对这样一个海外交易行为,孟买税务局居然开出了征收税单,税务局认为即便这项交易是发生在海外的股权投资,但对应的财产是在印度,所以应当征收资本利得税(股权收入税),这样一项征收行为产生的诉讼纠纷,在2012年印度最高法院判决税务机关无权征收。尽管有了最高法院的判决,但印度的税务机关对沃达丰公司仍然纠缠不休,直到2014年还强烈要求沃达丰公司缴纳790亿卢比的税金。① 无独有偶,2013年诺基亚公司向芬兰母公司交付的技术转让费被要求支付所得税的案例也足以说明印度税务机关职权的滥用性。印度税务机关认为就这项技术转让费而言,虽然是芬兰母公司的所得,但是对应的付款单位是印度的诺基亚公司,因此要求芬兰母公司向印度政府缴纳所得税300亿卢比。诺基亚公司就根据两国所签署的避免双重征税的双边协议起诉到法院,尽管法院最后支持了诺基亚公司的诉求,但是与此同时,法院也通过了税务机关强行扣押和冻结诺基亚公司资产的执行令,这项执行令造成诺基亚公司在2013年无法进行股权转让,这一系列恣意执法行为,直接导致了诺基亚公司迫不得已搬离印度。② 这样的案例不仅仅是发生在欧洲国家的在印度投资的企业身上,同时也发生在中资企业身上。2013年,山东电建公司承揽了基础设施工程,供货单位是中国的其他企业,在该项承揽作业中,山东电建公司向中国

---

① 参见归黎、马佳轶:《"沃达丰案例"对我国间接股权转让所得税问题的启示》,载泰州市国家税务局网:http://tz.jsgs.gov.cn/art/2012/5/21/art_1608_128807.html,最后访问日期:2017年8月29日。

② 参见饶慧、陈平路:《印度税制简介》,载《涉外税务》2006年第10期。

的其他贸易商进行国际采购。而针对这项国际采购合同,印度税务部门却要求征收1%的税收,该征收行为实则完全违背了国际贸易的税务征收办法的原则与规则。[①] 以上三个案例都充分说明了印度税务执法机关、政府在执行税法的过程中完全背离了税法原则跟国际准则,可见,印度税务执法环境的恶劣,这对外来投资企业而言非常不公。

同时,就立法层面而言,也存在很大的恣意性。2013年印度政府出台了《一般反避税规则》,这项法律授予了政府和税收机关拒绝任何税务筹划行为的权力,只要税务机关认为税务筹划行为没有实质商业目的,其完全是为了避税,即使这项避税措施在国际上或者任何国家被公认是属于合理节税,但是根据该法律,印度的税务机关仍有权力认为,这就是违反了印度税法并有权力要求补税。[②] 此外,这项规则还规定,对于任何一项海外交易行为,只要海外交易的股权或者行为与其印度的资产相关联,印度政府都有权力征税。尤其恶劣的是,规则中还规定了一项追溯原则,政府有权力追溯任何外资企业自1962年以来所有的交易行为,即任何一个企业,即便当下的节税行为在印度是合法的,但是若干年之后,印度政府仍然有权力追溯,之前的节税行为可能被当下的法律认定为违法。[③]

综观以上几个方面,我们可以得出结论,目前印度的税法环境对外资企业而言非常不友善。换言之,其并不具备现代意义国家的法制保障。当然,印度毕竟还算得上是一个民主法治国家,也有具备很多科学可救济的法律制度,例如,在1993年印度就设立了事前裁定局,其具有准司法的功能,裁定局由法官和税官所组成的,其实质上是一个具有半司法、半行政的功能的机关,任何一个企业决定投资或者投入生产之前,可以向事前裁定局申请对企业的税务准则作出裁定,界定不同避税行为是否合法,这项裁定在未来会得到税务机关的执行,这是印度比较先进的现代税务制度。相对而言,印度的司法

---

① 参见《"走出去"企业如何破解三大税收难题》,载国家税务总局网:http://www.chinatax.gov.cn/n810219/n810744/n1671176/n1671201/c1707430/content.html,最后访问日期:2017年8月30日。

② 参见《部分亚洲国家反避税进展》,载《世界税收信息》2012年第3期。

③ See Expert Committee, "Report on General Anti-Avoidance Rules (GAAR) 2012", Accessed August 25, 2017. http://www.finmin.nic.in/sites/default/files/report_gaar_itact1961.pdf.

比较独立,也相对公正,前面所述的三个案例都或多或少得到了司法的保障。①

就当今海外投资而言,对税务问题不仅仅简单的是一个会计问题,而应当是会计和律师共同处理的一个难题。总而言之,印度的税务法律环境和执法环境是极为复杂的,任何一个中资企业不能仅通过媒体或者外在的形式简单地判断印度的税务问题,而是要更加科学理性地判断印度的整个税务环境。

三、一官司,一甲子,不可思议的印度司法

提及印度的司法体系,2016年7月21日《印度教徒报》刊登的一则报道非常具有代表性:巴布里案最老的诉讼当事人于95岁去世。该起由于印度教和穆斯林宗教纠纷引发的诉讼,自1949年起诉至法院直至这位95岁的当事人去世,案件仍然还在最高法院待判。② 由此可知,印度的司法低效是一个常见但作为外国投资者所无法想象的现象。究其原因,除因案件数量庞大外,最根本的原因在于法官资源的严重不足。

据《印度时报》2017年4月的报道,印度最高法院首席大法官TS Thakur在一次莫迪总理出席的会议上曾数度哽咽,呼吁雇用更多的法官来解决长期以来堆积如山的案件。③ 印度法院当下未决案件高达3000万件,而法官资源严重稀缺,尤其是基层法院的法官,根据统计,印度全国的法院仅有法官2万余人。早在30年前,政府的法律委员会就曾提出,按照当时的案件数量至少需要4万名法官。迄今为止,尚在高院悬而未决的案件就达38万件,最高法院有6万件,若按目前的速度,不考虑每年增加的案件数量,单要审完3000多

① 参见樊勇、韩文达:《完善我国税收事先裁定制度研究》,载中国税务学会网:http://cti.ctax.org.cn/xsjl2/ssgg/201612/t20161219_1051078.shtml,最后访问日期:2017年8月30日。

② See Omar Rashid, Oldest Babri Litigant Hashim Ansari Passes Away, *The Hindu*, Accessed August 25, 2017. http://www.thehindu.com/news/national/other-states/Oldest-Babri-litigant-Hashim-Ansari-passes-away/article14499235.ece.

③ See TNN & Agencies, An overworked Chief Justice TS Thakur breaks down in front of PM Modi, *the Times of India*, Accessed August 26, 2017. http://timesofindia.indiatimes.com/india/An-overworked-Chief-Justice-TS-Thakur-breaks-down-in-front-of-PM-Modi/articleshow/51964732.cms.

万件案件至少需要320年。[1] 然而，因司法体系并不具备经济效益，使印度司法部门的预算甚至不及整个国家财政预算的0.5%，而早在2014年至2015年，就有专家建议至少需要0.11%的财政预算投入到司法建设中。此外，依据法律委员会和议会常务委员会的意见，每100万人口应当至少有50名法官，而印度目前的法官人数占比仅到30名而已。[2]

印度的司法系统作为世界上最庞大的司法系统之一，在过去30年里，虽然法官数量增长了6倍，但在案件量暴涨12倍的情况下也是心有余而力不足。此外，法院基础设施亦严重匮乏，许多基层法院除法官数量不足，大多数法院办公楼都是以租赁形式办公，将近7000座法院办公楼的申请有待邦政府处理。

除了法官人数严重匮乏外，印度的诉讼制度也不够完善。其一，其对案件的审理期限并未有严格限制，从而导致印度的法院系统与法治不相融的现象时有出现：诉讼程序特别拖沓，一个案件经过40年未结案也不足为奇。法官数量本就稀少，法官每天10点上班16点下班，中间还有午餐时间，且印度节假日多如牛毛，法官的审案时间被严重挤压，如此一来，加之法官并无审理期限的压力，诉讼程序的拖延是必然的结果。

此外，就个案而言，印度人民的经济状况、低容忍度也决定了原被告双方悬殊的地位，有钱的一方可以不在乎诉讼成本，从而利用司法的漏洞让案件通过不断的抗辩、申诉、发回重审来无限延长诉讼过程，甚至在刑事案件中有犯罪分子利用冗长的审判过程来逃避制裁。相比之下，中国的民事诉讼法和刑事诉讼法均规定了相应的审限，若要申请延长审理期限还须经过严格的批准程序。此外，中国的法官还有权决定二审书面审，这就大大缩短了审判的时间，更毋论在中国，想要启动再审程序亦非易事。

其二，诉讼程序冗长。在印度的法院，往往一个很小的问题要经过至少一个小时无休止的辩论，一个很小的申请就需经过6个月的审批。在法庭上你会看到这样的场景：一方滔滔不绝，另一方昏昏欲睡，法官神色倦怠。换作是中国的法庭，法官大多会列明争议要点、重点，让双方律师有所侧重而提高

① 参见《印度:2700万案件积压 93%强奸案被搁置》，载观察者网：http://news.qq.com/a/20160507/026773.htm，最后访问日期：2017年8月18日。

② 参见《印度"人民法庭"一天审结351万案件全国仍积压3000万》，载中新网：http://www.guancha.cn/Neighbors/2013_11_25_188019.shtml，最后访问日期：2017年8月26日。

庭审效率。在印度,因法律对律师故意拖延的行为并没有严格意义上的惩戒措施,律师往往使用一些随意的理由便可让法官延迟开庭。反观中国法官与律师的关系,除非律师有确实的证据证明生病或者因不可抗力的原因没有及时到庭,否则法官会严格作出缺席判决。

其三,多级审判制度也是印度司法效率低的原因之一。印度法院分三级:地方法院、邦高等法院、最高法院。与中国的二审终审不同的是,印度的审级制度为三审终审制。基层法院审理事实、程序和法律问题,高等法院和最高法院只裁判程序和法律问题,往往一个小案子常要分成多步进行审判。而上诉时间则根据案件的不同少则1个月,多则3个月,在印度以简单的理由即可申请延长上诉期限。而在中国15天内除不可抗力的原因没有上诉外,则丧失上诉权利。

目前印度政府也逐渐意识到法院的低效,以及面临由此带来的社会价值观的冲突,在大城市开始致力于提高司法效率。法官对律师故意拖延的行为也渐渐开始施加压力,往往采取罚金的方式来减少这种行为,少则几万卢比,多则几个拉(lakh的音译,1拉约等于1万元人民币)。

而印度法院的办事审案效率早就引起了本国人民的公愤,2010年为了解决案件处理拖沓缓慢的问题,印度政府充分利用1987年按照《法律机构服务法案》设立起来的"人民法庭"来提高司法效率。除此之外,例如印度证监会集立法、司法、行政职权于一身,在一定程度上让与资本市场有关的案件绕过了普通法院直接进行裁判,一定程度上减轻了法院的审案压力。另外,2015年设立的商事法庭专门审理超过1000万卢比以上的商事案件,且由法官独任审理。从近年来印度政府在印度司法体制的改革动态可见,印度司法正在试图慢慢地走出低效的泥淖,但仍需政府进行更深层、更有力的司法变革,方能使法律这"上层建筑"服务于"经济基础"。

四、印度劳动法——世界上最严格和复杂的印度劳动法之一

相较其他国家的劳动法,印度的劳动法内容繁多复杂、规定严格,普遍被认为是世界上最严格和最复杂的劳动法之一,尤其是对劳工的保护要远远超过保护企业主的利益,这在一定程度上限制了印度制造业的发展。以下将结

合印度劳动法的基本规定,对有关工作条件进行阐释。

(一)印度劳动法之工作条件

印度宪法均赋予中央政府和地方邦政府在劳工福利方面立法的权力,包括工作条件、公积金、雇主责任、工作报酬及产假等方面。对受雇于商店、商业机构及其他公共娱乐场所和机构劳工的工作条件,各邦政府基本都有相关立法。因此,除了1948年《印度工厂法》的规定外,各邦都制定有各自的《商店和商业机构法》,用于规范劳工的福利权利。关于假期的规定大致相似,但个别邦也会根据当地习俗和具体商业习惯有所区别。

1. 关于假期的规定①

(1)周假:根据规定,各机构或单位每周至少休息1天,根据行业习惯,周假通常放在周日。任何单位和机构不得要求员工1天工作超过9个小时,1周则不得超过48个小时。

(2)国家/公共假日:各机构和单位应当在1月26日(Republic Day),8月15日(Independence Day)和12月2日(Mahatma Gandhi Birthday)放假,或者根据各邦具体规定。除此之外,每一名员工每年还应享有5天强制性假期。各地其他公共假日的天数由各邦有关政府部门制定、发布和修改。

(3)年假:根据规定,每一名满12个月雇佣期(连续)的职工在下一年度都将有权获得18天带薪年假。个别邦年假天数的规定根据邦的具体情况会有所不同:比如马哈拉施特拉邦规定是每年21天,拉贾斯坦邦是每年30天,中央邦规定是每年1个月。

(4)病假或事假:根据规定,每一名职工每年可以获得15天(各邦可能有所不同)带薪假期,基于疾病、事故或其他合理理由。超过相应天数的假期都是无薪假。安得拉邦和喀拉拉邦有“特殊事假”的规定:安德拉邦规定,每一名至少满6个月雇佣期的员工如果实施过结扎手术或输卵管切除手术的,则在其剩余服务年限中可获得总数不超过6天的“特殊事假”。喀拉拉邦规定,实施过绝育手术的男性员工可获得6天带薪“特殊事假”,女性员工14天。

(5)产假:印度下议院今年三月刚通过的2016年《生育津贴法案(修正案)》将带薪产假从12周提高到了26周。之前1961年《生育津贴法案》规定了妇女在怀孕期间及生产之后所享有的相应的生育津贴及其他福利包括:女

---

① The Factories Act, 1948, Chapter VI Working Hours of Adults.

性职工的产假期是12周,但产前不得超过6周。因医疗原因造成的流产或者妊娠终止的,可获得最高42天的假期。1961年《产假福利法》规定了产假和其他生产前生产后、流产或医疗终止妊娠的其他福利。用人单位/雇主应当按产假期间的平均日工资支付产假福利,最高12周。① 本次的修订案虽赋予广大女性职工充足时间照顾其婴儿,但从就业的方面来看,却十分不利于女性员工,雇主可能因为这项法案而歧视女性员工,导致女性员工就业难的后果。

(6)年假延休:未使用的年假可以延休或者累积达到45天(西孟加拉邦规定是56天,特里普拉邦规定是112天)。

(7)关于假期的天数:相关劳动法法案所规定的假期天数只是最低天数,用人单位可以在劳动合同或服务合同中约定更多假期天数,但不得约定低于法案所规定的最低天数。

2. 工作时间的规定②

根据相关行业或机构的性质不同,法律规定了每天或每周的最高工作时间数。

《工厂法》和《商店与商业机构法》规定的最高工作时间是每天9小时,每周48小时。③

《工厂法》规定:女性不允许在晚上工作。在个别邦,针对某些商业行为也有例外规定,如信息网络行业、呼叫中心等。但是要获得具体许可和批准。

根据《工厂法》和一些邦的《商店和商业机构法》1天中超过9小时或者1周中超过48小时后的工作都属于"加班"。员工加班应当被支付正常工资的2倍。针对加班时长的限制,各邦规定不一,每天每月每季度或者是每年内的加班时长限制都可能不同。

3. 女性职工安全

为确保女性员工的安全,一些邦已经制定了相关规则,比如:雇主/用人单位须提供夜班女性职工住处到工作地点之间的交通工具。此外,根据2013年《工作场所女性员工性骚扰(预防、禁止和申诉)法案》各单位和机构都应

① Maternity Benefit (Amendment) Act, 2017.

② The Factories Act, 1948, Chapter VI Working Hours of Adults.

③ 《工厂法》在印度全国适用,但印度的每个邦会颁布自己的《商店和商业机构法》,二者适用不同类型的工作场所。

制定针对防止夜班女员工遭受性骚扰的制度规定。①

(二)印度劳动法之劳动合同

通常,用人单位投入大量资源来培训员工的专业技能或专业知识是为让员工长期为企业服务。但在实践中,在习得必要的专业技能或知识以后,雇员会倾向于去寻求更高报酬的工作机会。毫无疑问,由于双方利益和立场不同,雇主和雇员在这方面存在利益冲突。为防止员工跳槽,有的用人单位会在劳动合同中设置特定的条款,比如规定员工在培训后特定时期内不得离职或者不得从事相似的工作等。此外用人单位还倾向于在劳动合同中约定一些离职后仍然生效的条款,如商业秘密保护条款、竞业禁止条款、限制挖角员工和客户的行为等。以下将主要聚焦讨论劳动合同中一些存在争议的条款,以及雇主在起草劳动合同时所要注意的地方。

在起草任何服务协议或者劳动合同之前,确定对方的法律地位。比如:普通法的判例和学理上认为"独立合同人"(lndependent contractor)并不属于劳动法中的"雇员"(employee)(独立合同人是英美法中的概念,是指那些与企业之间签订合同,约定在自己的工作场所利用自己的设备和人员完成特定的工作,企业支付其报酬的工作者。独立合同人不是雇员。典型的例子就是Uber 司机,但 Uber 在美国也因司机是否属于雇员而不断陷入诉讼中)。目前,印度的法院已经根据相关合同条款内容认定许多"独立合同人"属于劳动法中的"雇员"。

劳动合同履行过程中,劳动合同对"不当解雇"(wrongfully terminated or dismissed)的约束力主要体现在以下三种情形:

第一种情形:纯粹由雇主和雇员之间劳动合同所规范的"主从关系"(master-servant relationship)。雇员因被不当解雇而进行诉讼寻求赔偿。这种纠正办法背后的意义是,个人服务类合同的性质决定了一方不能被强制为另一方工作。雇员可以以被不当解雇为理由起诉雇主要求赔偿,雇主也可以以雇员违反劳动合同规定起诉雇员要求赔偿。但是,这种赔偿只能是金钱形式,而不是被认定解雇无效而获得重新雇佣的方式。

第二种情形:由劳动法或产业法规范的"主从关系"。如果雇员以劳动法

---

① Sexual Harassment of Women at Workplace (Prevention, Prohibition and Redressal) Act, 2013.

或产业法的具体规定为依据,起诉雇主不当解除劳动关系,有可能会获得被重新录用的救济。这种被重新录用的赔偿方式与印度合同法和特殊救济法所规定的救济赔偿是有区别的,因为这两者中没有规定被重新录用的救济方式。

第三种情形:中央或地方政府部门雇佣的或者根据法令产生的这种"主从关系"。这种情形,被不当解雇的雇员如可以证明这种解雇是不公平的或者有违具体法令的要求,则该不当解雇应当被认定为无效,相关雇员可继续从事之前的工作。

《印度合同法》①规定任何对从事合法职业或商业行为进行限制的合同都是无效的。除"出售商誉"(sale of goodwill)之外,法律不认可任何其他限制商业的行为,即使是相关限制可能是合理的。印度法院已认定离职后的竞业禁止协议是无效的不具有可执行性,但劳动合同期间的禁止条款是有效的。

在劳动合同存续期间,雇主有权限制其员工从事相关竞争行为或者禁止其在劳动合同期间签订其他劳动合同。在劳动合同有效期内,雇员只能从事劳动合同中约定的内容,这种情况则不被认定为是限制商业的行为。这种情况的例外情形是:如果劳动合同或者竞业禁止条款的内容被认定是"不合情理的"或"过于严厉的"或"倾向一方的"(出自加尔各答高等法院"Shee Gopal Paper Mills Ltd. v. Surendra K. Ganeshdas Malhotra"案②)。

印度法院认为两个用人单位/公司之间签订的旨在约定不得互相挖角或劝诱对方员工的合同是具有约束力的,因为这样限制内容的合同是由各自用人单位直接签订的,是针对雇主行为而非雇员行为,相比雇主和雇员之间这样的限制和约束更加公平。

从用人单位的角度考虑,在与供应商、中介机构签订合同或签订其他商业合同时约定禁止劝诱条款是非常有必要的。该条款不仅应当在劳动合同履行期间有效,且最好延续至劳动合同终止后1年。因此,在合同条款设计上应当字斟句酌,同时最好设定一个特殊赔偿金条款。

与竞业禁止条款不同,保密协议条款在劳动合同终止后也持续存在,并且雇主可以因其前雇员加入竞争对手并使用其在职期间可获取到的保密信

---

① The Indian Contract Act, 1872.

② Shree Gopal Paper Mills Ltd. v. Surendra K. Ganeshdas Malhotra, AIR 1962 Cal 61.

息而起诉寻求恢复或赔偿。

（三）印度劳动法之工资和社保福利

1936年《工资支付法》①规范了一些具体行业中受雇工人的工资发放，并且对非法克扣工资和无故拖欠工资的行为提供救济途径。该法案适用于直接或间接（比如第三方劳务派遣单位）受雇于工厂或其他商业机构的工人。

1948年《最低工资法》②通过规定一些具体工作的最低工资来保护相关工人的利益。雇主/用人单位应当根据政府在《最低工资法》中规定的最低工资标准（以及后续的修订）向其员工支付工资。

各邦的《商店和商业机构法》规定了应当支付给员工的工资及雇主支付全部工资的责任。工资支付期应当是固定的而且不得超过1个月。雇主可根据员工缺勤或损坏货品等不当行为扣减相应数额的工资。

对外国员工的最低工资要求：根据印度内政部的要求，如果外国人在印度从事雇佣工作，其年度最低工资额不得低于25,000美元（该规定旨在保护低技能的印度劳工利益，但有3类人不适用该25,000美元要求的限制：厨师、非英语语种教师或翻译、使领馆等外交人员）。

雇员国家保险政策：《雇员国家保险法》③适用于医疗保健和疾病、生育及工伤方面的现金福利支付。其所规定的基于社会需要的保险制度，旨在保护工人在疾病、生育、暂时或永久伤残及因工伤导致的死亡方面的权益。这方面符合条件的员工的月工资上限已由10,000卢比提高到了15,000卢比。该法案适用于所有雇员超过20人的工厂或其他机构，且要求达到法定人数后15天内根据该法案向相关区域办公室完成注册。

公积金：《公积金法》④规定了公积金机构、家庭养老基金、职工存款联结保险金，也一并规定了对职工养老及低保方面的长期性保护。《公积金法》所规定的员工月工资达到15,000卢比的享有公积金权利。公积金分为雇主承担和雇员承担两部分，具体由公积金中央委员会管理。只有正式受雇用的员工才受《公积金法》保护，临时工不属于《公积金法》规范的范围。《公积金法》适用于所有雇员超过20人的工厂或其他机构，且要求达到法定人数后根

---

① Payment of Wages Act, 1936.

② Minimum Wages Act, 1948.

③ Employees' State Insurance Act, 1948.

④ Employees'Provident Funds and Miscellaneous Provisions Act, 1952.

据该法案强制注册,少于20人的则采用自愿原则。目前公积金比例为:用人单位13.61%,员工12%。

有关外国人公积金的规定:在印度工作的外国人按照规定也要缴纳公积金,除非该外国人属于法案定义的"Excluded Employee"(作为派遣员工在印度工作,已在母国缴纳相应公积金,且母国与印度签署有双边社保承认协议的)。为了平衡在印工作的外国人和在海外工作的印度人的社保公积金缴纳,印度政府与许多国家已经签署或者正在讨论签署相关双边社保承认协议(SSAs)。虽然印度与许多国家签订了该协议,但迄今只有比利时、德国、卢森堡、法国、丹麦、韩国、荷兰和瑞士政府正式批准生效该协议。此外,印度政府对在印度工作的外国人的公积金提现作了限制。根据目前的规定,在印度工作的外国人如果要实现公积金提现,只有在一种情况下可以:即年满58周岁,而不是在其停止雇佣关系的时候。但是如果符合一些情况,也是可以提前提取其公积金的:(1)由于身体或精神上的虚弱造成的永久或完全丧失劳动能力导致退休的,且须由正规医务人员或注册医师出具证明资料;(2)因患有结核病、麻风病或者癌症并因此与其用人单位协议解除雇佣关系的;(3)相关双边社保互认协议所规定的其他情形。此外,根据与比利时、德国、卢森堡、法国、丹麦、韩国、荷兰和瑞士之间的社保互认协议,来自这几个国家的外国人在印度缴纳公积金的,其可提前实现公积金提现而不受上述58岁年龄限制。

(四)印度法之裁员的强制性规定

当企业想解聘那些不满足绩效或者不符合公司要求的员工时,企业的人力资源通常会考虑直接启动劳动合同中有关终止用工的合同条款。在印度的外国公司也经常这样操作,但这其实忽视了一点:印度的劳动立法在效力上是高于双方意思自治的合同条款。貌似简单的解聘员工事实上是比较棘手的,法律上对规范工人和非工人员工的解除有些强制性规定。个别邦(如旁遮普邦、马哈拉施特拉邦、泰米尔纳德邦等)对随意解聘和因不当行为解聘员工的通知期也有不同规定。有些大型制造业企业在个别情况下甚至需要邦政府的许可。

在印度,规范"裁员"的法律主要是1947年《劳资争议法》,[①]第2款规定

① Industrial Disputes Act, 1947.

裁员不包括:"a.退休工人;b.因工人达到劳动合同所规定的退休年龄而退休;c.因工人劳动合同到期不再续签而结束的;d.因工人持续的身体疾病状况。"

需要注意的是,印度《劳资纠纷法》规定可以因任何原因通过裁员方式解除用工。在印度最高法院"Delhi Cloth and General Mills Co. Ltd. v. Sambu Nath Mukerji"①一案中,甚至将因未请假旷工的员工除名也定义为"裁员"。因此裁员的原因并不限于任何特定的原因,当然不仅仅是因为经济方面的原因,比如人员冗余等。

除需要注意理解裁员的定义外,用人单位在进行裁员时(不包括因不当行为的解雇)还必须遵守《劳资争议法》第25F款之规定,该款规定了用人单位在裁减工人之前应当满足的一些条件。该条款规定:"任何行业中连续雇佣超过1年的工人不得被裁员,除非发生这些情况:a.已经提前一个月书面通知并说明裁员原因并且该通知期限已届满,或者该员工已被预付工资代替该通知;b.按每一年(或大于6个月的部分)等同于15天工资支付给该雇员;c.根据《劳资纠纷法》,某些'工业机构'(如超过100名工人的工厂、矿厂或农场)的解雇,雇主有义务提供3个月通知或相应代偿工资。"

第25F(c)款的规定还要求用人单位发通知给特定政府部门,非常重要的一点是,该通知必须陈述清楚裁员的具体原因并按法案规定的要求发给相关政府部门。此外,第25N款规定过去12个月中平均日雇佣工人超过100名的单位需要在裁员原因的书面通知中取得邦政府对其裁员的事先批准。邦政府在完成相关问询程序后有权批准或暂缓其裁员申请。因此,一旦裁员申请被所在邦政府质疑而不予批准,那么仅凭简单的劳动合同解聘就会带来比较严重的后果。

除了中央层面的立法《劳资纠纷法》以外,各邦政府也制定了相关立法,如《商店和商业机构法》,该法案是有关劳动就业最重要的地方立法,该立法中包含了如工作时间、休息间隔、加班、放假、请假、辞退,雇佣儿童青年及女人以及雇员其他的权利、雇主和雇员的义务等方方面面的规定。一些邦规定除非用人单位能够证明员工的不当行为或员工违反了公司纪律,否则不得解

① Delhi Cloth & General Mills Ltd. v. Shambhu Nath Mukherjee & Ors on 3 October, 1977, 1978 AIR.

除劳动合同。《商店和商业机构法》中所规定的通知也是属于强制性规定,需要在个案中多加注意并严格遵守,以免被法院认定解聘无效。如果用人单位未遵守法律上的裁员规定,一旦员工诉诸劳动法院并在冗长的诉讼程序后被法院以该裁员违反法律强制性规定而判决无效,那么用人单位所付出的全部努力将白费。而且,法院还会要求用人单位恢复支付该员工全部的报酬,包括诉讼裁决作出之前的全部期间的报酬。

《劳资纠纷法》中还规定,在因为员工冗余而裁减一些员工时应采用"后进先出法",即指公司在裁员时应当将后进的工人先裁减,但是以下两种情况例外:(1)雇主与工人对此在合同中有特别约定的;(2)雇主有书面记载法定解除理由。此外,用人单位不得在裁员之后立即补充被裁减的岗位。如果员工被裁员而相关用人单位又重新招聘,那么该用人单位需要给该被裁员员工以重新录用的机会,且该机会需要优于其他应聘者。

近年来,越来越多的中国公司受印度巨大的人口红利和潜在消费市场吸引蜂拥投资印度,投资设厂本地化必然需要雇用大量本地工人。印度的劳动用工立法分门别类,错综复杂,仅中央层面劳动就业方面的立法就几十部,这还不包括各邦的劳动立法。

主要的中央立法有:1947年《劳资纠纷法》、1948年《工厂法》、1946年《雇佣法》、1986年《童工法(禁止与规定)》、1948年《最低工资法案》、1936年《工资支付法案》、1976年《同工同酬法》、1952年《雇员公积金及其他项规定法》、1948年《雇员国家保险法》、1965年《奖金支付法案》、1972年《报酬支付法案》、1961年《生育津贴法案》、1932年《职工补偿法》、2013年《工作场所对妇女性骚扰(预防,禁止与矫正)法案》、1970年《合同工法案(规定与废止)》、1926年《公会法》、1938年《雇主责任法案》、1961年《学徒法》、1952年《矿山法》、1986年《码头工人(安全、健康与福利)法》、1996年《建筑和及其他建设工人(就业管理与服务条件)法》等,地方层面的立法主要是各个邦政府自己相应的《商店和商业机构(非工厂)法》。

面对如此复杂的劳动立法,中国投资者如何在招工、用工、解聘和裁员方面遵守印度法律维护自身利益至关重要。首先,要了解印度和所在邦的劳工立法规定,包括工作条件规定、员工福利规定、工资休假和社保规定、劳动合同和终止用工的规定等,做到心中有数,避免踩踏法律的红线;其次,无论是公司内部人事制度和纪律的订立,还是劳动合同解聘通知的起草,最好由专业人士介入指导起草或审核,在遵守法律的基础上更好地维护用人单位的利益;最后,在解聘裁员或是发生劳动方面的纠纷案件时,及时咨询法律人士,妥善取证并保存,通过法律途径解决。另外,最近发生的一起员工抗议事件,也提醒投资者在本地用工时做好双方的员工培训,尊重本地风俗文化,更好地开展用工本地化。

(五)印度劳动法之印度工会

印度的工会历史悠久,早在1918年就成立了印度第一个现代意义的工会组织:马德拉斯工会,而更早的1890年在孟买就成立过类似工会的“孟买纺织工人联合会”。据统计,印度目前已经登记在册的工会组织多达8.5万多家,而这还不包括分散在许多行业中大量未登记的工会。考虑到2021年左右,印度工作人口可能达到总人口的64%,所以印度的工会组织的数量还有很大的发展空间。

20世纪初期,一些工人聚在一起就工作环境和工资待遇方面与雇主一起协商和谈判,这种小团体类型的聚集就是印度工会的前身。其中比较出名的团体比如1905年加尔各答的印刷联盟与1907年孟买的邮政联盟。“一战”后,印度的工会运动兴起,逐渐在各行业中迅速发展并成为印度工业化进程中不可或缺的组成部分。在此期间成立了许多工会组织,比如1920年成立的“全印度工会大会AITUC”、1922年成立的“孟加拉工会联合会”、1922年成立的“全印度铁路工人联合会”等。1921年3月,“全印度工会大会”的总秘书长N. M. Joshi通过一份报告向政府建议进行工会立法,以完善工会的注册程序和保护印度工会的利益。之后1926年印度制定了《工会法》①以规范和保护工会权益。目前印度最大的三个工会组织是:“印度劳工工会Bharatiya Mazdoor Sangh ”(BMS)、“印度全国工会大会 ”(INTUC)和“全印度工会大会 ”(AITUC),就行业而言尤其以印度的制造业高度的工会化。印度的许多工会组织都有明确的政治或政党联系。工会组织除了受政治领袖的影响之外,还会产生所谓的多工会主义,这就给雇主在集体谈判中带来了不小的困难。

在印度,工人组成和加入工会并参与集体谈判的权利来源于中央和地方立法的规定,且印度法院保护工人这种权利。

---

① Trade Union Act, 1926.

1926年《印度工会法》规定了工会的成立和登记,并在某些方面对工会的登记注册予以解释和界定。《工会法》对工会的定义是“工会主要是为了规范工人和雇主之间、工人和工人之间、雇主与雇主之间的关系或对任何行业或业务的行为施加限制条件的任何团体,包括任何临时性或永久性的团体,也包括任何联合会或多个工会的组合体”。所有工人都有权利组成此类团体或拒绝成为该团体的成员。但是,并不是所有的工人组织都是“工会”,比如马德拉斯高等法院就曾裁定“一些下级治安法院或征税官员等团体不属于工会,因为该团体成员受雇并从事政府的主权和法治职能”。

1947年《劳资纠纷法》也规范与工会相关的,诸如雇主和雇员之间的调查和解决劳资纠纷的权利,同时该法也规定了通过谈判和调解处理集体谈判,并在工会的积极参与下进行自愿仲裁或强制审判等。根据《劳资纠纷法》规定,通过工会集体谈判达成的和解结果对雇主和雇员均具有约束力。

1950年《印度宪法》第19(1)(c)款规定了印度公民言论表达自由方面的基础权利,包括了公民“组成社团”(包括工会组织)的权利。不过法律上认同成立工会的权利并不一定保证该工会可以进行集体谈判或达到其成立时预期的设立目的。且《印度宪法》第19(1)(c)款所列之权利并不包含雇主承认工会的权利,因此如果雇主拒绝承认工会并不会违反《印度宪法》第19(1)(c)款。《印度宪法》第19(1)(c)款所承认的基础的自由和权利有:(1)工会成员间会面的权利;(2)工会成员从不同地方迁徙的权利;(3)工会讨论问题和宣传观点的权利;(4)工会及其成员依法持有财产的权利。

印度有世界上最活跃的工会组织和最频繁罢工活动。近年来,印度的汽车行业由于存在大量工会和罢工,许多公司的发展也急剧下滑。例如,丰田在印度的摩托车公司因为3000多工人和支持者的罢工就造成了高达12亿卢比的损失,再比如铃木公司的一个工厂在2012年曾因工会活动一度暂时关闭,在工厂重新开始生产之后,其产能只达到设计产能的10%。

与此同时,由于印度政府在煤炭和保险领域所采取的一些劳工方面的改革也产生了一些影响。例如,政府通过的2014年《煤炭条例(特别规定)条例草案》就重点通过电子拍卖的形式重新配置煤块,这一措施导致了许多煤炭公司工会的罢工,进而影响到整个国家的煤炭甚至电力的供应。根据传统,服务行业的工会活动是最弱的,但近年来以IT为代表的服务行业也受到了工会的影响。比如印度IT产业巨头Tata Consultancy Services Ltd.(TCS)就因为解聘一些员工而遭到一些中央工会的反对，如印度中央工会（CITU）和印度全国工会大会（INTUC）等。上述的一些改革措施在某些程度上都鼓励工会的罢工行为，因为工人们可能因为这些改革而遭受不利影响。事实上，许多工会已经对一些改革内容提出反对和抗议了，因此改革能否继续下去还有待观察。

印度工会的强势从侧面也体现了印度这个经济体的矛盾性，一方面印度拥有着其他国家无可比拟的人口红利，直接用工成本较低等优势；另一方面，外商投资印度要面临的最重要问题之一就是劳务用工方面的问题，除了外国劳工签证难、本地劳工效率低、劳动法律纷繁复杂之外，工会和罢工也是需要重点关注的问题。进出口贸易类企业会因为港口工人罢工导致船期和货物无法准时到达港口和顺利清关，基建和工程类企业会因为劳工罢工导致工期延误或者建材的价格与运输受到影响，制造类企业由于属于劳动密集型企业，受工会和罢工影响最为直接。因此，在考虑印度的用工成本时，请务必考虑到工会和罢工可能带来的影响。

五、重视 FDI 投资政策

自 20 世纪 90 年代印度开始经济改革以来，印度政府修改、颁布新的工业政策，简化政府审批手续的同时也逐渐放宽对外国投资者的诸多限制以期引进外资及先进技术。特别是莫迪总理上台后，印度政府一直将吸引外资作为发展经济的重要手段之一。印度因其庞大的市场、充足的劳动力和经济的快速增长，使其成为继中国之后的外商投资的首选目的地之一。

目前，主要负责制定与外商直接投资（FDI）相关的法规政策的政府部门是印度产业政策促进部（DIPP）。此外，2000 年 6 月 1 日生效的 1999 年《外汇管理法案》（FEMA）和印度储备银行根据该法案发布的相关规定也为印度外国投资指导性法规。根据行业的不同，外资进入印度有“自动准入”和“政府审批”（事先需取得政府批准）两条法律路径，例如对于一些被 FDI 政策限制的行业，在超出自动许可范围的比例部分，则需根据具体超出的投资量来获得外国投资促进委员会或者工业秘书处的批准。自“印度制造”政策推出后允许外商在通过审批后投资占股高达 49%，根据最新 2016 年印度 FDI 改革法案,印度向外资完全开放了国防和民用航空领域,其他关键行业,诸如医疗、食品生产、零售、卫星通信和有线电视网络领域也有所放松。从最新的法案来看,印度在吸引外资方面主要作出了以下几点调整:(1) 改革外商投资的审批环节,促进投资便利化;(2) 放宽零售业本地采购的规定;(3) 取消医药行业外资持股的限制;(4) 取消食品行业外资持股的限制;(5) 取消国防与民用航空企业外资持股的限制;(6) 取消农业外资持股的限制;(7) 取消广播和有线电媒体外商持股的限制。以上的改革是印度政府首次出台系统的外商投资政策,体现了印度政府大力吸引外资的决心。①

另外需要注意的是,如果合资公司中的外国投资占比超过50%,即被视为外国公司在印度的投资主体,如果合资公司要进行下游投资,也会受到外国直接投资政策的限制。

从印度政府出台的文本上确实体现了对外商投资的进一步开放和鼓励。但根据2017年5月22日印度《经济时报》一则新闻报道,印度政府正在拟定一项议案,禁止中国企业在印度电力领域,特别是输变电行业的投资与合作。因为中国在这一领域不允许任何外国企业和资本介入,且印度也需要警惕包括中国在内的敏感国家把控其命脉行业。中国在印度的投资可能会因两国的微妙和特殊关系受到影响,这也成了投资者在投资前不得不关注的方面。②

六、结论

印度是一个让人又爱又恨的市场,被外界视为具有未来高速增长的潜力。但快速增长的经济和大量人口红利的背后,印度市场还有着极其复杂的社会环境、法律制度及文化、宗教等。鉴此,本文分别对印度宪政概览、税收法制的改革、司法体系、劳动法相关规定及FDI投资政策作出简要介绍,以期中国的投资者在对印度有基本认知的基础上,从而能在遍地都是投资机会的

---

① See Consolidated FDI Policy Circular of 2016, Department of Industrial Policy&Promotion, Accessed September 1,2017. http://dipp.nic.in/circulars/consolidated-fdi-policy-circular-2016.

② See Sarita Singh, India to give a "power" blow to Chinese firms soon. Read how, *the Econimic Times*, Accessed September 1,2017. http://economictimes.indiatimes.com/industry/energy/power/security-concerns-indias-new-rules-to-bar-chinese-companies-in-power-sector/articleshow/58780085.cms.

印度,作出准确而又接地气的投资决定。

Some Thoughts on Investment in India

Lanting(India) Law Firm

Abstract: Recent years India has been more and more attractive to overseas companies by its huge population. Understanding India's investment environment is the crucial step. This paper introduces India's constitutional background, tax system, judicial system, labor law and policies on foreign direct investment. India's constitutionalism, which is comprehensive and divisive, has influenced the economic growth, but its inclusive legal system has maintained the unity of the country. The comprehensive, harsh, inefficient legal system, such as taxation, judicial system and labor regulations, sets high thresholds for the companies.

Key Words: India's constitutionalism; Tax environment; Judicial system; Labor law; Policies on foreign direct investment

金砖国家法律研究(总第2卷·2017年)
第80~102页

评印度仲裁制度改革的得与失
——以2016年《仲裁与调解法(修正案)》为中心

张　建*

内容提要:为了满足新经济政策的争议解决需求,使其法制环境符合《国际商事仲裁示范法》的通行标准,印度政府于1996年颁行了《仲裁与调解法》。不过,最近20年间,该法在适用过程中暴露出诸多弊端,导致了司法对仲裁的过度干预,使印度仲裁的效率价值大打折扣。在纳伦德拉·莫迪总理的领导与政府的推动下,印度通过了《仲裁与调解法(修正案)》,该修正案已于2016年正式生效,其凸显了印度仲裁的国际化、提升了仲裁程序的效率与透明度、明确了司法对仲裁进行干预的限度。但同时暴露出新的问题,例如为了片面追求高效结案而统一了各类仲裁的审限,却可能忽视公正价值的实现。此外,印度虽未加入《华盛顿公约》,但其于2015年公布了新版双边投资协定范本,作为对外谈判条约的基础,这使赴印度投资的中国投资者拥有了争议解决的规范依据。对赴印度从

* 中国政法大学国际法学院2015级博士研究生,瑞士比较法研究所访问学者,研究方向为国际仲裁法。本文系国家留学基金委(留金发〔2016〕3100号)联合培养博士生项目"国际投资仲裁管辖权研究"(项目编号:201607070108)的阶段性成果;中国政法大学博士生创新基金项目"国际电子商务纠纷管辖权问题研究"(项目编号:2016BSCX16)的阶段性成果。

事商事交易或投资的中国企业而言，其极有可能参与印度仲裁程序，因此必须全面掌控潜在的法律风险。

关键词：印度仲裁法　加速程序　司法监督　投资仲裁

作为南亚最大的经济体，印度不仅是“一带一路”倡议的重要沿线国，而且是“金砖五国”之一，在国际经贸格局中占有重要的一席之地。最近十多年来，中印之间的双边贸易与投资合作十分密切。贸易方面，据中国海关近期公布的数据显示，2016 年，中印双边贸易额达到 711.8 亿美元，印度是中国第七大商品出口国，中国则已取代美国和阿联酋，成为印度第一大贸易伙伴和第一大进口来源地。① 投资方面，越来越多的中国企业作为先锋和开拓者赴印度投资，两国间的贸易与投资都显露出巨大的增长潜力。但与此同时，高频的商事往来也极易引发大量的经贸摩擦与法律纠纷。② 为了确保在印度开展的投资与交易处于稳定与安全的法制环境中，投资者注重交易地争议解决制度的灵活性、开放性、中立性。相较于诉讼，以仲裁方法解决平等主体之间的民商事纠纷更符合国际商事从业者的交易习惯与契约自治精神，因此得以被广为接受。研究印度仲裁的最新发展，不仅为中国企业走出去时寻求仲裁救济提供重要参考，而且有助于以国别研究作为镜鉴，透析全球化商业环境下现代仲裁的发展历程。为了使讨论更具实践性，本文的论述采取实证立场，以印度仲裁法律的演变与制度的构建为中心，同时选取印度仲裁司法监督及印度政府参与投资条约仲裁的典型案例，以此来为中国企业参与印度仲裁提供有效指引。

---

① 中印两国已经成为亚洲乃至世界经济的火车头。据统计，印度与中国的双边进出口贸易总额从 2001 年 35.9 亿美元增长到 2016 年 711.8 亿美元，两国贸易额持续增长，双向投资增长了 10 倍，中国企业在印度建成的基础设施项目超过 100 亿美元。参见盘古智库：《2016 年中印双边贸易报告出炉，这些要点你该知道》，载印中经济文化促进会：https://baijiahao.baidu.com/s?id=1560129578309460&wfr=content，最后访问日期：2017 年 8 月 30 日。

② 据商务部统计，2017 年上半年，我国共遭遇来自 15 个国家和地区发起的 37 起贸易救济调查案件。其中，印度对华贸易救济调查达到 12 起，成为与我国贸易摩擦最多的国家。参见潘世杰：《商务部：上半年我国遭遇 37 起贸易救济调查案》，载中国发展网：http://www.chinadevelopment.com.cn/news/zj/2017/07/1157488.shtml，最后访问日期：2017 年 8 月 29 日。

一、2016 年《仲裁与调解法》对印度仲裁制度的新发展

仲裁在印度的发展可谓源源流长,其滥觞于古代印度等级森严的社会体系。[①] 而现代的印度仲裁制度可追溯至 1991 年经济自由化政策的出台,为了促进对外经贸关系健康、良性发展,印度以体现国际商事仲裁立法主流价值理念的《联合国国际贸易法委员会国际商事仲裁示范法》(以下简称《示范法》)为蓝本,制定并颁布了 1996 年《仲裁与调解法》,以此取代之前的 1940 年《仲裁法》。自 1996 年《仲裁与调解法》实施 20 年来,印度的仲裁实践因应国际经贸交往与跨国商事交易需求而不断取得新的突破,但立法却相对滞后,因此各界对修法的呼声不断。就修法的具体背景来看,一方面,印度最高法院作出的若干判决被认为对印度仲裁造成了消极影响,亟待通过修法予以纠偏;另一方面,1996 年《仲裁与调解法》存在某些制度空白,例如,旧法未规定当仲裁地在印度境外时如何向印度法院申请临时措施救济、未考虑如何有效控制仲裁的时间及费用成本、未明确法院对仲裁进行监督的合理界限等。[②] 在商贸需求与各界呼吁的共同作用下,印度仲裁法制迎来了 21 世纪的再度更新。

2015 年 10 月 23 日,印度总统在参考国家法律委员会提案的基础上,颁布了《仲裁与调解(修正案)条例》,借此来对法律不合实践需求的条款进行有针对性的修正,并为法律的正式修订提供过渡期。[③] 2015 年 12 月 31 日,印

---

① 据考证,在古印度,商人之间的争议通常交由库拉(Kula)以仲裁方式解决。所谓库拉,即由同族内部具有血亲关系的男性组成的团体,只有他们有权对纠纷作出裁决并予以执行。但库拉的裁判并非终局的,而是受到行会(Sreni)的审查,行会是由隶属于不同部落但彼此密切关联的商人与工匠组成的集团。当然,行会的裁决还将受到其上一级裁判组织,即普伽(Puga)的审查,普伽是由隶属于不同宗派及不同部落但居住于同一区域的民众所组成的。而普伽的裁决仍然可以上诉至普拉达瓦卡(Pradvivaca)。在整个权力体系中,拥有最终裁决权的裁判者是国王。See Harsh Sethi, Arpan Kr Gupta, *International Commercial Arbitration: Its Indian Perspective*, Universal Law Publishing, 2011, p.6.

② 参见上海国际仲裁中心:《印度仲裁法律制度的最新发展》,载《东方律师》2016 年第 2 期。

③ 根据印度的国内立法程序,在议会休会期间,总统有权力在必要的情况下采取相应的立法行动,因此印度总统于 2015 年 10 月 23 日颁布了《仲裁与调解(修正案)条例》,其法规全称为“The Arbitration and Conciliation (Amendment) Ordinance, 2015 (No.9 of 2015)”。

度议会正式通过了《仲裁与调解法(修正案)》(以下简称《修正案》),该修正案已于2016年1月1日起正式生效实施。新法充分反映了印度法律委员会在2014年8月6日提交的第246号报告及2015年2月6日提交的关于公共政策的补充报告中给出的提案,对1996年的法律规定作了全面而系统的修订。同时,新法废止了总统于2015年10月23日颁布的《仲裁与调解(修正案)条例》,但就规则来看,新法除了在溯及力方面做了进一步明确外,其他的修订要点基本与总统条例保持一致。

就文本来看,《修正案》除了对既有的条款进行修补外,还增设了若干新条款,既有益于契合实践所需,又颇具现实意义。首先,尤其值得注意的是,《修正案》新增第29A条,该条第1款规定,仲裁庭应当自程序启动之日起12个月内作出裁决。根据该款的立法解释,所谓仲裁程序启动之日,特指仲裁庭的全部组成人员被正式任命,即仲裁庭完成组庭之日。这对于提升以仲裁方式解决争议的效率,解决程序拖沓的问题,具有明确的针对性。

其次,《修正案》新增第12条第1款b项要求,每一名仲裁员在接受任命时有义务披露任何可能影响其充分履行职责的情势,以确保裁决书自组庭之日起12个月内能如期作出。同时,《修正案》对12个月的审限作了适当的灵活调整,既包括加速作出仲裁裁决,也包括审限的延长。具体而言,如果仲裁庭能够自组庭之日起6个月内作出裁决,其有权要求当事人按约定支付额外的费用(第29A条第2款);各方当事人也可以约定将审限在12个月的基础上进行延长,但至多不能超出6个月(第29A条第3款);如果仲裁庭未能在12个月内作出裁决,也未能在当事人合意延长的审限内作出裁决,则仲裁程序应当终止,除非经过法院审查认定有合理的理由进一步延长审限,并且,一旦法院认定程序拖延是由于仲裁庭的怠惰所造成的,将会视情形扣减仲裁员报酬,每延期1个月,报酬的扣减额度不超出5%(第29A条第4款)。视情形,在延长审限的同时,法院还有权决定替换仲裁员,为了避免仲裁员替换后造成程序拖沓,新任命的仲裁员应基于已记录在册的证据和材料继续进行仲裁程序(第29A条第6款)。

最后,《修正案》新增第29B条,确立了加速仲裁程序(fast track procedure),这一程序创新契合了近几年国际仲裁发展的主流。具体而言,当事人可以在选定仲裁员之前或选定仲裁员的过程中合意约定适用加速仲裁程序,此时仲裁庭由1名独任仲裁员组成,为了确保案件审理的高效性,加速程序通常不进行口头庭审,而是由仲裁庭在当事人双方所提交的书面文件、证据资料、书面答辩的基础上进行审理。除了当事人主动提交的书面文件外,仲裁庭还有权向当事人要求任何进一步的案件信息或说明。当且仅当各方当事人共同请求,或仲裁庭认为确有必要时,加速程序中才会组织开庭审理和口头抗辩。之所以称为加速程序,主要体现在审限方面的优势,即仲裁庭原则上应当在组庭后6个月内作出裁决,如因特殊情况未能在法定时限内审结案件,则适用普通仲裁程序的期限延长规定,由当事人合意延长6个月或由法院批准延长6个月。加速程序中的仲裁费用收费标准及支付方式,可由仲裁员与案件当事人具体约定。

二、印度仲裁制度改革的特点及其出现的问题

(一)印度仲裁法制凸显国际化导向

印度的仲裁立法以国际主流标准为参照,突出印度仲裁的国际化和法律制度的务实化。早在1996年修订时,印度的仲裁立法就建立在《国际商事仲裁示范法》的蓝本基础上,2015年《修正案》承继了这一特色。尤其是,对仲裁地位于印度的国际仲裁,国内法的更新凸显出仲裁独有的高效优势,且《修正案》在最大程度上与国际一流仲裁实践相契合,给印度的仲裁制度与实践带来了新活力,同时也为其他亚洲国家的仲裁法制变革提供了有益的启发。特别值得一提的是,《修正案》中新增加的第31A条,为印度法院及仲裁庭在全面衡量各项因素的基础上对仲裁费用作出裁决提供了清晰的法律基础,堪称法制创新者制胜的法宝。① 此外,《修正案》从仲裁实务的需要出发,新增了四项附表,分别明确了国际商事仲裁庭收取报酬的标准,质疑仲裁员独立性与公正性的标准,仲裁员信息披露的书面格式,仲裁员与当事人、代理人、

① 在过去,尽管印度诉讼与仲裁实践中,在仲裁费用问题上遵循英国法的传统规则,即败诉方向胜诉方支付费用,但根据《民事诉讼法典》,费用的计算以可预见的费用为基础,因此败诉方通常只需对胜诉方承担实际支付费用中很少的一部分。由于败诉后向对方支付法律费用的风险较小,导致一些当事人采取了滥用程序的策略,提出大量无事实依据的仲裁请求,或在任命仲裁员时恶意拖延,或在仲裁庭作出对己方不利的裁决后不分缘由地向法院申请撤销。2015年《仲裁与调解法(修正案)》新增第31A条,使仲裁庭及法院可以基于胜诉一方实际支出的法律费用,对费用分摊作出自由裁量,从而间接惩戒滥用仲裁或诉讼程序的当事人。

案件争议有关的利益冲突等事项，为印度仲裁实践提供了符合国际标准的指南。

（二）优化并完善仲裁员制度与程序设计

国际仲裁界有格言称：仲裁之好坏取决于仲裁员（The arbitration is only as good as its arbitrators），此言不谬。考虑到仲裁员在仲裁过程中的重要作用，没有当事人满意的仲裁员制度，就绝不会有令人满意的仲裁制度。仲裁员被认为是活的仲裁法，是仲裁的水源，毫不过分。[①] 2015 年《仲裁与调解法》的改革着重调整了仲裁员制度，包括仲裁院的遴选、仲裁庭的组成、仲裁员指定、仲裁员回避、仲裁员披露利益冲突的有关信息等。其中，《修正案》第 11 条规范了仲裁员的委任与仲裁庭的组成方式，该条明确了当事人拥有指定仲裁员的权利，但为了避免当事人利用此种权利来达到恶意拖延仲裁程序的目的，立法中设定了时限要求与候补方法。第 11 条第 4 款中规定，如果当事人未能在收到另一方仲裁请求之日起30 天内选定仲裁员，或者 2 名被选定的仲裁员未能在其被任命之日起共同指定第 3 名仲裁员，则任何一方当事人可以请求法院协助委任仲裁员以组成仲裁庭。而根据新增的第 11 条第 13 款，法院在收到当事人请求协助委任仲裁员的请求后，亦必须于将该项通知送达另一方之日起 60 日内尽力处理相关组庭事宜。特别应注意的是，根据《修正案》，应由高等法院而非首席大法官来行使指定仲裁员的权力，且法院在指定仲裁员时只能审查仲裁协议的存在与否，而不得借助仲裁员指定的程序来扩张审查范围。

同时，《修正案》更加注重在组庭前的仲裁员委任环节，借助披露程序预先保障仲裁员的公正性和中立性。例如，第 11 条第 8 款即规定："最高法院，视情况而定，也可能是高等法院，或这类法院指定的个人或机构，在委任仲裁员之前，应当要求待任命的仲裁员以书面形式披露本法第 12 条第 1 款中规定的任何情形，而且应适当注意：a. 当事人间约定的仲裁员需满足的任何资格要求；b. 其他可能确保仲裁员独立性及公正性的披露内容及注意事项。"[②]具

---

① 参见宋连斌：《理念走向规则：仲裁法修订应注意的几个问题》，载《北京仲裁》2004 年第 2 期。

② 2015 年《仲裁与调解法（修正案）》第 11 条第 12 款中明确了，本条中提及"视情况而定，最高法院或高等法院"处，当争议事项发生于国际商事仲裁案件中，则特指最高法院，当争议事项发生于其他仲裁案件中，则特指高等法院。

言之,修订后的第12条第1款,要求潜在的待任命的仲裁员应当通过书面方式主动披露如下事项:(1)其过去或现在与案件当事人或标的存在任何直接或间接的关系,或对案件标的存有利益,无论是财务上、商业上、职业上或任何其他类型的关系,只要其可能使他人对仲裁员的公正性及独立性产生合理怀疑,即应予以披露。(2)可能会对其能否在仲裁案件上投入足够的时间产生影响的事宜,尤其是影响到其能否在12个月内完成整个仲裁程序的事宜,均应主动予以披露。为了确保仲裁员有效履行披露义务,《修正案》新增附表五对可能对仲裁员独立性或公正性产生合理怀疑的情形提供了指南,附表六为仲裁员填写披露事项列明了书面格式的要求,而附表七则明确了如果存在该表中的任何利益冲突,无论当事人事先是否存在相反的约定,相关人士都不得在本案中担任仲裁员。①

此外,《修正案》尽管没有对仲裁程序进行中的仲裁员替换制度进行明显调整,但修订使法律的措辞趋于准确,如果确认仲裁员事实上未能或法律上无法正常履行职务,则其仲裁员的授权将即行终止,并由另一名仲裁员对其进行替换。相比之下,旧法并未明确一名仲裁员终止职能后的替换问题,尽管实践中不存在障碍,但第14条第1款的立法语言经修订后更符合文字表述的一般规律与规则制定的逻辑要求。

(三)控制司法权对仲裁的介入程度

此次印度仲裁法律改革的另一着重点在于,旨在控制法院对仲裁的过度干预和介入,还原印度仲裁的独立性、民间性与自治性。

以典型案例入手进行审视,不难发现,印度仲裁近些年的发展轨迹以2012年9月的Bharat Aluminium Co v. Kaiser Aluminium Technical Services案(以下简称Balco案)为“分水岭”。在本案之前,印度司法对仲裁的介入相对明显,以Bhatia International v. Bulk Trading SA案②(以下简称Bhatia案)与Venture Global Engineering v. Satyam Computer Services Ltd案③(以下简称Venture案)为代表的法院判决遭到了社会各界的激烈批判。在这些案件中,法院提出,尽管1996年《仲裁与调解法》是以《示范法》为基础制定的,但除非

---

① See Rohit Moonka, Silky Mukherjee, “Impact of the Recent Reforms on Indian Arbitration Law”, *Brics Law Journal*, 2017, Vol.4, p.65.

② Bhatia International v. Bulk Trading SA, (2002) 4 SCC 105.

③ Venture Global Engineering v. Satyam Computer Services Ltd., (2008) 4 SCC 190.

当事人另有特别的明示约定，否则对于仲裁地在印度境外的案件，印度法院仍然可以予以介入并行使撤销裁决的权力。在 Bhatia 案中，印度法院对仲裁地在境外的案件当事人发布了临时措施；在 Venture 案与 Themal 案中，印度法院则撤销了仲裁地在境外的案件裁决。① 多数意见认为，这种司法对仲裁的过度干预有悖于商事仲裁自治的理念与当事人选择仲裁的初衷，亟待改革。而 2012 年的 Balco 案与此后的 Reliance Industries 案则扭转了之前的局面。在 Balco 案中，法院不仅推翻了 Bhatia 案及 Venture 案的裁判意见，而且提出，《仲裁与调解法》第一部分并不适用于仲裁地在印度境外的仲裁案件。特别是，在新近的案件中，法院澄清了两项重要观点：其一，《示范法》的适用范围仅及于仲裁地在印度境内的案件；其二，仲裁地是仲裁程序的“重力中心地”，因此，既然当事人选择在印度境外仲裁，仲裁程序原则上应适用仲裁地法而非印度法。② 值得关注的是，有观点对 Balco 案的裁判意见表达了担忧，认为法院减少对仲裁的介入，就如同愚蠢的妇人在倒洗澡水的同时，将浴盆中的婴儿一同倒出去了，③使印度法院无法再对国际仲裁案件发布临时措施并提供协助。

为了消解印度仲裁界及商人对印度司法与仲裁关系的疑虑与困惑，2015 年《修正案》以《示范法》为参照，对法院与仲裁的关系进行了“正本清源”式的纠偏。具言之，印度法院通常不宜介入仲裁地在印度境外的国际商事仲裁程序，但存在若干法定例外：其一，根据第 9 条，印度法院可在必要时发布临时措施，以协助国际仲裁的顺利展开；其二，根据第 27 条，印度法院可协助仲裁庭调取证据，以弥补仲裁庭欠缺强制权这一困境。此外，当事人可在特定

---

① 在 Thermal 案中，印度最高法院的法官指出，尽管仲裁庭确定的仲裁地是伦敦，但该地点的选择是偶然的，与当事人的合同毫无关联。而印度的法律、规则、规章则与本案存在最密切联系，因此，印度法院享有裁决撤销的管辖权。See National Thermal Power Corporation v. The Singer Company, (1992) 3 SCC 551.

② 在国际商事仲裁中，所谓仲裁地并非单纯的地理概念，而是具有特定程序效果的法律概念。通常，仅有仲裁地的法院享有撤销或维持仲裁裁决的管辖权，而其他法域法院的管辖权仅限于承认与执行仲裁裁决。See Daniel Mathew, “Situating Public Policy in the Indian Arbitration Paradigm: Pursuing the Elusive Balance”, *Journal of National Law University Delhi*, 2015 - 2016, Vol. 3, p. 113.

③ 在历史上，费尔巴哈对黑格尔哲学采取了形而上学的否定态度，它在否定黑格尔哲学的唯心主义体系时，连同其中辩证法的合理内核，也不加分析地一概抛弃掉了。列宁批评费尔巴哈时称，这种否定就好像倒洗澡水的同时，将盆里的孩子也一起倒掉一样。

情形下就国际商事仲裁中的不法程序向印度法院提出异议。①

(四)印度仲裁立法中的待决问题

不过,结合各界的意见及修正案颁布后的实施效果来看,印度仲裁法的改革也暴露出一些弊端,本文将其归结为如下几个方面。

首先,法院对仲裁的介入程度没有得到适当的控制,这不符合仲裁自治的理念,例如《修正案》新增的第11条第14款,允许高等法院在必要时参考附表四所列明的费率,确定仲裁庭可收取的费用及支付方式,尽管立法解释中明确该款并不适用于国际商事仲裁案件及当事人对仲裁费用另有约定的非国际商事仲裁案件,但仍然体现出法院对仲裁庭费用决定权的褫夺,不符合国际上由仲裁庭依据规则自行确定收费事项的主流实践。

其次,有观点对新增的第29A条提出了批判与质疑。② 尽管该条款旨在控制仲裁庭裁判个案的时间成本,从而实现仲裁程序的高效化,但客观上,具体的仲裁个案情形各异,案件标的额、争议复杂程度、纠纷类型多种多样,为所有类型的案件设定统一的时限要求,忽视了案件的多元化。此外,《修正案》的主要目标之一是最大程度上简化法院对仲裁的干预,但由法院来审批延长时限的请求,却有可能事与愿违。更何况,印度法院本身受理的诉讼案件量即已经远超负荷,将申请延长仲裁时限的请求交由法院审理,可能导致已被拖延的仲裁程序更为耗时。

再次,《修正案》第29A条第4款允许法院在认定仲裁程序的拖延是因仲裁员的懈怠行为导致时,扣减仲裁员的报酬,这就如同在仲裁庭头上树立了"达摩克利斯之剑",使仲裁庭宁肯仓促地作出裁决,也不愿因超出法定仲裁时限而被扣减报酬。换言之,这种情况的存在,使仲裁庭在高效与公正之间难以抉择。正如有些学者所言,相比于诉讼,仲裁是以效率作为其首要价值取向的制度。③ 但过于突出效率而忽视裁决结果的公正性,却与当事人选择仲裁的初衷背道而驰。笔者认为,尽管没有哪种制度设计能够完全消除效率

---

① 与中国不同的是,印度的当事人无权通过协议的方式授予印度法院以管辖权,司法管辖权的取得只能依据1908年《民事诉讼法典》加以认定。See Loukas Mistelis, "Seat of Arbitration and Indian Arbitration Law", *Indian Journal of Arbitration Law*, 2015-2016, Vol.4, p.8.

② See Andrew de Lotbiniere Mcdougall, Dipen Sabharwal, Manu Thadikkaran, "Mandatory Time Limit for Rendering Awards Under Indian Law: How Good Intentions Can Lead to Bad Outcomes", *Indian Journal of Arbitration Law*, 2016-2017, Vol.5, p.188.

③ 参见杨玲:《仲裁法专题研究》,上海三联书店2013年版,第108页。

与公正二者在仲裁中的矛盾,但裁决的公正性始终是当事人解决争议的预期。这也就不难理解,为何各国都设立了仲裁的司法监督,监督的目的一方面旨在防范仲裁权的滥用,另一方面也试图平衡效率与公正的价值目标。可以说,印度仲裁法中对仲裁程序时限的严格约束,在一定程度上漠视了复杂案件难以在短期内作出裁决的客观事实,确有"效率有余而公正不足"的价值取向失准问题。

最后,《修正案》新增的附表四对仲裁费用的收取比例作了明确规定,这对于指导法院和仲裁庭确定收费额度有现实指导意义。但是,该附表中确定仲裁费用的唯一标准仅仅取决于案件争议的标的金额,这在仲裁实践中很可能引发歧义:一方面,如何确定案件争议的标的金额?是仅包括仲裁申请人所主张的金额,还是也涵盖被申请人所提出的反请求中涉及的金额?抑或引发争议的合同金额?另一方面,附表四所适用的案件范围包括哪些?是所有在印度仲裁的案件?还是仅限于第 11 条中的案件范围?第 29B 条规定的简易程序是否也要受附表四订立的费率约束?这些有争议性的问题,并不能直接从立法条款中推断,而有待仲裁实践的进一步澄清。

三、印度仲裁业的市场状况及其发展趋势

通常,仲裁依其组织形式的不同,可区分为临时仲裁与机构仲裁两类形态。所谓临时仲裁,即 ad hoc arbitration,也被称为特设仲裁、专案仲裁,特指根据当事人的协议,在法律规定或允许的范围内,由双方当事人或指定机构选出的仲裁员自行组成临时仲裁庭,对特定争议进行审理并作出裁决,且裁决一经作出,临时仲裁庭随即解散。临时仲裁庭一般无固定的组织、办公地点、办事人员和仲裁规则,仅受制于争议双方的合意与仲裁地法中强制性规则的约束。相比之下,机构仲裁是根据当事人仲裁协议中选定的仲裁机构按机构仲裁规则进行的程序,该机构全面负责案件的受理、仲裁庭的组建、仲裁员的报酬等各类事宜。① 据统计,选择以印度境内的特定地点作为仲裁地的

① 参见[美]加里·B.博恩:《国际仲裁:法律与实践》,白麟等译,商务印书馆 2015 年版,第 37~38 页。

案件,有90% ~95%是临时仲裁程序,仅有少量案件是机构仲裁。[①] 由于印度境内的本国仲裁机构数量有限,无法满足国内商业交易从业者的争议解决需求,因而有大量的当事人寻求临时仲裁或约定境外机构在印度仲裁,这使印度国内的仲裁业市场相对复杂。就其一般意义而言,在印度开展仲裁业务的机构可区分为国际仲裁机构与印度本土的仲裁机构。其中,国际仲裁机构主要包括:国际商会国际仲裁院(International Chamber of Commerce,ICC)、伦敦国际仲裁院(The London Court of International Arbitration,LCIA)、美国仲裁协会(American Arbitration Association,AAA)、伦敦海事仲裁员协会(London Maritime Arbitrators Association,LMAA)、伦敦谷物与粮食贸易协会(The Grain and Feed Trade Association London,GFTA)、新加坡国际仲裁中心(Singapore Incternational Arbitration Centre,SIAC)。印度本土的仲裁机构主要包括印度仲裁协会(The Indian Council of Arbitration, New Delhi)、替代性争议解决国际中心(The International Centre for Alternative Dispute Resolution, New Delhi)、印度商人协会(The Indian Merchants' Chambers, Mumbai)、孟买工商会(The Mumbai Chambers of Commerce and Industry)、孟加拉国工商会(The Bengal Chambers of Commerce and Industry)、孟加拉全国商会(The Bengal national Chamber of Commerce)、加尔各答印度商会(The Indian Chambers of Commerce, Calcutta)、马德拉斯商会(The Madras Chambers of Commerce)。[②]

需要予以关注的是,不同国际仲裁机构在印度设立的办事处,其发展状况各有差异。例如,新加坡国际仲裁中心自2013年在孟买设立代表处之后,因受案量不断增长,又在印度设立了第二个办事处,地点位于古吉拉特邦国际科技金融中心,仲裁界对其发展前景怀有期待。再如,2016年,伦敦国际仲裁院(LCIA)印度分院关闭,曾备受关注。作为全球扩张战略的重要战役,LCIA在2010年前后在新德里和迪拜两地设立了国际仲裁院的分支机构,其对分支机构设立地的选择符合专业人士对于英国机构的预期:选择了与其法律体系兼容性较强前英联邦国家的印度和阿联酋,同时面向多年来一直被美国忽略的南亚和中东地区的广大市场。然而,与雄心勃勃的迪拜金融中心已

---

① See Anjali Anchayil, Medha Srivastava, "Pushing institutional arbitration in India", Accessed September 1, 2017. http://www.livemint.com/Opinion/AXgpyH01L4oIMw43nDx5NN/Pushing-institutional-arbitration-in-India.html.

② Michael Pryles, *Dispute Resolution in Asia*, Kluwer Law International, 2006, pp. 149 - 150.

经建立的新型商事法庭不同，LCIA在印度的仲裁分支机构选取了单独设立的方法。由于LCIA本身是英国公司法下的非营利性公司实体，而印度的公司法承认这种公司实体的存在形式，因此，在新德里成立的LCIA-India在法人形式上采取了独立法人子公司的形式。两个实体虽然互为母子公司，但是在新德里的LCIA-India基本不受LCIA伦敦的隶属，除了其主要管理人员在伦敦受训练，其全部的管理程序实践与伦敦无异。

虽然印度的司法体系一度为西方诟病为程序冗长、内容烦琐及充斥着腐败和非正义，但印度政府将其主要商业城市塑造为国际仲裁中心的野心从来都没有被忽视过，这主要是基于印度庞大的人口，与西方的密切关系及其在南亚地区雄厚的经济实力。2015年仲裁法修正案基本上仍以《示范法》为蓝本，不仅允许临时仲裁，也支持国际仲裁裁决在印度法院申请执行。此外，2015年《修正案》在法律适用、仲裁员任命、法庭协助仲裁、外国仲裁执行、国际仲裁费用等方面，都争取与国际上最先进的仲裁制度相衔接，进一步向世界证明了印度政府希望将其视为世界范围内国际仲裁中心最有力竞争者的决心。恰在此时，LCIA决定关停其新德里代表处。虽然LCIA在其官方网站上声明，其印度分支机构的关闭是由于与印度新仲裁条例难以衔接，但是其用词已经基本揭示了其关闭的真正原因，即案源不足以支撑海外分支机构的强大维持费用。①

不可否认，作为世界三大国际仲裁机构之首的LCIA，其在全球的扩张主要是基于新兴国家大量案源的巨大经济利益。本身LCIA近年的国际仲裁已经由欧洲中心向亚洲中心转移，即涉亚洲案件已经占到了全部接受案件的一半以上，静心等待不如主动出击，雄心勃勃的LCIA没有理由放弃巨大的亚洲市场，因而选择了在新德里和迪拜设置分支机构，在香港设立海外秘书处，作为其海外版图扩张的重要部分。LCIA的主要官员在海外巡回讲座的过程中也丝毫不避讳，其扩张受案地的直接目标是将国际实践经验和本地知识的结合，即LCIA引入先进的国际仲裁经验，而利用本地管理者、律师和仲裁员的构成充实机构的本地知识，实现国际仲裁机构全球主义和本地主义的有机结合。与全球扩张的主要国际仲裁机构相比，发展中国家的仲裁机构在操作流

① 参见商舒：《伦敦国际仲裁院印度分院关闭：仲裁机构全球主义的失灵?》，载河北大卓律师事务所官网：http://www.hebeidazhuo.com/index.php? a = shows&catid = 83&id = 816，最后访问日期：2017年8月11日。

程、管理水平、规章制度、案件来源等各方面都存在独特性,但他们与本地市场频繁交流,且对本土当事人而言熟悉程度更高,这使其在一定程度上更能符合当事人的选择偏好。可见,印度的商事仲裁制度已形成了其既有的发展规律,外国机构在印度的业务扩张并不能在短期内改变其已有的临时仲裁传统。对于赴印度仲裁的中国企业而言,要尽可能熟悉其本土的临时仲裁机制。

四、印度仲裁实践及典型案例评析

(一)涉及仲裁庭管辖权/管辖权原则的典型案件

1996年《仲裁与调解法》第16条确立了管辖权/管辖权原则与仲裁协议独立性原则,这两项原则在2015年修正案中未作变动,其为仲裁庭审理与自身管辖权相关的异议提供了重要的法律基础。根据该条款,仲裁庭可以对其自身的管辖权作出认定,包括对当事人提出的仲裁协议的存在与否或有效性提出的异议进行裁决,为此:构成合同一部分的仲裁条款应当被视为独立于合同其他条款的一项协议,且即使仲裁庭认定主合同无效或不成立,也并不在法律上当然导致仲裁条款无效。同时,当事人对仲裁协议的有效性存在异议或对仲裁庭的管辖权存在异议时,该项异议至迟应在提交答辩状期间提出,否则将视为放弃异议权。但如果当事人仅仅是参与了仲裁员的委任,并不能视为放弃异议权。对于该条的理解与适用,印度在长期的仲裁与司法实践中积累了大量有指导意义的典型案例。

对仲裁协议的独立性与可分性原则,在Premier Fabricators诉重型工程公司案中,印度最高法院认定:“立法要求仲裁员首先对可仲裁性的问题进行裁定,而本案仲裁员却在将可仲裁性与实体问题一并裁决,这种裁判方式损坏了整个裁决,因为从裁决中看不出仲裁庭将仲裁协议效力异议作为一项独立问题进行专门处理。”①在Kvaerner Cementation India Ltd. v. Bajranglal Agarwal案中,印度最高法院合议庭的3名法官一致认为:“1996年《仲裁与调解法》制定并颁布以后,第16条已经明确仲裁庭有权对就仲裁庭管辖权或仲裁协

① Premier Fabricators v. Heavy Engineering Corporation Ltd., AIR 1997 SC 3603.

议的存在及有效性提出的异议作出裁决，毫无疑问，民事法院不得再对此类问题行使管辖权。从第16条的字面意义来看，即使管辖权异议是针对仲裁协议的无效或不存在提出的，仲裁庭仍然有权对此作出认定。而结合第16条第2款、第4款、第6款进行体系解释，规则就更清晰了，即仲裁庭所作出的管辖权裁定，应受到本法第34条裁决撤销程序的约束。”①对仲裁庭管辖权/管辖权原则，印度最高法院在 Konkan Railway Corpn. Ltd. v. Rani Construction Pvt. Ltd. 案中作出了明确认可，法庭称：“第16条已经规定了该项原则，即仲裁庭有权对其自身的管辖权作出认定，仲裁庭也有权对仲裁协议存在及有效性的任何异议作出认定，这就意味着仲裁庭根据第16条获得的权限并不限于其管辖权，也不限于代理律师所提出异议，而是触及管辖权的根基。所以，当事人也能够以仲裁员委任程序不合法、仲裁庭组庭不合法为由提出管辖权异议，此时仲裁庭也有权作出裁定。”②不过，在 SBP & Co. v. Patel Engineering 案中，印度最高法院否决了 Konkan 案的裁判意见。本案中，由于按照当事人所约定的仲裁庭组庭方式未能成功组成仲裁庭，因此当事人申请由最高法院的首席大法官协助组成仲裁庭，法院出于实践需要而介入了该案的仲裁程序。为了顺利推进程序的展开，法院认定首席大法官有权处理管辖权异议，对是否存在有效仲裁协议这一先决问题作出认定。法院称：“首席大法官对仲裁管辖权异议作出的裁定及其对存在有效仲裁协议作出的认定，对当事人具有约束力，除非当事人在后续程序中申请法院撤销或不予执行，否则仲裁庭应尊重法院的管辖权认定。尽管第16条确立了管辖权/管辖权原则，但其发挥作用的前提是，相关管辖权异议是直接对仲裁庭提出的。而如果管辖权异议是向首席大法官提出的，则仲裁庭不能通过援引第16条来漠视首席大法官对管辖权异议作出的决定。”③

值得一提的是，2015年《仲裁与调解法（修正案）》中，对既有的管辖权/管辖权原则进行了强化。在《修正案》颁布前，当一方当事人向法院提出申请确认仲裁管辖权时，法院经审查确定案件争议属于仲裁协议范围时，则必须将案件交由仲裁庭审理。在将案件交付仲裁庭之前，法院将对是否存在有效的仲裁协议、争议事项是否属于仲裁协议范围内进行实质审查和判断。而第

---

① Kvaerner Cementation India Ltd. v. Bajranglal Agarwal, (2012) 5 SCC 214.

② Konkan Railway Corpn. Ltd. & Anr. Vs. Rani Construction Pvt. Ltd., (2000) 8 SCC 159.

③ SBP & Co. v. Patel Engineering Ltd. and Anr, (2005) 8 SCC 618.

8条第1款则规定,只要表面(prima facie)证据显示存在有效的仲裁协议,法院即应当将争议交由仲裁庭。可见,法院应充分尊重仲裁庭对仲裁协议的存在及仲裁管辖权作出认定的"管辖权/管辖权原则"。

(二)质疑仲裁员独立性与公正性的典型案例

仲裁员独立、公正、高效地行使裁判权是仲裁程序与仲裁裁决正当性的重要保障。通常,仲裁立法和仲裁规则对仲裁员的任职资格与条件设定了一定的标准,只有满足了任职资格,仲裁员才能合法地行使职权。但值得反思的是,在仲裁程序进行过程中,当事人对仲裁员的资质存在异议,应当向法院提出还是仲裁庭提出?印度最高法院在 Konkan Railway Corp. Ltd. v. Mehul Construction Co. 案中给出了回应。① 在该案中,最高法院明确指出,为了提升印度商业从业者选择以仲裁方式解决争议的信心,并满足印度政府新自由化政策的需求,印度议会颁布了1996年《仲裁与调解法》,这部立法与1940年《印度仲裁法》的区别不仅是条文上的更新,还体现了价值理念的变革。具体而言,根据现行的印度仲裁法,法院应最大限度地支持仲裁,尽可能少地介入和干预仲裁,因此,如果在仲裁过程中当事人对仲裁员的资质存疑,应直接向仲裁庭提出,而不是转而向法院提出。②

需要注意的是,独立性与公正性是对仲裁员行为规范的两个不同要求,前者特指其与任何一方当事人、当事人的代理人不存在利益关系,后者则指在个案裁判中,仲裁员不对任何一方持有偏见或不公正对待。简言之,前者要求仲裁员对当事人不存在任何法律上的关系,包括存在雇佣关系、同事关系、血缘关系、亲属关系、经济或业务往来等,程度较高;后者则要求仲裁员不存在偏见,系针对个案的裁判而言,主要偏重仲裁员的主观与心理状态。从逻辑上分析,是否为独立的仲裁员与公正性之间并无直接的因果关系,独立的仲裁员也可能不公正,不独立的仲裁员也可能公正。但就标准而言,相比于公正性,独立性的水平对仲裁员的要求更高。③

当然,质疑仲裁员公正性、申请仲裁员回避是当事人正当的程序性权利,

---

① Konkan Railway Corp. Ltd. v. Mehul Construction Co., (2000) 7 SCC 2001.

② See J. K. Das, Anirban Roy, *Legal Framework for Engineering Arbitration in India*, R. Cambray & Co. Private Limited, 2005, p. 160.

③ See B. P. Saraf, S. M. Jhunjhunuwala, *The Law of Arbitration and Conciliation*, fifth edition, Snow White Publication, 2009, p. 341.

但却不应当成为一方当事人拖延仲裁程序的借口。对此,在 Ace Pipeline Contract Pvt. Ltd. v. Bharat Petroleum Corporation Ltd. 案中,法院认定,一旦当事人已经达成了仲裁协议,就不能以声称对方指定的仲裁员不公正或不客观为借口来逃避遵守仲裁协议。然而,如果当事人确有证据表明仲裁员在仲裁程序中存在偏见,或有失公正性或独立性,其可通过《仲裁与调解法》第 34 条规定的裁决撤销程序请求救济。

(三)涉及印度政府与外国投资者的投资条约仲裁案件

尽管印度已与 70 多个国家先后签署了双边投资条约,但直至 2011 年 11 月,国际仲裁庭才作出了第一份以印度为被申请人的投资条约仲裁裁决。为了厘清该案的来龙去脉,笔者特将本案的起因与裁决概述如下。1989 年,印度煤炭公司与澳大利亚怀特工业公司签订了关于供应采矿机械与开发煤矿的合作协议。在煤矿正式施工后,两个企业间产生了争议。1999 年,怀特工业公司根据合作协议中的仲裁条款,针对印度煤炭公司向国际商会仲裁院(International Chamber of Commerce Arbitration,ICC)提出了仲裁请求并得到了仲裁庭的支持。不过,ICC 裁决在印度的承认与执行遭遇了程序上的拖延。为此,怀特工业公司转而依据澳大利亚与印度 BIT,就印度法院拖延执行 ICC 仲裁裁决的行为向国际仲裁庭提出了解决投资争端的仲裁请求。值得注意的是,在澳大利亚与印度 BIT 中,并没有相关条款直接处理投资东道国法院拖延执行的问题,但在印度与科威特 BIT 中则存在相关条款,其中要求印度国家有义务为在印度境内的科威特投资者提供良好的经营环境。① 于是,怀特工业公司依据澳大利亚与印度 BIT 中的最惠国待遇条款(most-favoured-nation treatment,MFN),主张享有科威特投资者所享受的投资保障,并要求印度根据条约赔偿因拖延执行 ICC 裁决所产生的损失。② 投资仲裁庭支持了怀特工业公司的主张,其认定,怀特工业公司根据 ICC 裁决所享有的权利,构成了其原始投资的一部分,原因在于 ICC 裁决中明确了当事人根据合同所享有的权利义务。也正因如此,怀特公司根据 ICC 裁决所享有的权利,已经构成

① Article 4(5) of the India-Kuwait BIT provides that "each contracting party shall... provide effective means of asserting claims and enforcing rights with respect to investments...".

② Article 4(2) of the India-Australia BIT provides the MFN provision according to which, "a contracting party shall at all times treat investments in its territory on a basis no less favourable than that accorded to investments or investors of any third country".

BIT所保护的投资,印度法院对该商事裁决的拖延执行,应认定为对受到BIT保护的投资形成了损害,因而认可了怀特公司的仲裁请求,裁决印度政府赔偿怀特公司400万澳元,并支付利息与相关的法院费用。①

第二起以印度政府为被申请人的投资条约仲裁案件是著名的Antrix Devas案。2005年,印度空间研究组织(Indian Space Research Organization, ISRO)下属的商业部门安瑞克斯公司(Antrix)与德瓦多媒体公司(Devas Multimedia)签署了一份租赁合同,由前者向后者出租半线光谱,以便后者能够在印度境内提供高质量的电话与互联网服务。但在2011年,据一份泄密的审计报告草案记载,在签署租赁合同的履行过程中存在大量的违规行为,这些行为包括但不限于利益冲突、裙带关系、财务管理不善及对标准操作程序的违反等。随后不久,印度政府即单方面废止了该租赁交易,官方所给出的终止理由是基于不可抗力,并且在此种情形下,是印度政府以国家的名义通过公权力认定S波段的光谱需要运用于国家目的,而不应当外租给德瓦公司。本案的当事人,先后提起了两起仲裁程序。为了解决印度单方终止合同的赔偿问题,德瓦公司首先在ICC就印度政府终止商事合同的行为提出了赔偿请求,仲裁庭支持了德瓦公司的主张,裁决印度政府赔偿672万美元。在第二起仲裁中,德瓦公司的投资者,包括哥伦比亚资产公司与电信合资公司,依据印度与毛里求斯BIT提出了条约请求,常设仲裁法院(Permanent Court of Arbitration, PCA)认定印度政府2011年的毁约行为已经构成了征收,并且违反了BIT中的公正公平待遇,裁决印度政府向投资者赔偿10亿美元。此外,印度政府终止合同的行为还同时触发了另一起投资仲裁程序,曾向德瓦公司投资1亿美元的国际电信巨头德国电讯公司(Deutshe Telekom),根据印度与德国BIT提出了仲裁请求,但尚未结案。②

值得一提的是,自从这一案件进入公众视野后,又引发了一连串的以印度政府为被申请人的涉及通信的投资仲裁案件。同样起因于印度官方撤销2G与3G频谱特许权的行为,挪威电讯公司(Telenor)也曾试图对印度政府提起

① See L E Peterson, "India is held Liable for Investment Treaty Breach Due to Protracted Judicial Delays Suffered by Foreign Investors, 7 February 2012, Investment Arbitration Reporter", Accessed August 2, 2017. http://www.iareporter.com/articles/20120207_2.

② See Rosmy Joan, "Renegotiation of Indian Bilateral Investment Treaties: An Analysis from a Development Perspective", Accessed August 2, 2017. http://www.uncitral.org/pdf/english/congress/Papers_for_Programme/99 – JOAN-Renegotiation_of_Indian_Bilateral_Investment_Treaties.pdf.

投资仲裁,但因事后双方达成了解决方案而撤回了仲裁通知,而俄罗斯第二大集团 Sistema 联合股份金融公司(Sistema Joint Stock Financial Corporation)也对印度政府提起了投资仲裁,且案件尚未作出裁决。正如国际商会仲裁院的 Abhinav 仲裁员与印度孟买高等法院的 Niyati 法官所言,如欲考察投资者对印度政府提出仲裁请求的案件量激增的原因,必须先深入了解荷兰电信公司沃达丰(Vodafone)在印度投资的背景及其争议的解决。① 据悉,沃达丰曾收购了印度电信运营商哈钦森(Hutchinson)66% 的股份,随后,印度政府试图对沃达丰征收较高的税收,沃达丰对这笔税收持有异议,于是向印度国内法院提起诉讼。印度最高法院最终支持了沃达丰的诉求。不过,印度的立法机关却借机修订了印度的税法,并将税法修正案溯及既往地适用于沃达丰公司,据此向沃达丰公司征收较高的税收。沃达丰公司迫于无奈,于 2014 年 4 月根据印度与荷兰 BIT 对印度政府提起了投资条约仲裁。目前,该案件已经完成组庭,但尚未作出最终裁决。

此外,作为印度电信投资者中权益受损名录中的一员,诺基亚公司(Nokia)试图将其在金奈(Chennai)的制造工厂转让给微软公司(Microsoft),但这一转让行为却被印度政府所制止。对此,印度当局声称,诺基亚通过对其出口软件主张税收豁免而实施了不法的避税行为,并因此才接管了金奈的制造工厂,既然诺基亚获取制造工厂的行为已属非法,则其再次转让的行为亦欠缺合法性基础。诺基亚对此不服,于 2014 年 5 月根据印度与芬兰 BIT 提起了投资条约仲裁,该案目前仍在审理中。与此同时,毕塞尔电信公司(Bycell Telecommunication Ltd.)在被印度政府撤回运营许可后,先后根据印度与俄罗斯 BIT、印度与塞浦路斯 BIT 对印度政府提出了投资仲裁请求;印度单方面解除了与哥伦比亚资本公司(Columbia Capital)签订的卫星发射合同,投资者也提起了投资条约仲裁,本案仲裁庭组成后,因牵涉平行程序问题而尚未作出仲裁裁决;当然,除了以印度政府作为被申请人的案件外,还存在其他涉及印度投资者的仲裁案件,例如,印度纱线生产企业在荷兰设立的子公司曾对乌兹别克斯坦提出仲裁请求。②

---

① Julien Fouret, *Enforcement of Investment Treaty Arbitration Awards: A Global Guide*, Global Law and Business Ltd., 2015, p. 251.

② See Spentex Netherlands, B. V. v. Republic of Uzbekistan, ICSID Case No. ARB/13/26, Award, 27 Dec 2016.

五、中国企业选择印度仲裁的重要考量:可仲裁性与公共政策

对“一带一路”倡议下走出去的中国企业而言,不仅可能接触到在印度境内进行的国际商事仲裁案件,还有可能涉及在印度境外作出的外国仲裁裁决在印度的承认与执行问题。对前者而言,中国企业必须充分掌握根据印度仲裁立法,哪些争议可以通过仲裁方式解决,即可仲裁性的问题;对后者而言,中国企业必须清晰地界定,印度法律体系中承认与执行外国仲裁裁决的法律条款如何规定,仲裁裁决在哪些情形下可能会遭遇拒绝承认与执行的问题。

对前一点,各国关于可仲裁性事项的范围宽窄界定不一,这在一定程度上体现出了国家整体的宏观经济政策及对外政策的开放性。具体而言,2015 年《修正案》的第 8 条规定,如果当事人向司法机关提起诉讼,而诉讼请求所涉纠纷属于仲裁协议的范围,则法院应拒绝审理此类诉请,并命令当事人将争议提交仲裁解决,但司法机关的义务受制于特定例外,即如果纠纷所系事项是不可仲裁的,则法院可继续实施管辖权。尽管第 8 条并未明确列举哪些类型的争议不可仲裁,但印度法院通过判例法发展出了一套相对成型的认定标准。其中,Booz Allen and Hamilton Inc. v. SBI Home Finance Ltd. and Ors 案①是最具代表意义的典型案例之一。本案中,法院指出,对人权(right in personam)的争议属于可仲裁事项,对物权(right in rem)的争议属于不可仲裁事项,但这种区分标准并不绝对。而在 Kingfisher Airlines Limited v. Prithvi Malhotra Instructor 案②中,法院则采取了另一种反向确定可仲裁性的标准,即如果争议事项涉及公共政策,则此类争议属于应由司法机关专属管辖的范围,不可约定仲裁解决。此外,有印度律师在系统总结法院裁判的基础上概括出,印度法院在既有的适用第 8 条的仲裁司法审查实践中,明确了以下几类争议不具有可仲裁性:(1)导致或产生于刑事犯罪的权利义务争议;(2)涉及离婚、司法别居、主张同居权、儿童抚养的争议;(3)监护争议;(4)破产与清算事项;(5)涉及遗嘱认证、遗产管理书及继承证书的事项;(6)涉及租户

① (2011) 5 SCC 532.

② (2013) 7 BomCR 738.

驱逐且租户依据特定的成文法享有法定保护的争议；(7)涉及专利、商标、著作权的纠纷；(8)反垄断或竞争法的争议。[①] 在 Shri Vimal Kishor Shah & Ors v. Jayesh Dinesh Shah & Ors 案[②]中，印度最高法院以判决的方式明令宣布信托争议不可以约定仲裁方式加以解决，如果约定了仲裁，此类仲裁条款将归于无效。[③] 极具争议的是，对涉及欺诈的纠纷是否具有可仲裁性，印度法院现有的裁判意见存在明显的冲突。在 N. Radhakrishnan v. Maestro Engineers & Ors 案[④]中，印度最高法院明确认定，涉及欺诈的纠纷不具有可仲裁性，但在 Meguin GmbH v. Nandan Petrochem Ltd[⑤] 案中，尽管争议涉及欺诈的认定，最高法院却应当事人的申请任命仲裁员并协助组建仲裁庭，随后不久，印度最高法院又在 Swiss Timings Ltd. v. Commonwealth Games 2010 Organizing Committee 案[⑥]中指出，Radhaksishnan 案的判决是基于疏忽而作出的，其对可仲裁性的认定有误，原则上，只有严重的欺诈争议才不具有可仲裁性，如果只是某一方当事人声称被欺诈，并不能直接导致仲裁庭丧失管辖权。近期，在 A. Ayyasamy v. A. Paramasivam & Ors 案[⑦]中，印度最高法院系统梳理了欺诈争议是否具有可仲裁性的裁判意见，其明确指出，如果当事人只是声称存在欺诈，并不能导致仲裁协议约定的事项丧失可仲裁性，只有在法院确证存在严重的欺诈时，才能认定相关事项不可仲裁。

对后一点，主要围绕着《承认及执行外国仲裁裁决公约》(以下简称《纽约公约》)在印度的适用而展开。众所周知，1958 年 6 月 10 日，在美国纽约召开的联合国国际商事仲裁会议上，各国通过并签署了《纽约公约》，该公约为处

---

① See Vijay Kumar Singh, "India: Certain Categories of Disputes to be Non-Arbitrable", Accessed August 10, 2017. http://www. mondaq. com/india/x/572050/Arbitration + Dispute + Resolution/CERTAIN + CATEGORIES + OF + DISPUTES + TO + BE + NONARBITRABLE.

② Shri Vimal Kishor Shah v. Mr. Jayesh Dinesh Shah & Ors, (2016) 8 SCALE 116.

③ 特别是印度最高法院明确，信托契约并不属于普通的商事合同，其中也不能涵盖仲裁条款。法院的论证思路是，信托契约是在委托人与受托人之间签署的，信托受益人并未签署，也不应受其约束。但有观点认为，法院的论证忽视了一项重要因素，即签字并非成为仲裁程序当事人的必要前提，根据《仲裁与调解法》第 8 条，仲裁协议也可能约束未签字的当事人。See Mohit Mahla, "Trust Disputes Non-Arbitrable in India", Accessed Jure 29, 2017. http://kluwerarbitrationblog. com/2017/03/27/trust-disputes-non-arbitrable-in-india/.

④ (2010) 2 SCC 72.

⑤ (2014) 10 SCC 422.

⑥ (2014) 6 SCC 677.

⑦ (2016) 10 SCC 386.

理外国仲裁裁决的承认和仲裁条款的执行问题提供了重要的法律基础。印度作为公约的创始缔约国,已于1960年7月13日批准公约,公约于1960年10月11日正式对印度生效。不过,与多数缔约国不同的是,印度并未承认所有《纽约公约》缔约国的仲裁裁决,而是有选择地执行部分被印度政府所认可的国家的仲裁裁决。目前,在《纽约公约》157个缔约国[①]中,印度政府通过颁布其官方名单(Official Gazatte)只承认48个国家的仲裁裁决可以适用公约得到承认和执行,其中包括英国、美国、法国、澳大利亚、日本、新加坡、中国等。2012年,印度正式批准认可中国(包括香港和澳门特别行政区)的仲裁裁决可以适用《纽约公约》在印度法院申请承认与执行,这为提升两国在相互承认与执行仲裁裁决方面的司法协助提供了重要基础。

不过,有观点提出,即使中国被印度公报列入可根据《纽约公约》执行裁决的名单,这并不能确保中国的仲裁裁决一定能够得到印度法院的承认与执行,而是仍然受制于各项拒绝承认的法定事由的审查。[②] 实践中,执行程序的被申请人频频对合同中仲裁条款的效力提出异议,以此要求法院拒绝承认或执行仲裁裁决。在2015年修订《仲裁法》之前,1996年《仲裁法》并未明确立法的第一部分是否适用于外国仲裁,因此法院会对仲裁地在境外的仲裁案件发布临时措施,这在一定程度上阻却了外国当事人选择印度仲裁的信心。而在Max India Limited v. General Binding Corporation案中,印度新德里高等法院拒绝了印度当事人提出的对境外仲裁发布临时措施的申请,而是认定既然当事人选择在新加坡国际仲裁中心仲裁,就应视为已经默示排除了将仲裁法第一部分适用于其仲裁程序,法院应充分尊重仲裁条款的效力,不应轻易认定其无效。此外,为了避免法院滥用对仲裁裁决的司法监督权,2015年《仲裁与调解法》将第48条中拒绝承认及执行外国裁决的公共政策抗辩具体限定为三类理由:(1)仲裁裁决是通过欺诈或腐败的方式获得的,或者仲裁程序违背了第75条及第81条中的调解信息保密性条款;(2)仲裁裁决违背了印度法律的基本政策;(3)仲裁裁决与最基本的道德或正义观念相冲突。由此可

---

① 安哥拉于2017年3月6日提交了其加入《纽约公约》的申请文件,生效日期为2017年6月4日。截至2017年8月31日,该公约共有157个成员国。

② See Gard News,"Enforcement of Chinese and Hong Kong Arbitration Awards in India", Accessed June 18, 2017. http://www. gard. no/web/u-pdates/content/20651798/enforcement-of-chinese-and-hong-kong-arbitration-awards-in-india.

见，根据2015年修正案，法院对仲裁裁决实施实体审查的范围是受限的。在Renusagar v. General Electronic Company案[①]中，Renusagar以仲裁裁决违背印度的公共政策为由申请撤销裁决，当印度法院意识到Renusagar存在违背商业伦理的可疑行为，为了对其施以惩戒，法庭对公共政策采取了限缩解释的立场，对其适用确立了较高的“门槛”，只有仲裁裁决的内容涉嫌卖淫、赌博等严重非法行为时才可能被识别为公共政策问题。[②]

此外，值得关注的是，印度政府于2015年12月28日公布了新版印度双边投资协定（BIT）范本，且对外宣称该BIT范本将用于现有BIT的重新谈判，未来新订BIT的谈判，以及综合经济合作协议、全面经济伙伴关系协议和自由贸易协议（FTA）中投资篇章的谈判。与中国相似的是，自1994年印度开始对外缔结BIT以来，截至2010年年底，BIT在印度并未引发过多的关注，1994年至2010年，印度政府仅在一起投资条约仲裁案件中涉诉。[③] 2010年之后，印度政府被诉的投资仲裁案件量迅速增长。2011年年底，自印度在“怀特工业澳大利亚有限公司诉印度共和国”中第一次收到有关BIT的不利裁决以来，犹如打开了“潘多拉魔盒”，印度陆续收到了投资者根据若干BIT发出的众多投资仲裁通知。外国投资者针对印度的赔偿主张包括了对各种监管措施的挑战，例如，取消电信许可和征收有追溯效力的税款等。截至2015年年底，已知的向印度提出的未决投资仲裁案件就达到了17起。[④] 印度参与国际仲裁的实践，给中国投资者赴印度投资提供了“强心剂”，即当外国投资者遭遇违反国际条约的待遇时，可以采取国际投资条约仲裁的方式寻求救济，以取得中立、有效、公正的争端解决结果。

---

① Renusagar Power Co. Ltd. v. General Electric Co. , A. I. R. 1994 SCC 860.

② See Abhishek Manu Singhvi, Memoirs of A Personal Journey Through Indian Arbitration Law, *Indian Journal of Arbitration Law*, 2015 - 2016, Vol. 4, p. 17.

③ Capital India Power Mauritius I and Energy Enterprises (Mauritius) Company v. Maharashtra Power Development Corporation Limited, Maharashtra State Electricity Board and the State of Maharashtra, ICC Case No. 12913/MS.

④ See Anirudh Krishnan, " A Bit For the State, A Bit For the Investor", Accessed June 13, 2017. http://www. thehindu. com/opinion/op-ed/a-bit-for-the-state-a-bit-for-the-investor/article7625893. ece.

Review on the Loss and Gain in the Reform of Indian Arbitration System

—Focusing on The Arbitration and Conciliation (Amendment) Act 2016

Jian ZHANG

Abstract: In order to satisfy the needs of dispute resolution under New Economic Policy, as well as adapt its legal environment to UNCITRAL Model Law on International Commercial Arbitration, Indian government enacted the 1996 Arbitration & Conciliation Act. During the last 20 years, however, the 1996 Act revealed many drawbacks, resulting in excessive judicial interventions, discounting the value of efficiency of Indian arbitration. Under the leadership of Prime Minister Narendra Modi and the impetus of government, India passed the Arbitration and Conciliation (Amendment) Act, which has come into force since the year of 2016, the Amendment highlights internationalization of Indian arbitration, elevates the efficiency and transparency of procedure, clarifies the limitation of the judicial intervention. But the Amendment also exposes some problems, for example, to pursue high efficiency, the Amendment unified the time limits of all kinds of arbitration, at the probable cost of the justice. In addition, although not joining the Washington Convention yet, India published its new Model BIT at 2015, which can serve as the basis of treaty negotiation, which entitles Chinese investors right to resolve their disputes. For Chinese enterprises who have commercial transactions or invest in India, it is highly possible for them to participate arbitration in India, so they should master the possible legal risks comprehensively.

Key Words: Indian Arbitration Act; Fast-track procedure; Judicial supervision; Investment arbitration

金砖国家法律研究(总第2卷·2017年)
第103~134页

巴西民事司法制度

Teresa Arruda Alvim Wambier　Cassio Scarpinella Bueno*
黎　敏**译

内容提要:本文简要介绍了巴西的民事诉讼法律制度。开篇首先介绍了巴西因历史原因曾适用葡萄牙法律(至1832年),随后简要介绍了巴西司法系统(法院与法官),此后本文对民事诉讼的范围和基本原则进行梳理,并从"实践中的法律"角度介绍如何实现接近正义。本文分析了在"依据法律法规及证据"审判时法官的作用,并深入探讨了2015年新《民事诉讼法典》及目前较为重要的判例法。此外,本文还对上诉、集体诉讼、执行程序及可替代性纠纷解决机制(ADR)等有关问题展开论述。文章最后部分强调了学术界的作用及其重要性,并提及巴西政治领域目前所处的非常严重的伦理危机及经济危机。本文在最后强调,巴西的司法部门在当下的大环境中发挥至关重要的作用。

关键词:巴西民事诉讼法　判例法　司法部门的作用　危机　信赖司法部门

---

* Teresa Arruda Alvim Wambier,巴西圣保罗天主教大学法学院副教授;Cassio Scarpinella Bueno,巴西圣保罗天主教大学法学院副教授。原文Civil Justice in Brazil载于BRICS Law Journal Volume Ⅲ(2016)Issue 4。本文翻译已征得作者与出版社同意。

** 黎敏,华东政法大学2015级国际法硕士研究生。

概述

本文旨在向境外诉讼法学家及其他感兴趣的读者简要介绍巴西的民事诉讼法律制度。

纵观巴西历史可知,巴西的民事诉讼法律体系主要是以1988年《联邦宪法》及2015年新《民事诉讼法典》(2015年3月16日第13.1015号法律)为基础而构建的。必须强调的是,2016年3月生效的新《民事诉讼法典》在许多具体的民事诉讼制度方面作出了重要突破。

一、历史简介

独立(1822年9月7日)前的这段期间,巴西适用的是1456年《*Afonsinas*条例》(国王阿方索五世批准的法律)、1521年《*Manuelinas*条例》(国王曼努埃尔一世批准的法律)及1603年《*Filipinas*条例》(国王菲利普二世批准的法律)中规定的的葡萄牙民事诉讼法。

独立后至1823年10月20日制宪会议发布法令前,巴西民事诉讼法领域适用的仍然是《*Filipinas*条例》中的有关规定。直到1823年10月20日制宪会议发布法令后巴西法律中才对民事诉讼有关问题作出规定。据Moacir Lobo da Costa①讲解,巴西对程序法的首次开创性立法出现在1832年11月29日的《刑事诉讼法典》中,其中“管理民事司法的暂行规定”为独立章节,共计27条。

1850年的巴西仍处于帝国时期。这一年起草了我们现在称为《商事诉讼法典》的第737号法规。《商事诉讼法典》中规定的诉讼规则主要适用于因《商法典》(1850年6月25日第556号法律)而引起争议的诉讼。同时,《商事诉讼法典》还对刚颁布不久的《商法典》中的第27条进行规范。对属于民

---

① Moacyr Lobo da Costa, Breve notícia histórica do direito processual civil brasileiro e de sua literatua, *São Paulo*: *Revista dos Tribunals*, 1970, p.5.

事性质而非商事性质的争议,这些特殊类型的争议仍适用葡萄牙法律。但此处适用的葡萄牙法律是已经依据前述1832年《刑事诉讼法典》及之后起草的一系列法律法规进行修正过的葡萄牙法律。基于上述原因,根据1871年第2.033号法律第29条第14款的规定,经市议员Antonio Joaquim Ribas提议,《民事诉讼法》被真正起草编撰。《民事诉讼法》又被称为*Consolidação Ribas*(Ribas Consolidation),依1876年12月28日的帝国决议生效。

巴西联邦共和国成立后,1889年11月15日,政府起草了第762/1890号法令。它将第737/1850号法规的适用范围扩展到了民事领域。1898年11月5日,随着第3.084号法令的颁布,《联邦司法制度统一法律》获得正式批准。此法吸纳了1890年10月11日第848号法令及1894年11月20日第221号法令中的有关条款。基于此,联邦司法体系得以建立和巩固,并且创设了与联邦政府利益相关案件的特别诉讼程序。巴西政府的这一举措很大程度上也源于北美政府所创设的联邦制司法制度的影响。

1891年《共和国宪法》第62条及第65条所确立的"联邦司法制度完全不同于州司法制度"这一原则,一直沿用至今。在这一原则下,各州有权自行制定民事诉讼法,并管辖其辖区内(第34条注释23及第65条注释2)的诉讼。前面提到的第3.084/1898号法令仅适用于联邦政府,而不适用于州政府。仅当一州未起草本州的法典时才能适用第737/1850号法令管理州内司法体系。

随着时间的推移,巴西部分州起草了本州《民事诉讼法典》(有些州称其为《民商事诉讼法典》)。尽管当代法学家们[①]对某些州所制定的《民事诉讼法典》持有不同意见,但对下述各州的《民事诉讼法典》及其颁布的时间问题不存在争议:Pará(1905年)、Rio Grande do Sul(1909年)、Maranhão(1908年)、Bahia(1915年)、Espírito Santo(1915年及1930年)、Minas Gerais(1916年)、Rio de Janeiro(1919年)、Paraná(1920年)、Piauí(1920年)、Sergipe(1920年)、Ceará(1921年)、Rio Grande do Norte(1922年)、Pernambuco(1924年)、前Federal District(1924年)、Santa Catarina(1928年)、São Paulo(1930年)及Paraíba(1930年)。尽管Amazonas, Alagoas, Goiás和Mato Grosso制

① 参见Código de Processo Civil do Espírito Santo: texto legal e breve notícia histórica,由Rodrigo Mazzei组织,摘要由本文共同作者之一起草,载于*Revista Forense* (*Impresso*), 2014, Vol. 420。

定了管辖本州司法体系的组织法律,但暂无记录表明这些州曾起草过本州的《民事诉讼法典》。

随着1934年《联邦宪法》的颁布,巴西联邦政府又承担起了制定单一的民事诉讼法的责任。也就是说,宪法将这项立法权力排他性地授予给了联邦政府,并禁止各州制定民事诉讼相关法律。根据《临时宪法条例》第11条的规定,宪法颁布后,政府必须指定3名法学家(1934年宪法的第63条a项ex vi和第73条,2名最高院法官及1名律师)组成委员会,由他们来起草新的国家《民商事诉讼法典》。《临时宪法条例》第11条第2款还规定,新的民事诉讼法未起草时,各州原有法典继续有效。

为了使联邦政府掌控程序上的统一(及随后产生的立法垄断),新《民事诉讼法典》仅能依据1937年宪法第16条第16款的规定起草。最初,Pedro Batista Martins提交了新法典的提案,在提案公布后,当时的司法部部长Francisco Campos在Guilherme Estellita对提案进行了一系列的修订,并给出了建议。最终,新法典经1939年9月18日第1.608号立法令批准,于1940年2月1日正式生效。

历史上对1939年《民事诉讼法典》最大的批评在于该法典未能充分借鉴在当时欧洲民事诉讼法律中的先进制度。此外,该法案太过于理论化,给实践运用带来困难。

巴西20世纪60年代中期出现了一场关于改革《民事诉讼法典》的运动,最后由Alfredo Buzaid处理并结束了这场运动。此项运动催生了1973年《民事诉讼法典》(1973年1月第5.869号立法令)的出台。1973年《民事诉讼法典》一直使用至2016年3月才被新的《民事诉讼法典》所取代。①

1973年《民事诉讼法典》的最大优点在于其将巴西的民事诉讼法律制度高度系统化,并广泛吸纳了当时所有的民事诉讼法的先进立法技术。1973年《民事诉讼法典》已生效40余年,并且有若干修正案。实际上,通过1973年《民事诉讼法典》,人们可以对巴西民事诉讼立法的价值取向,以及其背后所

---

① 巴西法律学者对于新《民事诉讼法典》(2015年3月16日第13.105号法律)的准确生效日期是在2016年3月16日、17日或18日这一问题上存在合理怀疑。更多关于此问题的讨论,参见Cassio Scarpinella Bueno, Novo Código de Processo Civil anotado, *São Paulo*: *Saraiva*, 2nd ed., 2016, pp. 899 – 900; Teresa Arruda Alvim Wambier, Primeiros Comentários ao novo Código de Processo Civil, *São Paulo*: *Revista dos Tribunais*, 2nd ed., 2016, pp. 1.703 – 1.704。

透视出的立法精神有一个全面的了解。1973 年《民事诉讼法典》包含五编(部分),依顺序分别如下:识别程序(占法典的近一半条款)、执行程序、临时程序、特别程序和最终及临时条款。

鉴于 1973 年《民事诉讼法典》生效期间制定了若干修正案,因此联邦参议长认为应任命一个专门委员会来起草新《民事诉讼法》的提案草案。起草委员会的委员长是 Luiz Fux 法官,目前就职于联邦最高法院。新法的提案草案于 2010 年第一季度完成,随后,被提交至联邦参议院。4 位诉讼律师(其中之一是本文的共同作者)组成的委员会对提案草案进行了分析及修订。2010 年年底,参议院批准了提案草案。随后,参议院将提案提交众议院审议(根据巴西《联邦宪法》第 65 条单独条款的规定,巴西立法机关实行两院制议会)。2014 年 3 月,众议院审议通过了这一提案。新法最终经 2015 年 3 月 16 日第 13. 105 号立法令公布。

新《民事诉讼法典》与之前的《民事诉讼法典》在结构上存在较大差异。新《民事诉讼法典》分为总则、特殊规定和最后一编的“最终及临时条款”。总则共含有六编,分别是:民事诉讼规则,司法职能,诉讼当事人,程序性行为,临时救济,诉讼的展开、中止与驳回。特殊规定中分为三编,各编中都包含若干章节。第一编为“识别程序及判决执行程序”,其中含三个章节:“普通程序”、“判决的实现”和“特别程序”;第二编为“执行程序”;第三编为“审判程序及不服法院裁判时的措施”,具体包含两章:“庭审法令及初审管辖权”和“上诉程序”。

二、法院及法官

巴西司法体系的组织架构受《联邦宪法》管辖。《联邦宪法》中对此有专章规定。

巴西联邦共和国的联邦性质决定了其司法管辖权的二元性:联邦司法管辖权(主要管辖联邦或其行政实体作为一方当事人或第三方并与其利益相关的诉讼)与州司法管辖权(管辖其余案件)。各州以联邦模式为基础,依据本州宪法建立本州的司法机构。

《联邦宪法》第 92 条规定了司法体系的构成,其中,与民事诉讼有关的机构如下:(1)联邦最高法院;(2)国家司法委员会;(3)高等法院;(4)联邦上诉法院(TRF)和联邦法官;(5)州、联邦管辖区法院及法官。

高等法院享有上诉管辖权,是司法体系中的上层机关,其职能是规范法律的理解与适用。为实现其职能,根据《联邦宪法》第92条第2款的规定,高等法院在巴西全国享有管辖权。

联邦最高法院是巴西最高司法机关。由于联邦最高法院在巴西司法体系中占据主导地位,结合《联邦宪法》第102条第1款的规定,可以见得,联邦最高法院是《联邦宪法》的守卫者。尽管巴西适用混合制司法审查制度,①但无论是对合宪性的集中审查(例如直接针对违宪性提出的诉讼的审理)或是扩散审查(例如非常上诉的审理),有关巴西宪法性法律的最终解释权均归属于联邦最高法院。正如《联邦宪法》第92条第1款所规定,联邦最高法院的总部依《联邦宪法》第18条第1款的规定设立于联邦首都巴西利亚。

《联邦宪法》第101条规定了联邦最高法院的人员构成,即联邦最高法院由11名大法官组成。大法官选自35岁至65岁的巴西公民,必须具备渊博的法学知识,并且品质高洁,最终须经联邦参议院绝对多数批准后由联邦共和国总统任命。

《联邦宪法》第102条规定了联邦最高法院的管辖权。在巴西最高法院管辖权这个问题上,普遍的认知是:仅《联邦宪法》可规定联邦最高法院的管辖权,这一问题不存在任何争议;任何法律甚至《民事诉讼法典》均不得对联邦最高法院的管辖权加以拓宽或限制。

作为拥有单一管辖权的机构,联邦最高法院可以行使其初审管辖权。《联邦宪法》第102条第1项中对民事诉讼相关问题作了下述规定:(1)对联邦或州的法律或立法性文件的违宪性进行司法审查;宣布联邦法律和立法性文件合宪性的司法审查。(2)对共和国总统、众议院及参议院委员会、巴西审计法院、检察官办公室和联邦最高法院自身行为发出的职务执行令和信息保护令。

《联邦宪法》第102条第2项中规定了联邦最高法院的普通上诉管辖权。

---

① 巴西法律允许联邦最高法院对联邦法律的合宪性进行集中审查(司法审查),由州及联邦管辖区的州上诉法院对州和市法律的合宪性进行审查。各级司法机构均可对合宪性进行分散审查。《联邦宪法》第97条规定,此类案件中,涉案法院应当通过合议庭作出违宪性宣告,或经程序性授权后由特别机关作出违宪性宣告。

换言之，在规定的案件中，联邦最高法院对其他法院所作的判决进行再审。在这种情况下，联邦最高法院是严格意义上的二审法院。《联邦宪法》第102条第2项a款中对此类民诉法有关案件规定如下：若原告请求被驳回，高等法院作为一审法院发出的职务执行令、信息保护令或禁令均全部失效。

此外，《联邦宪法》第102条第3项中规定了联邦最高法院的非常上诉程序管辖权。在此类非常上诉案件中，联邦最高法院享有扩散审查合宪性的权力。

根据《联邦宪法》第92条第2款规定，高等法院在巴西全国范围内均可行使管辖权。《联邦宪法》第18条第1款规定巴西高等法院坐落于巴西利亚。

《联邦宪法》第104条规定了高等法院的组成人员。自巴西高等法院成立以来，法官数量最少为33名。高等法院法官必须为35岁至65岁的巴西公民，并且具备渊博的法律知识、品行廉洁，并经联邦参议院绝对多数票批准通过后由共和国总统任命(《联邦宪法》第104条所列的单独条款)。

巴西高等法院的组成人员具有多元性。根据《联邦宪法》第104条单独条款第1项及第2项的规定，1/3巴西高等法院的法官是从联邦上诉法院的法官中选任的。其余1/3则选自州上诉法院，并根据法院自行拟定的三重名单进行提名、任命。而最后1/3，则按等份从联邦、州、联邦地区检察官办公室职员及律师中选任，并根据《联邦宪法》第94条的相关规定进行任命。

《联邦宪法》第105条规定了高等法院的管辖权，其他法律不得对其加以限制或拓宽。高等法院管辖权由宪法加以调整，宪法之下的法案及民事诉讼法也不得对此加以调整。与联邦最高法院的管辖权一样，高等法院的初审管辖权、普通上诉管辖权和特别上诉管辖权之间也存在一定的区别。

根据《联邦宪法》第105条第1项的规定，高等法院可对下列案件中作为一审法院行使民事诉讼法上的初审管辖权：(1)针对部长、海军、陆军或空军指挥官或法院自身行为而发出的职务执行令或信息保护令；(2)除《联邦宪法》第102条第1款第o项下规定外的法院间的管辖权冲突，以及非高等法院法官与法院的管辖权冲突和各法院法官间的管辖权冲突。

《联邦宪法》第105条第2项中规定了高等法院的普通上诉管辖权。高等法院有权对下列民诉案件行使普通上诉管辖权：(1)为防可能出现不利判决，联邦上诉法院或州或联邦管辖区法院任初审法院时发布的职务执行令；(2)一方当事人为外国政府或国际主体而另一方当事人为市辖区、居民个人或居于国内的主体的案件。

《联邦宪法》第105条第3项规定了高等法院的特别上诉管辖权。该规定明确指出了"由联邦上诉法院或州、联邦管辖区法院进行初审或终审,但被上诉的裁判违反了联邦法律的案件"可以适用"特别上诉"程序。具体来说,包含以下案件:(1)违反联邦条约或法律,或否认联邦条约或法律效力的;(2)法官裁判地方政府的违反联邦法律的行为有效的;(3)对联邦法律所作的解释与另一法院所作解释有分歧的。高等法院所承担的职责与联邦最高法院于非常上诉案件中所承担的职责相类似,均是竞合主体,目的在于使《宪法》之下的联邦法律在巴西的理解与适用趋于标准化。

巴西联邦共和国宣布成立后,根据1890年10月11日第848号法令第1款的规定,巴西联邦司法体系被迅速构建起来。这一举措收录于1891年《联邦宪法》第55条:"联邦政府的司法部门"由"联邦最高法院(坐落于共和国首都)和分布于全国范围内的联邦法院及法官(由国会决定)"构成。

双方当事人均为联邦公共法律实体(属人管辖权)且涉及某些特定事项的类案件应当由联邦法院审理(标的物管辖权)。根据《联邦宪法》第106条的规定,联邦司法体系由联邦上诉法院和联邦法官组成。

《联邦宪法》第109条规定了联邦法院的初审管辖权。联邦法官在下列案件中作为联邦司法体系初审法官行使初审管辖权:(1)联邦政府、联邦公共公司政府机构作为原告、被告、辅助人或对方当事人(opponent)等利益相关方的案件,但与破产、工伤及与选举法院、劳工法院相关的案件除外;(2)与人权有关的案件,根据《联邦宪法》第109条第5款的有关规定,高等法院将审核是否会产生"管辖权的转移";(3)针对联邦主管当局行为而发出的职务执行令和信息保护令(不适用于联邦法院司法管辖权下的案件);(4)与土著人民权利有关的争议。

如前文所述,《联邦宪法》对州及联邦管辖区法院的基本模式进行了总括性规定。根据第125条第1款的规定,州及联邦管辖区法院的组成遵循了"本宪法所设立的原则",同时还须参照适用该条款下的明确指引。

国家司法委员会(NCJ)依据第45/2004号宪法修正案设立,坐落于巴西利亚(结合《联邦宪法》第18条第1款及第92条第1款的规定)。尽管《联邦宪法》第92条第1款规定其性质为法院,但实际上其职能仅为行政性法院。

根据《联邦宪法》第103-B的首款规定及第61/2009号EC中的规定可知,国家司法委员会(NCJ)由15位委员组成。委员任期2年,可延长2年。

国家司法委员会的组成人员来自巴西司法体系的不同机构,具有多元性。委员组成人员如下:联邦最高法院大法官;1 名由相关法院提名的高等法院法官;1 名由相关法院提名的高等劳工法院法官;1 名由联邦最高法院提名的上诉法院法官;1 名由联邦最高法院提名的州法官;1 名由高等法院提名的联邦管辖区法院上诉法官;1 名由高等法院提名的联邦法官;1 名由高等劳工法院提名的劳工上诉法院的法官;1 名由高等劳工法院提名的劳工法官;1 名由联邦总检察长提名的联邦检察官办公室职员;1 名由州主管机关提名,并由联邦总检察长择定的州检察官办公室职员;由巴西律师协会联邦委员会提名的 2 名律师;2 名具有渊博的法学知识且品行高洁的市民,其中一位由众议院提名,另一位则由参议院提名。除联邦最高法院大法官外,委员会其他委员须经联邦参议院绝对多数批准后由共和国总统任命(《联邦宪法》第 103 - B 条第 2 款)。

三、民事诉讼范围

巴西民事法院的活动必须遵守法定的民事诉讼程序,而民事法院目的则在于解决个人、法律实体和自然人之间的争议,以及解决政府不当行为所引发的问题。当今社会,法官被要求中立且公正地行使审判职能。但大量的诉讼、上诉案件及官僚主义的存在给司法机构高效办案造成了障碍。

过去 10 年间,一些原本由民事诉讼规则规范的司法活动已被移交给其他机关管辖。在某些特定案件(如协议离婚、遗嘱认证程序及时效取得等案件)上已经尝试使用简化程序,即此类案件可以在法官不参与的情况下转由非司法性登记员/公证人(extrajudicial registrar/notary)来处理。

最后需要指出的是,巴西设立了一项与司法审查十分相似的、由民事诉讼程序来调整规制的机制(司法程序)。巴西最高法院通过一种特定诉讼或程序来验证成文法或规范是否违反《联邦宪法》。这种验证方式被称为违宪性宣告(*Ação Declaratória de Inconstitucionalidade*),法学家称为无当事人、无诉请且无被告的诉讼。

巴西民事司法制度的主要目的在于解决争议。对司法机构而言,为高效地发挥其解决争议的作用,民事司法制度应当具备以下三项具体职能:

1. 创造或维持有利于实现司法裁判[①]的条件,换句话说,即创造条件使司法裁判产生理想的效果。

2. 声明原告是否有权(是一项声明职权)。

3. 执行判决。[②]

四、民事诉讼的体系(阶段)

通常情况下,巴西民事诉讼程序自审判法官组成的一审法院开始。这类案件中,当事人可以通过法定程序,向二审法院提起上诉。新《民事诉讼法典》还规定当事人可以立即向有管辖权的法院对特定的中间裁决(即诉讼期间作出的裁决)提出质疑,这种上诉方式被称为"中间上诉"(agravo de instrument)。[③] 州法院及联邦法院的上诉案件均由3位上诉法官(Desembargadores[④])进行审理。

二审法院作出裁判后,若存在违反《联邦宪法》或联邦法律有关条款的情形,则可向联邦最高法院提起非常上诉或向高等法院提起特别上诉。根据此规定,应由5位部长(授予这些法院法官们的职称)适用前述新《民事诉讼法典》第932条的有关规定共同审理此类上诉案件。在审理此类上诉案件时,受理案件的法院担任着三审或四审法院的角色。特别上诉(高等法院)或非常上诉(联邦最高法院)仅仅审理法律问题。但如果查明该判决与《联邦宪

---

① 法学家主要关心的是基于对成文法的理解及新的法律机制的创制提供公平的审判及审理结果(实体正当程序法的最低标准)。Cândido Rangel Dinamarco, Instituições de direito processual civil. *São Paulo*: *Malheiros*, 2009, 6th ed. ,Vol. 1,chs. I to 5.

② 引自José Carlos Barbosa Moreira,同时指出:这与各类诉讼的分类相对应——识别、执行和紧急措施。José Carlos Barbosa Moreira, O Novo Processo Civil Brasileiro 3, *Rio de Janeiro*: *Forense*, 2007, 25th ed. .

③ 为此,应指出的是,前法典(1973年《民事诉讼法典》)虽未规定可即刻对所有中间裁决进行上诉,但承认了对所有中间裁决的可上诉性。法规在此类裁决的可上诉性问题上的巨大转变引发了法学家间的激烈讨论,作者也对此提出了自己的反对意见。详见Scarpinella Bueno, *Novo Código de Processo Civil Anotado*, pp. 839 – 841; Cassio Scarpinella Bueno, Manual de direito processual civil, *São Paulo*: *Saraiva*, 2016, 2nd ed. ,pp. 690 – 692; *Wambier* 2016, p. 612。

④ 根据新《民事诉讼法典》第932条的规定,特殊情况下可由1名法官单独审理案件。但在此类案件中,为了使有管辖权的合议庭可对独审法官履职行为进行控制,法规对此类上诉(即"内部中间上诉")作出了明确规定。摘自新《民事诉讼法典》第1.021条。

法》或联邦法律的相关规定不符，即使受理上诉的法院无权审理全部问题，但也不会禁止法院对此案件进行重审。

州宪法及《联邦宪法》为政治官员及政府机构例外设立了司法特权（“Foro por prerrogativa de função”）。最新的关于司法特权的例子与共和国总统委任前总统卢拉（Luiz Inácio Lula da Silva）为总统办公厅参谋长（内阁成员）的任命有关。许多人对此提出了职务执行令，目的在于阻碍因一审“Carwash”运动而对他进行的刑事调查。而根据《联邦宪法》的规定，无论是通过普通上诉、前述的非常上诉还是特别上诉，此类案件均可进入高等法院。

五、基本原则

实际上，新《民事诉讼法典》及所有巴西民事诉讼程序相关制度均在很大程度上受到了“民事诉讼法的宪政模式”①的影响。新法典第1条规定如下：“应当根据《巴西联邦共和国宪法》设立的基本原则、价值导向及本法典的条文来规范、管辖和理解民事诉讼程序。”

从宪法的角度而言，民事诉讼规则的设计应当遵循以下几项基本原则：接近正义原则（《联邦宪法》第5条第35款）、正当程序原则（《联邦宪法》第5条第54款）、听取对方证言原则（《联邦宪法》第5条第55款）、提交证据的权利及听审原则（《联邦宪法》第5条第55款）、管辖权原则（《联邦宪法》第5条第37款、第53款）、公正性原则（《联邦宪法》第95条）、双层法院层级原则，以及法院集体责任原则（《联邦宪法》第96条第1款第a项）等。

新《民事诉讼法典》的前几个条款分别提及上述的部分原则。例如，新法第2条中规定了自由处分原则（*maxime de disposition*）；第3条规定了可替代性纠纷解决机制；第4条规定了诉讼程序的合理期间；第6条规定了听取另一方之词（*audi alteram partem*）原则；第7条及第10条规定了平等性原则；第11条规定了公开司法裁判评判理由原则。

此外，新《民事诉讼法典》中还规定了一些其他的原则。例如，依诉请优

---

① Cassio Scarpinella Bueno, Curso sistemotizodo dedireito processuol civil. *São Paulo: Saraiva*, 2014, 8th ed., Vol. 1, pp. 111 – 244. 近期简要信息，参见 Scarpinella Bueno, *Manual de direito processual civil*, pp. 41 – 65。

先审判(第139条第9款及第317条);非典型执行机制(第139条第4款);非典型提交证据(第369条),以及非典型获取证据(第371条)。

新《民事诉讼法典》还采取了自由处分原则。① 双方当事人有权决定是否启动诉讼程序,并决定诉讼所涉范围。作为一项基本原则,自由处分原则具有悠久的历史。法院不得②自行发起诉讼或者改变诉讼审理的范围。巴西法上鲜少出现在诉讼期内的依职权纠问(*cognition ex officio*)。法官可以依职权决定某些程序性事项,如缺乏法律依据[缺乏合法的原因及程序(lack of *legitimatio ad causam and adprocessum*)]或既判力(*res judicata*)。

按照法律规定,法官的审理范围不得超越原告提出的诉请范围、③被告的回应范围及提交诉讼的证据(证据也可经法官要求④而提交,对双方当事人的行为进行补充)范围。

巴西还适用法官知法(iura novit curia)原则。法官受到双方当事人所陈述的事实的限制,而不是仅仅受到法律方面的限制。当事人可能基于不同的事实陈述或者相关法律规定而赢得一个案件。⑤

六、接近司法原则

巴西已基本保障当事人通过司法途径寻求救济的权利的行使。实际上,可替代性纠纷解决途径(ADR)仍处于初级阶段。在巴西,仲裁通常用来解决

---

① 巴西法学家认为,"*Dispositions maxime*"也是指法官依赖于双方当事人提供证据的主动性,也就是双方所主张的事实。*Ludex secundum alega et probata partium iudicare debet.* Antônio Carlos de Araújo Cintra, *Teoria geral do processo*, *São Paulo*: *Malheiros*, 25th ed., 2009, p. 64.

② 巴西法律中"*Dispositions maxime*"的例外极少,实际上并不重要。José e Carlos Barbosa Moreira, Reformas processuais e poderes dojuiz, *Revista da EMERJ*, 2004, 6(22), p. 57.

③ 实际上,*petitum* 同时表达了诉请及当事人对司法制度的期望。Luiz Rodrigues Wambier et al., Curso ovonqodo de processo civil. *São Paulo*: *Revista dos Tribunais*, 9th ed., 2007, Vol. 1, p. 297.

④ 这与巴西法律近期的倾向相对应:在证据的提交上,法官被视作拥有更高、更强的权力。这被认为是双方当事人达到实质平等的有效途径。José Roberto dos Santos Bedaque, Direito eprocesso: influência do direito material sobre o processo, *São Paulo Revista dos Tribunais*, 2nd ed., 1994, p. 72.

⑤ Fredie Didier Jr., Curso de direito processuol civil., *Salvador*: *JusPodivum*, 10th ed., 2008, Vol. 1290.

大公司之间所涉标的额较高的纠纷。实际上,仲裁未被视作“接近司法”的途径之一。

在巴西,若要获得法律援助,则仅需提供一份“贫穷声明”。巴西的州还设有专门机构,为无力支付费用的人提供公益律师(公共辩护律师)。

除普通法院外,巴西还专门设有小额诉讼法庭,旨在处理小额纠纷。小额诉讼法院的诉讼程序十分便捷,且无需任何手续。

七、诉讼程序的不同类型

2015 年《民事诉讼法典》明确区分了“普通程序”和“特别程序”。《民事诉讼法典》第 318 条至第 512 条对普通程序进行相关规定。对特别程序的相关规定则分为几个方面:首先,《民事诉讼法典》第 539 条至第 770 条对特别程序进行了规定,并把特别程序分为“特别诉讼程序”及“特别非诉程序”。[①] 此外,特别程序还受其他不成文法调整,如城市财产租赁方面的不成文法、职务执行令及集体诉讼规则等。

普通程序指的是从起诉至作出判决止的一系列法律行为。

2015 年《民事诉讼法典》规定了起草起诉状的有关规则。诉讼如果被受理,将会被送达给被告。按照相关法律规定,被告则必须出席和解和调解听证会。仅在在无法通过听证会解决问题或经双方请求不召开听证会时才开始起算被告提交辩护(答复)意见的截止时间。如果被告有意向,也可在同案中对原告提起反诉。

此后,普通程序进入“依据诉讼请求进行审判”的阶段。根据各个案件的特点,法官在这一阶段可自由裁量一案是适用简易判决(对案情进行初步判断),还是仅仅就部分实体问题进行简易审理(对部分实体问题/诉请适用简易判决,2015 年《民事诉讼法典》在相关制度的设计上引入重大创新),或是撤销案件,抑或仍继续审理案件且进入质证阶段(证据将于质证阶段提交)。

下一阶段,诉讼就进入实质审判。这一阶段作出的判决具有可诉性,当

① 这一区分及命名方式受到巴西法学家的严厉批评。由于批评太多,新《民事诉讼法典》提案草案以其他内容取代了这一分类,将诉讼程序与非诉程序区分开来。

事人可通过上诉程序(*apelação*)进行上诉。根据相关法律规定,提起上诉即可以暂时中止判决的执行。①

终局判决作出后,或提交不中止执行的上诉后,利益相关方可以依据之前的已决判决(*res judicata*)永久性或临时性地开始判决的执行。

2015年《民事诉讼法典》规定了需适用特别诉讼程序的案件类型:向法院支付费用之诉;对银行活期账户提起的相关诉讼;返还财产之诉;私有土体划分及宣告之诉;公司解散之诉;遗嘱认证程序;第三方要求中止程序、异议程序、索赔证明程序;家事案件;非执行性书面文书之诉;法定留置权的批准;共同海损规则及案件记录的恢复等。

2015年《民事诉讼法典》规定适用特别程序的非诉案件包括:履行的通知及书面请求;司法异化/法院扣押;离婚、分居;合伙的解散;婚姻制度的变更;遗嘱及遗嘱附录;无主物财产归属;失踪人员的资产归属;宣告精神失常;监护权的一般规定;基金会的组织与检查;海上逮捕的批准及证人证词的采集程序。

八、管辖权

受北美法律体系的影响,巴西法律适用的是单一管辖权。因此巴西并未设立行政管辖法院(administrative jurisdictionalcourts)。

基于上述原因,按规定,所有的行政行为均应由司法部门进行审查。为落实司法部门对行政行为的审查权,司法部门还设计了"职务执行令"、"公民诉讼"和"针对公共机构不法行为提起的诉讼"等专门机制。"针对公共机构不法行为提起的诉讼"目前被扩展适用到 Carwash 加油站所涉的洗钱案中。该案的贿赂行为损害了巴西国有公司 Petrobrás 的公司利益(联邦政府为该公司的大股东)。

目前,巴西法学界倾向认为国家司法机构应当负责控制"公共政策"。他们认为,通过这种方式,司法机构可以具体调整政治家或行政机构创设

① 这一问题在立法过程中颇受争议,以新《民事诉讼法典》的出台告终,巴西法律的传统规则最终取胜。

的政策，纠正之前已经实施的一些政策，甚至决定哪些政策应当得到有效施行。[①]

而关于司法管辖权(jurisdictional competence)，需要强调的是，特定法院对劳工、选举及军事纠纷享有司法管辖权，且该管辖权的分类必须遵循联邦法院和州法院的分类方法。

九、法官的职责

巴西法学界的主流学术观点认为民事法官的职责在于依据法律[②]解决A与B[③]之间的争议或纠纷。[④] 巴西是大陆法系国家，[⑤]因此我们此处所说的"依据法律"在巴西是指的是依据成文法。

尽管如此，很多时候法官只能通过使用模糊的概念及法律原则形成口头的规范(有时甚至没有书面版本)来解决因政府不当活动[⑥]所引发的纠纷。在成文法下，这类案件一般通过集体诉讼[⑦]解决。

正是由于这种社会(以其中某一机构为代表)与政府之间的冲突，才导致了司法能动主义问题的出现。法官不得不"创造"解决问题的方式以及途径，

---

① Prof. Ada Pellegrini Grinover，国际诉讼法协会和巴西诉讼法研究所荣誉主席，是本次运动的不懈守卫者。

② 实际上，当代法学家认为民事诉讼程序既有社会目标又有政治目标。它允许个人行使其公民权利。

③ 尽管巴西的集体诉讼体制发展得很好(下文将会提到)，但实际上它并未规定于《民事诉讼法典》之中。

④ 巴西《民事诉讼法典》构建于极度利己主义的社会。因此，其结构实际上比较适合解决个体之间的争议而非集团之间的冲突。Teori Albino Zavascki, Reformo do sistemo processuol civil brosileiro e o reclossificogo do tutelojurisdicionol, *Revista deProcesso*, 1997, Vol. 88, p. 173.

⑤ 尽管也存在部分普通法系的典型特征：如小额诉讼(small claims)适用特殊方式处理，以及如前所述，受北美法制影响，巴西也有集体诉讼有关规定。José Carlos Barbosa Moreira, Notas sobre alguns aspectos do processo(civil e penal) nospaíses anglo-saxônicos, *Revista de Processo*, 1998, Vol. 92, p. 87.

⑥ 实际上，政府不当行为会引发诉讼，它们在诉讼程序中的行为通常也不完美。但遗憾的是，关于这一问题，目前还没有比较可信的数据。

⑦ 现在有许多对政府提起的诉讼(正常情况下是集体诉讼，但不仅仅是集体诉讼)，以获得药物(RE 607381/SC-STF)或特殊的医药治疗(REsp 872733/SP-STJ)，或为他们重建医院和产科，以充分满足贫困阶层的需求(REsp 1041197/MS-STJ)。

因为在大多数案件中,他们必须找出立法者之前并未考虑过的解决冲突的方式,才能解决矛盾。很多时候,法官甚至可以承担政府行政部门的部分职能来采取相应行动(pouvoir executi)。①

为了解决争议,法官必须对重要的立法问题发表最终意见(quaestio juris)。因此,法官们的作为又会让公众认为法官们在履行政府立法部门的职能。通常情况下,此类纠纷涉及的人员数量较多,司法机构最终意见的效力等同于法律(law)的效力,并且可以对同类纠纷产生相应的"预防作用"。

上述"造法功能"是司法机构的一项非常重要的新职能。由于法院位于司法机构组织框架的上层(联邦最高法院和联邦高等法院 Supremo Tribunal Federal and Superior Tribunal de Justiça),因此这一职能主要与法院相关。

2004年,《联邦宪法》修正案出台。该修正案规定了巴西法律体系中的一个重要内容,即"有拘束力的先例"。但这种译法并不准确,因为实际上并非先例,而是对联邦最高法院发布的一系列先例的总结,是对特定"权利问题"(quaestio juris)的意见。各级法院及法官以及行政部门必须尊重并适用上述"先例"。

"súmulas vinculante"这一法律概念是对司法机构最终解释权的描述,即"创设"法律。

所以,自上述《联邦宪法》修正案颁布后,巴西最高法院可以通过一种特殊的方式来创设法律,但此种创设方式通常受到《巴西宪法》的约束。《巴西宪法》对此种创设活动规定了必须遵守的特定程序。如前所述,其他法官、法院和政府必须将最高法院所作的决定视作规则来遵守。这正是"先例"被称为"具有约束力的"的原因。

当某个由于宪法问题所引起的冲突导致一种不确定的状态,并且因此引发若干基于同种原因的诉讼时,最高法院就可以进行特定的立法活动。

《巴西宪法》还规定了一种非常特殊的诉讼形式。当法官、法院或政府的任何人不尊重最高法院所创设的"先例"时,可以适用特殊诉讼模式,也称申诉。申诉可以"不遵守先例"为案由向巴西最高法院提起。

---

① 主要是当政府否定某些居民获得基础物资的社会权利时,司法机构可以例外性地发挥这一作用(*Arguição de Descumprimento de Preceito Fundamental* n^0 45)。

十、证据

《巴西联邦宪法》第5条第56款规定，证据不是非法证据且证据不是非法取得的前提下，可以自由决定以何种方式提交证据。

新《民事诉讼法典》第369条中规定了相应条款："当事人有权使用所有合法且合乎道德的证据（即使该法典中未规定此种证据种类）来对其诉请或抗辩所依赖的事实真相加以证明，并且有效地说服法官。"

2015年法典还有若干重大创新之处。例如，即使不在紧急情况下，也认可提前提交的证据的效力；不论紧急程度而提前提交证据的可接受性（第381条至383条）；公证记录可被用作法庭证据（第384条）；废除"间接质询"证人的规定（第459条第1款）；允许律师在法官的监视下直接质询证人。2015年《民事诉讼法典》的创新之处还体现在要求律师必须通知或传唤与庭审相关的证人到庭（第455条第1款）。

此外，口头证据可于审判阶段提交。预审令（声明案件可进入审判阶段的预审令）中则对口头证据的提交事项作出安排。（第357条第5款）口头证据包括一方当事人的证言（当事人自身的证言，主要目的是供认对其不利的事实）、证言性证据（第三方当事人所做的与案件事实有关证言）和专家证言（取代或补充专家证据）。

书证，按规定必须附于起诉状或答辩状后。专家证据旨在调查技术事实，因为技术事实超出了法官的专业范围。

巴西法律中未对证据等级制度进行规定。因此完全由法官对特定案件的证据进行排序，并且法官必须对证据具体排序的理由作出说明。

此外，巴西法学理论最棘手的问题在于如何在准确查明真相与在合理期间内有效保护权利的这两项需求之间保持平衡。诉讼程序中查明真相这一问题的重要性毋庸置疑，但应当承认的是，也不能一味追求事实而忽视诉讼程序的合理期间。[①] 另外，也无法在巴西民事诉讼程序中的这两个目标之间

---

① 巴西民事诉讼程序的目的之一在于查找真相，但这并不是巴西民事诉讼程序的唯一目的。因为诉讼程序不可能无止境的持续下去。José Manoel de Arruda Alvim, Manual de direito processual civil. *São Paulo*: *Revista dos Tribunais*, 9th ed., 2005, Vol. 2, p. 379.

作出绝对的选择。[①] 可以看到,为平衡这两项需求及为结合速度与准确性,最近的几十年里巴西的立法者们做出了不懈的努力。

在有些情况下,立法者会更重视救济的及时性。这时立法者会允许一方当事人提前获得正常情况下仅在判决终局后才能获得的效果。但是,这是以符合某些必要条件为前提的例外性司法条款。这些前提包括:权利请求方应证明其因此遭受损失的风险;对于其所主张的权利,权利请求方应准备相应的证据。

目前,巴西的法律对基于不完全审理[②]的救济的规定非常宽泛。换言之,在紧急情况下,法官可以提前使原告享有基于判决或裁定终局后才能享有的全部(或部分)权利。正常情况下,如果可以使情况(如损失)保持在原先的程度,则可以将终局判决所带来的权利的全部或部分提前授予原告。通常情况下,如果前述前提条件未被满足,当事人则必须在法庭基于详尽的审理(exhaustive cognition)并作出宣判后才能享有其所请求的权利。

目前巴西的立法机关正在就一项法案展开辩论,一旦该法案颁布实施,巴西民事诉讼程序中有关临时性救济的内容将发生重大变化。实际上,新法草案规定,无论临时性救济将取得何种实际效果,双方当事人均无须另行提起诉讼请求临时性救济。

一旦基于简易审理批准了临时性救济,被告则会被传唤到庭并且获得对临时性救济提出反对的机会。如果被告反对向原告给予的救济,则应于30天内(除非法官另有决定)提出主要请求,法官会对案情进行详尽评判之后作出裁决。但如果被告不能自证其身,对救济的反对将被驳回。并且,在这种情况下,基于简易审理而作出的裁决将持续有效一段不确定的时间。在此期间内,被告则可以通过提起诉讼来终止临时性救济的效力。上述案件中,法官将在详尽地调查审理案情后对相关问题进行分析,充分遵循诉讼程序,尊

---

① 巴西民事诉讼程序中各种关于强制期限的规定可以被视作为避免无止境的诉讼的手段或方法。Egas Dirceu Moniz de Aragão, Comentários ao Código de Processo Civil. *Rio de Janeiro*: *Forense*, 2nd ed. ,1976,Vol. 2, p. 99. 为避免无止境的诉讼,巴西民事诉讼程序中规定了这样一条:若被告为在一定期限内作出回应,则法官可结合背景及一定条件,将原告所称事实视作真实有效。这是加快诉讼程序的一项小技巧。Cândido Rangel Dinamarco, Fundamentos do processo civil modern, *São Paulo*: *Malheiros*, 3rd ed. ,2000,p. 951.

② Procedimento monitório. José Rogério Cruz e Tucci, Tempo eprocesso, *São Paulo*: *Revista dos Tribunais*, 1997, passim.

重当事人的听审权。[①] 巴西学者认为,上述方式可保障巴西民事诉讼程序中临时性救济的稳定性。

上文中简要介绍的程序与巴西现行的诉讼法并不冲突。该程序与新法典第 1102 – A 项至第 1102 – C 项中规定的对不可执行的书面文书提起诉讼的程序之间实际上也存在一些相似之处,例如:

1. 批准临时性救济的裁决是通过简易审理程序作出的;

2. 基于被告不作为而作出的裁决将持续有效,除非被告随后单独对此提起诉讼并获得与临时性救济内容相对的裁决;

3. 就临时性救济的裁决而言,即使其已因被告人的不作为而获得了稳定性,但也仍无终局效力。

由于这些相似性,巴西的立法者们开始设想是否可以通过修正案的方式将临时性救济的适用范围扩展至对非执行性书面文件提起的诉讼中去。[②]

十一、简易程序

与 1973 年《民事诉讼法典》相比,新《民事诉讼法典》具有创新之处,该法典融入了巴西法律两分法的思路,新法典也对禁制令(processo cautelar)、临时措施(provisional remedy)、即决判决(tutela antecipada)和临时性救济措施(interlocutory relief)进行了区分。在巴西法律中,临时措施(仍存在于新《民事诉讼法典》体系之中)的唯一目的是确权和及时实现上诉权利;而临时性救济措施则是为了立即实现权利。

新《民事诉讼法典》总则部分第五编全编规定了临时性救济措施(第 294 条至第 311 条)。这些规定通常允许提前或顺便批准某些措施,而通过这些措施可以保留或落实纠纷所涉的权利。采取这些措施可能是基于紧迫性[基于实际的迟延风险(periculurn in mora)来调整措施]或获取证据的需要(依据

① Athos Gusmão Carneiro, O novo Código de Processo Civil: breve onálise do projeto revisodo no Senodo, *Revista de Processo*, 2011, Vol. 194, p. 139.

② Eduardo Talamini, Tutelo de urgêncio no projeto de novo Código de Processo Civil: a estabilização da medida urgente e a “monitorizoção” do processo civil brasileiro, *Revista de Processo*, 2012, Vol. 209, p. 13.

第311条规定的参照框架,更具证明力的一方当事人)。①

不同于1973《民事诉讼法典》的是,对于“为实现某些目标应批准哪些措施”这一问题,新法典并未作出详细规定。因此,“新法典中的‘临时措施的一般权力’(第301条)和‘临时性救济措施的一般权力’取代了目前已废除的详细的临时性诉讼”这一说法是正确的。

2015年《民事诉讼法典》的另一个重大创新之处在于:若被告未对初步裁决中批准的临时性救济提起上诉,进行反对,则该临时性救济将永久有效。在这种情况下,原告和被告如果愿意则可以提出诉请,要求基于充分审理之后作出裁决,并可产生最终判决(res judicata)的效力。但如果被告没有提出上述诉请,则批准救济裁决的效力将得以保留。

十二、上诉程序

新《民事诉讼法典》特殊规定的第三编的第二章对上诉程序进行了规定。该法第994条对上诉的类型进行了分类:适当上诉、临时性上诉、向同一法院提起临时性上诉/内部临时性上诉、澄清的动议、普通上诉、向高等法院提起的特别上诉、向联邦最高法院提出的非常上诉、特别上诉或非常上诉的动议及对相反裁决提起的上诉。

根据该法第1.003条第5款的规定,提起上诉及对上诉进行应答的截止期限为15个工作日;澄清动议的截止期限属于例外情况,为5个工作日。

巴西联邦参议院2010年曾试图废除“适当上诉后则执行中止”这一做法,但2015年《民事诉讼法典》仍保留了这一做法,并未废除。但2015法典第1.012条第1款对该规则作了例外规定,即若适当上诉不能产生1973年《民事诉讼法典》第520条所规定的中止执行的效果,则判决立即执行。

对其他种类的上诉而言,则适用“上诉‘不影响裁决的执行力,除非法律或法院裁决另有规定’”这一规则。换言之,即其他种类的上诉不会导致“执

① 参照的框架如下:(1)滥用权利进行辩护及一方当事人明显轻率的宣言。(2)仅仅基于文书证据的事实的陈述和基于重复的诉请或有约束力的先例的论据;(3)基于存款协议的文书证据而提出的返还请求;(4)诉状提供了赋予原告权利的充分的文书证据,且对此被告未提交能产生合理怀疑的证据。

行中止"的效果。新《民事诉讼法典》第 995 条的单独条款中规定,"若立即执行有导致严重或不可弥补的损失的风险的,且上诉较有可能获得批准",且法官报告员可以决定中止执行。2015 年《民事诉讼法典》认可巴西法传统的法官的执行中止,不认可适当上诉之外无根据的上诉(recurso de apelagçã)。

适当上诉指的是当事人对判决提出合适的上诉。部分临时性裁决接受直接上诉,即所谓的临时性上诉。根据新《民事诉讼法典》第 1.015 条的规定,对不接受直接上诉的临时性裁决提起的上诉都适用适当上诉规则。临时性上诉机制是针对 2015 年《民事诉讼法典》第 1.015 条中明确规定的临时性裁决或其他法律中明确规定的临时性裁决的上诉机制。新《民事诉讼法典》第 1.021 条对内部临时性上诉作出了明确规定。根据这一规定,如若上诉人请求,独审法官在法庭审理范围内作出的所有裁决可由合议庭的法官们进行审核。澄清动议是上诉的一种,旨在澄清模糊或含混之处,查漏补缺、释疑纠偏,纠正经常出现在法院裁决里的重大错误。普通上诉是指上诉人对职务执行令、人身保护令、信息保护令及依宪法规定的应在法院进行初始立案登记的其他程序所作出的决定不服而提起的申诉普通上诉受相关程序的约束。非常上诉程序是允许联邦最高法院行使其合宪性控制权反对巴西其他法院作出的解释联邦宪法的裁决的一类上诉。特别上诉程序是高等法院行使其职权保障并规范联邦法律在巴西的理解与适用的措施。特别或非常上诉的动议指的是特定情况下反对有管辖权法院对非常或特别上诉驳回的一类上诉。

最后,联邦最高法院和高等法院下属的不同机构之间可能会出现一些分歧,为克服并统一这些分歧,就有了针对不一致的裁决而提起的上诉。

十三、集体诉讼

实践证明,向公司和政府提起集体诉讼是一种有效的解决纠纷方式。

巴西的集体诉讼制度发展得非常完善。① 通常情况下,政府立法部门及

① 我们可以称之为科学的变革。EltonVenturi, Processo civil coletivo, *São Paulo*: *Malheiros*, 2007, p. 24.

行政部门负有社会监管的职能。一旦上述机构未能行使其职权或起到负面作用,经私人主体请求,司法机构就应当介入到社会监管中来。因此,集体诉讼是巴西民事司法制度中的一大特色制度。经由成文法明确授权的主体有权提起集体诉讼。

事实上,牵涉到社会群体或某一"集体"权利的复杂事项往往是通过集体诉讼方式来处理。在集体诉讼案件(主要是对政府提起的集体诉讼)中,法院必须承担起社会监管者的复杂职能。举例来说,曾经有一场对圣保罗市政府提起的集体诉讼,法官最后判决圣保罗政府在日托中心保留空位,让妈妈们可以在上班时将孩子寄放在日托中心。① 监管职责常常是通过集体诉讼而得以履行,而且越来越多的人将履行监管职责视作巴西民事司法制度主要目标之一。②

巴西的集体诉讼③是巴西民事诉讼法中发展得相当好的领域,具体制度的设计相当完备。例如,巴西立法机构详细地规定了受保护的权利的类型及诉讼的具体种类。

集体诉讼是为当事人铺平"接近司法"道路及平衡私有主体与政府之间权力的工具。对于社会责任和权利之间的争议,如果不同原告的诉请都是围绕同一类法律问题,则他们可以采取提起集体诉讼的方式来解决争议。

个人诉讼与集体诉讼主要有两个不同之处:代表制度和一事不再理制

---

① REsp 736.524/SP, Rel. Min. Luiz Fux, STJ, 21/03/2006.

② 针对这一主题的著作有:Rodolfo de Camargo Mancuso, Ação civil pública, *São Paulo*: *Revista dos Tribunals*, 2004, 9th ed.; Pedro da Silva Dinamarco, Ação civil pública, *São Paulo*: *Saraiva*, 2001; Pedro Lenza, Teoria geral do ação civil pública, *São Paulo*: *Revista dos Tribunals*, 2003; Ricardo de Barros Leonel, Manual do processo coletivo, *São Paulo*: *Revista dos Tribunals*, 2002。

③ 针对这一主题的著作有:Antonio Gidi, Coisa julgada e litispendência em ações coletivas, *São Paulo*: *Saraiva*, 1995; José Carlos Barbosa Moreira, Ações Coletivas na Constituição Federalde1988, *Revista de Processo*, 1991, Vol. 61; Ada Pellegrini Grinover, Código Brasileiro de Defesa do Consumidor: comentado pelos autores do anteprojeto, *Rio de Janeiro*: *Forense Universitária*, 2005, 8th ed.; Ada Pellegrini Grinover, Ações coletivas ibero-omericonas: novas questões sobre a legitimação e a coisa julgada, *Revista Forense*, 2002, Vol. 361; Ada Pellegrini Grinover, A problemática dos interesses difusos in A Tutelo dos Interesses Difusos, *São Paulo*: *Max Limonad*, 1984; Luis Manoel Gomes Jr., Curso deDireito Processual Civil Coletivo, *São Paulo*: *SRS Editora*, 2nd ed., 2008; Hugo Nigro Mazzilli, A defesa dos interesses difusos em juízo: meio ambiente, consumidor, patrimônio cultural, patrimônio público e outros interesses, *São Paulo*: *Saraiva*, 24th ed., 2011。

度。代表制度和一事不再理制度是一枚硬币的两面。原告代表(集体代表)提起集体诉讼时并未经所有被代表人的明确同意,但诉讼结果对所有被代表人有效。

在巴西,仅法律明确规定的主体才有权提起集体诉讼,包括社会团体、协会及检察官办公室的检察官等。法官不得采用美国的做法,即不得逐案评估代表是否可以作为代表人。

巴西的一事不再理原则也与其他国家的一事不再理原则存在一定区别,即若判决不利于缺席审判者,则集体诉讼中的一事不再理原则不适用于缺席审判者。此外,若败诉是因为证据不充分所致,同样也不适用一事不再理原则。若一方当事人发现并递交了新证据,则可以再次基于同一诉由提起集体诉讼。

在这个问题上,本文重点讨论三个问题:一为分散利益;二为集体利益;三为同类个体利益。三种集体诉讼分别对应三种权利,所涉的诉讼程序及审理范围之间存在细微差距。

1.分散利益①属于不确定的人群。该群体仅因事实原因(例如,有权呼吸新鲜的空气或居住在生态平衡的环境②)而发生关联,之前并无交集。

2.集体利益③属于特殊群体,该群体因业已存在的法律关系(即"之前的诉讼"④)而联系起来,如该群体属于特定职业群体。

---

① Mazzilli 2011; Pericles Prade, Conceito de interesses difusos, *São Paulo*: *Revista dos Tribunais*, 2nd ed., 1987, pp. 57 – 58; Rodolfo de Camargo Mancuso, O município enquanto co-legitimodo para a tutela dos interesses difusos, *Revista de Processo*, 1987, Vol. 12, p. 49; Lúcia Valle Figueiredo, Direitos difusos na Constituição de 1988, *Revista de Direito Público*, 1988, Vol. 88, p. 105; Grinover, 1984, pp. 30 – 31; Celso Ribeiro Bastos, A tutela dos interesses difusos no direito constitucionol brasileiro, *RE PRO*, 1981, Vol. 23, p. 40; João Carlos de Carvalho Rocha, Notas sobre a composição do dano ambientol no Brosil e nos Estados Unidos da Amédrica, *Revista da Procuradoria-Geral da República*, 1992, Vol. 1, pp. 174 – 175; Herman Benjamim, *A insurreição da aldeio global contra o processo civil clássico.* Apontamentos sobre a opressão e a libertação judiciais do meioaombiente e do consumidor in *Ação civil público lei* 7.347/85-*Reminiscências e reflexões opós dez anos de aplicação*, *São Paulo*: *Revista dos Tribunais*, E. Milaré, ed., 1995, p. 93.

② 这一主题的文献有:REsp28222/SP 1992/0026117 – 5 rel. Mina. Nancy Andrighi, 载 https://ww2.stj.jus.br/revistaeletronica/ita.asp? registro = 1 99200261175&dt-publicacao = 1 5/10/2001,最后访问日期:2016年12月20日。

③ Luiza Dias Cassales, Ação Civil Púlico, *Revista da Ajufe*, 1996, Vol. 48; *Benjamim* 1995, p. 94; *Mazzilli*, 2011.

④ Kazuo Watanabe, Código Brosileiro de Defesa do Consumidor: comentado pelos autores do anteprojeto, *Rio de Janeiro*: *Forense Universitária*, 8th ed., 2005, p. 803.

3. 同类个体利益属于"古老的"权利[①](如法国法中的"主观权利")。若存在相同的权源,[②]则可成为集体诉请中的一项内容。

举例而言,下列情形下,客户或消费者将享有上述权利:银行向其客户收取了过高费用;消费者受虚假广告误导而购买开瓶有奖的饮料,但由于印刷错误使获奖的权利无效;消费者购买了具有出厂质量缺陷车辆;所贷款项违反国家法规或遗漏基础信息。[③]

巴西成文法特别规定或任命了有权代表一个群体、社区或全社会主动对国有企业提起诉讼的主体。在此方面,巴西未采用充分合法性制度或代表制度。

除非是基于不充足的证据作出最终裁决,否则案件最终裁决的效力及于所有被代表的人群。缺乏证据作出裁决时,可以再次提起诉讼。

在集体诉讼中也可能出现举证责任倒置的情形,即法官可能会决定不适用"双方当事人就其所主张的事实进行举证"的规则。这种情况通常出现在因环境问题、消费法及与金融机构有关的问题而提起的集体诉讼中。

十四、成本与费用

巴西联邦法院审理案件和州法院审理案件均收取费用。第 9. 289/1996 号联邦法律规定了联邦法院的收费问题。各州也分别通过其州法律规定了州内法院的收费问题。[④]

尽管争议标的额不同,2015 年《民事诉讼法典》第 82 条首款规定,"双方当事人应当提前支付自诉讼程序启动时直至最终判决作出时,或自执行程序

① *Mazzilli*, 2011.

② *Dinamarco*, 2001, p. 60.

③ TRF 2ª Região. Agravo em Ação Civil Pública 2006. 02. 01. 004411 – 3, rel. *Desembargador Federal Frederico Gueiros*, DJ 13/06/2007.

④ 关于这一点,近期的研究表明,巴西各州之间存在一定差异。可以看到,基于相同诉讼标的额(调查州所用参照额为价值为 100,000 雷亚尔的诉讼标的额,等值于 25,000 美元,适用的汇率为 4 雷亚尔兑 1 美元),向法院支付的费用上,最大差额是 Piaui 州(最贵)与联邦管辖区法院(最便宜)之间的差额,约 7000 雷亚尔(等值于 1750 美元)。载巴西 Migalhas 数据网:http://www.migalhas.com.br/Quentes/17,MI235925,91041 – Pl + e + Estado + com + custas + judiciais + mais + caras + do + Brasil,最后访问日期:2016 年 12 月 20 日。

启动时至判决的权利完全实现时,其间产生的所有费用”。该法典同一条款中还明确规定了“免费法律援助有关条款”,《民事诉讼法典》第98条至第102条对此进行了详细规定。该规定取代了巴西20世纪50年代的相关立法在此方面的相关规定。

因此,总的来说,巴西法律规定应当由提起诉讼的一方支付诉讼费用。若提起诉讼的是公共检察官办公室(以法律体系的“检察员”身份提起诉讼),则应当由其提前支付此类费用。进入审判程序后,法官依据因果关系多数席位决定由谁承担案件审理的费用。换句话说,哪一方导致了诉讼的产生,则由谁来承担诉讼费。败诉方不一定是诉讼费的承担者。①

依据新《民事诉讼法典》第84条的规定可知,诉讼费用包括案件受理费、差旅费、专家费及证人津贴。此外,律师费的数额取决于案件的具体类型。与自然人有关的争议,费率为争议标的额的10% ~20%;与法人有关的争议,费率也是争议标的额的10% ~20%,并会依据争议标的额有1% ~3%的波动。

新《民事诉讼法典》中关于这一问题的一项重大创新之处是引入了上诉时计算诉讼费用损失这一模式。尽管总额不得超过上述的百分比限制,但“费用可能增加”的想法将导致上诉案件的数量降低。

巴西新《民事诉讼法典》规定了免费法律援助的一般性原则,并由此建立了民事诉讼法一项主要的基础性原则。新《民事诉讼法典》第98条首款规定“无力支付庭审费用、诉讼费及律师费的自然人或法人(无论是巴西人还是外国人)有权依据本法获得免费的法律援助”。该款第1项中还进一步规定:免费法律援助的范围包括:“1. 司法费用及成本;2. 邮票;3. 官方媒体上刊登的发行费用(放弃于其他媒体上发行);4. 见证人因作证而致缺勤的误工费;5. 基因检测的费用及其他必要测试所需的费用;6. 律师费及法院任命专家所需的费用,以及指定的翻译人员(口译员或笔译员)对外文文书进行翻译以提交葡萄牙语译稿时,向翻译的支付的酬劳;7. 需要启动执行程序时编制计算说明的费用;8. 上诉、起诉及履行其他和行使与正当程序有关的权利或听证的权利相关的诉讼行为时法律所要求支付的定金;9. 执行司法裁决或保障司

① 此为多数人的理解。本文共同作者之一已建议从新《民事诉讼法典》在该问题上引入的新变革(包含但不仅限于第82条第2款)为视角对这一问题重新分析。与此有关的讨论,见 Scarpinella Bueno, *Manual de direito processual civil*, pp. 145 – 150。

法程序(免费法律援助的好处已经被承认)顺利进行所需的登记、宣告或其他公证行为而应支付给公证机关或登记机关的费用。"

十五、执行程序

1973年《民事诉讼法典》的创新之处在于其统一了司法执行文书和司法领域外执行文书的执行程序与体系。

所谓的"判决的落实"应被理解为通过法官的执行而实现司法执行文书中批准的诉请。依据新《民事诉讼法典》第515条的规定,司法执行文书是指:"1.民事诉讼中作出的认可有关支付一定款项、为或不为一定行为或交付某一事物的义务的可执行力的裁决;2.对双方当事人之间协商结果的批准;3.法院对任何性质的庭外协议的批准;4.当涉及部分或全部继承时,仅与财产管理人、被继承人和继承人有关的,涉及财产分配的最终判决及财产分配证明;5.法院的诉讼费用、薪酬及资费经法庭决议批准后司法官的诉请;6.定罪的最终判决书;7.仲裁裁决;8.经高等法院确认的外国判决书;9.高等法院已批准调查委托领事证书的外国的临时性裁决。"

在通常情况下,基于胜诉方的请求,债务人将会通过其律师得知需要依据司法执行文书而为、不为或交付某事物。若未遵循上述裁判,则将启动执行程序。在作为或不为某项义务时,新《民事诉讼法典》还额外规定了征收强制性罚金。对交付某事物的义务,比较有效的执行办法是查封扣押动产或占有不动产。若义务内容是支付一定款项的,则胜诉方可以在一定的时间期限内获得败诉方的财产。其中应着重指出第854条规定的"网上执行征收",即经法官与巴西中央银行交换信息后以电子方式执行,可以在对债务人所持款项进行有效冻结之前,推迟对债务人的执行取证。若执行征收的客体中除了金钱外还包括其他资产,则必须对此类资产进行估值,并采取隔离措施以便取得该资产或提取相应款项、实现判决中的债权人的诉请。新《民事诉讼法典》中较倾向使用电子拍卖这一执行机制。

"执行程序"则是针对司法领域外执行文书而进行的执行程序,具体来说是针对那些并非由法院发布或执行的声明或协议。新《民事诉讼法典》第784条规定,此类可执行的文书如下:"汇票、期票、票据、债券及支票;公契或其他由债务人签署的公共文书；由债务人及两名见证人签署的私人文件；由公共检察官办公室、公设辩护人办公室、总检察长办公室或双方当事人律师或法院所认可的和解人或调解员批准的交易文件；以抵押、质押、担保或其他担保权益进行担保并由债券进行担保的合同；人寿保险；因永佃权引起的索赔；因租赁不动产（有书面证据证明）而产生的索赔请求及相关的费用，如公寓费用及支出；由联邦政府、州政府、联邦管辖区及城市税务机关出具的逾期纳税证明；有书面证据证明的，相关公寓内部章程中规定的或会员大会批准的，与对住宅公寓的一般及特殊出资有关的债务；由公证处或公证机关出具的因其履职行为按法律规定的收费表收取费用及其他资费的凭证；以及其他法律明文赋予其执行力的文书。”

十六、可替代性纠纷解决机制和友好型仲裁

巴西法学家们逐渐意识到需要对《联邦宪法》第 5 条第 35 项“法律不得将任何对权利的损益排除在司法审查权之外”①这一规定进行扩大解释。该规定不仅仅适用于通过国家司法机关解决争议，也适用于其他争议解决途径中，即使该争议解决途径不属于国家范畴，甚至严格说来不是司法②范畴内的争议解决途径。

在这样的背景下，应当着重强调新《民事诉讼法典》第 3 条项下的有关规定，根据这一条的规定可知，明确鼓励适用可替代性争议解决途径，其中还明确提到了调解、和解和仲裁，同时也并未排除其他能达到同样效果的解决方式。

为达到上述目标，新《民事诉讼法典》极大地改变了普通程序的架构，规定即使是在和解和调解听证会中，也可以传唤被告。为加强该行为的重要性，提交答辩的截止日期应当自听证会上谈判双方谈判破裂时开始计算。

此外，应当指出的是，这种听证会必须在法庭外的其他地方举行。例如，在“争议友好解决司法中心”举行该听证会，并且根据新《民事诉讼法典》第

① 参见巴西联邦机构数据库：http://www2. senado. leg. br/bdsf/item/id/243334。

② Wambier 2016, p. 63; Scarpinella Bueno, *Manualde direito processual civil*, pp. 91 – 92.

165条至第175条规定,该听证会应由调解员及和解员而不是由“司法官”来主持。

尽管新《民事诉讼法典》第139条第5项明确授权法官“可随时促成和解协议”,该法第359条也着重对此进行规定:尽管之前已经使用过其他友好解决争议的途径,如调解及仲裁,但在审判开始时,法官仍应尽力为双方当事人调解。

十七、学术界的作用

巴西学术界的地位特殊,其作用十分重要。巴西有超过1400家法学院,因此也拥有数量庞大的法学家。在此之中,重要的法学家不在少数。更为有趣的是,教授们通常也是律师、法官,换言之,他们的另一个职业均与法律实践相关。

法学家对法律争议的最终处理结果有着不小的影响。学术著作在司法裁决中被提及,并经常被摘录引用。诉讼中往往含有学者们撰写的法律意见,对裁决也有明显的影响。

十八、数据

新《民事诉讼法典》的起草并未以任何统计数据为基础。其修正案也更像是学者和法律实践者们达成一致共识后的产物,而不是对于之前的数据研究的回应。但数据的研究可能已经指出了体系中潜在的问题或“瓶颈”。

基于这一特别原因,新《民事诉讼法典》第1.069条规定,“国家司法委员会定时进行数据调查,以评估本法典所设规则的效力”。这一规则受到了大众的褒奖。

应当注意到的是,新《民事诉讼法典》第167条第4款对可替代性纠纷解决机制作出了规定。根据该规定,经和解员、调解员及经和解庭或调解庭得出的结果应当至少于每年度进行披露和评估。

但上述说法并不意味着巴西就不存在统计程序。巴西国际司法委员会及法院已提出若干倡议，要求允许对数据进行分析，使公众可以基于数据事实对近期在巴西司法系统内进行的修法活动形成自己的看法。例如，联邦最高法院披露的相关数据就真实地反映了在联邦最高法院提起的非常上诉的可受理性。

此外，值得注意的还有由国家司法委员会组织的“数字上的司法”调查。该调查已成为司法部门官方统计数据的主要来源。自 2004 年起，该调查已被认为是“除了支持巴西司法管理所需基本的指示及分析外，对巴西法院的构成及诉讼的现状的详尽的调查”。①

十九、比较观察

有评论认为，巴西正在转变为普通法国家。本文认为这种评论是不正确的。之所以会出现这种评论，是因为巴西新《民事诉讼法典》规定了三项有约束力的先例。这三项先例都是诉讼中的裁决，所涉及的法律问题对整个社会而言也都是相同的，通常发生于与消费者有关的纠纷中。因此，根据新法典的有关规定，先例已成为今后同类法律问题裁决的基础。

一方面，这种规定先例的做法与大陆法传统并非完全一致。但另一方面，这并不能说明巴西正逐渐成为普通法系国家。

相当多的法学家们都认为：巴西法律中提及先例的做法与普通法并没有直接关联。立法者们所做的努力仅仅说明了他们非常想要纠正这一严重的误解，即认为“法官能基于其自身对法律的理解来裁判”并不意味着不需要尊重所有高等法院作出的判例。此外，更重要的是，高等法院不得频繁变更其意见。判例法必须使法律能够适应社会的变化。而这种变化不是几周或几个月就发生的，往往会需要经历数十年甚至数百年的时间。

因此，新生效的巴西《民事诉讼法典》中的相关条款表面上具有向普通法系靠近的“趋势”，但实际上并非如此。其实际上是对巴西法律缺乏一致性、缺乏判例法的统一性与稳定性及主要是缺乏预判性的一种控制方法。

---

① 参见巴西国家司法委员会数据库：http://www. cnj. jus. br/programas-e-acoes/pj-justica-em-numeros。

二十、文化现象

从文化的角度而言,值得注意的是,新《民事诉讼法典》引入了很多创新之处,但最终落实这些创新则都依赖于巴西民事诉讼法从业人士和学者思想及行为上的深刻转变。

在此方面,应强调两点:《民事诉讼法典》第3条鼓励适用可替代性争议解决途径,也鼓励遵循高等法院所作裁判。

新《民事诉讼法典》的普通程序引入了被告人出席和解或调解听证会的送达传票制。这一举措的重要意义在于,被告提交辩护的截止日期仅将在双方当事人友好解决争议的可能性丧失后才开始起算。为了有效适用这一规则,法律职业者们(司法官、和解员及调解员)应充分认识到这一举措的优势及用处。

而至于"遵循高等法院所作裁判"这一点,文化和态度上的改变则来源于法院自身。50多年来,联邦最高法院一直都在公布先例。公布先例的目的不仅仅是公布其对已决争议的理解,也是让其他法院来遵循这些先例。然而,恰恰相反的是,没有迹象表明这一做法给巴西民事诉讼体制带来了改善或提高了效率。"遵循高等法院所作裁判"是新《民事诉讼法典》成功的根本要点之一,法律职业者们应当为这些先例的正确建立、适用及流通创造条件。

二十一、民事诉讼视角下的国际事务及金砖合作

巴西新《民事诉讼法典》第26条至第41条明确规定了"国际合作"有关规则,其中包括直接司法协助。①

"国际合作",是指允许国家间进行跨国合作、执行他国法院于本国域外

① 除巴西加入的条约中的有关事项外,直接援助还可涉及如下方面事务:(1)取得和提供与法律体系、行政或法庭诉讼(无论是待决还是已决)的相关信息;(2)收集证据,除非国外的待决诉讼中已采取救济措施,而巴西法院对此享有专属管辖权;(3)其他未被巴西成文法所禁止的司法或庭外救济措施。

所发布的命令的技术。

新《民事诉讼法典》第26条规定：巴西加入的条约下的国际合作和条约外以外交上的互惠为基础的国际合作，除外国判决的确认之外，[①]均应符合其项下所列的原则：尊重请求国的正当法律程序；在获得司法保护的途径和提请诉讼方面平等地对待公民和外国人、巴西居民或未居住于巴西的人，确保有需要的人能获得法律援助；程序公开，除非巴西立法机构或请求国规定属于保密性的案例；存在接受或传达合作请求并自动向外国机构传达信息的中央机关。

根据新《民事诉讼法典》第27条的规定，国际合作可能涉及以下几方面的事务：对当事人发出传票；对证人发出传票及司法和司法外通知；证据和信息的收集；裁判的承认与执行；经济司法救济的批准；国际法律协助或其他巴西法律未禁止的司法或司法外措施。

结论

目前，巴西在政治领域中正在经历一场十分严重的伦理与经济的双重危机，而人们将他们的全部希望寄托于司法机关。巴西法官的职业生涯始于通过无政治偏见的公开招生考试。近年来，法官队伍已显示出其独立性，而且完全符合巴西社会的需求和希望。

在过去的20年间，民事诉讼经历了深刻的、结构性变化。该变革也导致了新《民事诉讼法典》的产生。为适应巴西现状，新《民事诉讼法典》中吸纳了几处创新之处。其中部分创新之处受到了比较法的影响。目前，在巴西，过多的诉讼量和现有的上诉案件是成文法所无力解决的问题。但从积极的角度来看，这也意味着在巴西，公众可以广泛地通过司法途径获得救济。

---

① 高等法院拥有批准外国判决和对调查委托书发给特许证书的管辖权（《联邦宪法》第105条第1款第i项）。同时，高等法院应遵守新《民事诉讼法典》第36条、第960条至第964条规定的程序及其自身内部规则的有关条款。

Civil Justice in Brazil

Teresa Arruda Alvim Wambier　Cassio Scarpinella Bueno
Min LI

Abstract: This study deals in a succinct way with the Brazilian model of civil procedural law. There is an historical approach specifically about Portuguese law which was in force in Brazil at the beginning (until 1832), after what there comes a brief description of the judiciary structure (courts and judges) and only then we talk about the scope of civil procedure, its fundamental principles and, in a "law in practice" approach, access to justice. The role of a judge towards deciding "according to statutes and evidence" is analysed and the current importance of case law is deeply focused, mainly according to the new CPC (in force since 2015) and so are appellate proceedings, class actions, enforcement proceedings and ADR. The last items concern the role and the importance of academia, and some interesting cultural observations, where we deal with the very serious crisis, both ethical and economic, that Brazil is living now, in the political sphere. The judiciary branch is now our only hope.

Key Words: Brazilian civil procedural law; Case law; Role of the judiciary; Crisis; Trust on the judiciary branch

金砖国家法律研究(总第2卷·2017年)
第135～165页

俄罗斯民事司法概述

Dmitry Maleshin*　林利文　叶珊珊**译

内容提要:当代俄罗斯民事诉讼程序不是纯粹的大陆法模式,因为其也具有普通法体系的程序特征,以及一些其他的原创而独有的特征。本文将对俄罗斯民事司法的以下主要方面进行探讨:主要原则;司法组织,包括法院的架构及普通管辖法院、商事法院及知识产权法院之间的划分;诉讼法的渊源;律师组织;法院的管辖权;起诉和诉讼过程;法律费用;证据;行政诉讼;集团诉讼;执行程序;仲裁和调解。

关键词:俄罗斯民事司法　集团诉讼　执行程序　行政司法　仲裁　调解

引言

今天的大陆法系和盎格鲁—撒克逊法系有着相似的民事诉讼纲要。在谈及俄罗斯的民事诉讼程序有哪些属性之前,我们应注意到当代俄罗斯民事诉讼是混合管辖

* Dmitry Maleshin,莫斯科国立大学法学院教授。原文 Overview of Russian Civil Justice 载于 BRICS Law Journal Volume Ⅲ(2016) Issue 4,本文翻译已征得作者与出版社同意。

** 林利文,华东政法大学国际金融法律学院2016级法学硕士研究生。叶珊珊,华东政法大学国际法学院2016级法学硕士研究生。

权制。从历史上来看,它沿袭了大陆法传统。[①] 法国民事诉讼法典影响了俄国革命前(1917年)的民事诉讼立法。[②] 在苏联时代,法官变得更加主动,这种模式一般被称为对大陆民事诉讼程序实施的“激进的共产主义解决方案”。[③] 在俄罗斯,由于社会普遍的集体观念,法院不能表现得被动。[④]

根据苏联法学家Andrei Vyshinsky的观点,在苏联国家,法律是完全彻底地反对剥削和剥削者的,它被用来作为一种社会主义斗争的手段。[⑤]

俄罗斯法律中有着大陆法的特色,如案件管理、在民事案件中不设陪审团也没有集体诉讼。同时,一些普通法的特色也存在于俄罗斯的民事诉讼程序中,如法官在取证过程中的被动角色。俄罗斯民事诉讼的独有特色是检察官在民事诉讼程序中的作用和“监督”审判程序中的判决复核。

总体来说,当代俄罗斯的民事诉讼程序不是纯粹的大陆法模式,因为它既包含了普通法程序体系的特色,也包含了一些其他原创而独特的特色。[⑥]

俄罗斯的20世纪90年代以重大的政治和经济改革为特征。这些重大的变革不可避免地改变了社会关系。因此,那些用来调整它们的法律规定也同时需要发生相当大的变化。

自20世纪90年代开始,俄罗斯开始进行大规模的法律改革,其中包括民事诉讼领域的改革。例如,出台从俄罗斯联邦民事诉讼法典到执行类法律等各类新立法。而这些民事诉讼领域的改革,至今仍在进行中。

---

① See John H. Merryman, *The Civil Law Tradition*: *An Introduction to the Legal Systems of Western Europe and Latin America*, 1969.

② See Don W. Chenworth, Soviet Civil Procedure: History and Analysis, *Transactions of the American Philosophical Society*, 1977, Vol. 67, p. 3.

③ Mauro Cappelletti, Social and Political Aspects of Civil Procedure: Reforms and Trends in Western and Eastern Europe, *Michigan Law Review*, 1971, Vol. 69, p. 847.

④ See Harold J. Berman, *Justice in the USSR*: *An Interpretation of Soviet Law*, Vintage Books, 1963, pp. 216 -220.

⑤ See Andrei Vyshinsky, *The Law of the Soviet State*, Macmillan, 1948, p. 50.

⑥ See Dmitry Maleshin, The Russian Style of Civil Procedure, *Emory International Law Review*, 2007, Vol. 21, p. 545.

一、不同种类诉讼程序之间的区别

俄罗斯现有三种不同的诉讼程序类型：民事诉讼、商事诉讼及行政诉讼。每种类型的诉讼程序都由一部单独的法典规定，除《民事诉讼法典》（2003年）之外，还有《商事程序法典》（2002年）及《行政诉讼法典》（2015年）。

《民事诉讼法典》规定了因民事、住房、家庭、劳动及其他法律关系而引发争议后提起的相关诉讼程序。商事诉讼程序则涉及企业（贸易）类和其他经济活动范围内的审判及经济纠纷的解决。行政诉讼程序涉及因公共法律关系所引发的纠纷而提起的案件的审理，如对于法律规范提起的诉求的审理、对于选举权保护相关案件的审理或者对于俄罗斯联邦公民参加全民公投的权利保护相关案件的审理。

法院审理范围还涉及那些确认某些法律事实及某个公民法律地位的确认。此外，某项权利是否具有合法性所导致的争议也可以由法院审理后决定。法院还有权受理强制诉讼，其具体指的是单方提起的诉讼程序，旨在要求法院确认一些“明确无疑”的争议。例如，基于公证交易的诉讼就被视为强制性诉讼。

二、简明的历史视角

俄罗斯现行民事诉讼法是混合了苏联审判风格和19世纪革命前法律及现代国际标准的结果。其中有根源于古代俄国法律和传统的特色是独一无二的。

历史上，俄国民事诉讼程序与欧洲大陆法系是相近的。俄国法系中的不同部分分别产生于以下历史时期：拜占庭法时期（9～10世纪）、瑞典法时期（18世纪）、法国法时期（18～19世纪）及德国法时期（19～20世纪）。

（俄国）第一份书面法案是奥列格（Oleg）大公与拜占庭帝国于公元911年签订的贸易协议。拜占庭在这一时期对于基辅罗斯公国（KievanRus）存有重大的经济、贸易和文化方面的影响。斯拉夫人采纳了许多拜占庭式的法律制度,尤其是刑事诉讼制度和证据制度。

成文法案在随后的俄国民事诉讼发展中发挥着关键作用。某些成文法案完全聚焦在整套完整的民事法律程序上,而有些则只包含民诉法律程序的某一特别方面。这些法案包括:

—— 11 世纪的 *Russkaia Pravda*;

—— 1397 年的 *Pskov Judicial Charter*(PskovskaiaSudnaiaGramota);

—— 1471 年的 *Novgorod Judicial Charter*(NovgorodskaiaSudnaiaGramota);

—— 1497 年的 *The Law Code*(Sudebnik);

—— 1550 年的 *The Law Code*(Sudebnik);

—— 1649 年的 *SobornoeUlozhenie*;

——1864 年的 *The Civil Procedure Code of the Russian Empire*(UstavGrazhdanskogosudoproisvodstva);

——1923 年的 *The Civil Procedure Code of the RSFSR*;

——1964 年的 *The Civil Procedure Code of the RSFSR*;

——2003 年的 *The Civil Procedural Code of the Russian Federation*。

Russkaia Pravda 包含了许多民事证据规则和诉讼规则。根据该法案,审理案件的权力只属于大公。法案中的某些证据规则是俄国原创的,若干原则来自拜占庭法。

随着基督教的传播,教会法(同样来自拜占庭)开始发挥极为重要的作用。它规范着结婚、离婚及所有的家庭冲突。

14~15 世纪,俄国颁布了两份重要法案:1397 年的 *Pskov Judicial Charter*(PskovskaiaSudnaiaGramota)及 1471 年的 *Novgorod Judicial Charter*(NovgorodskaiaSudnaiaGramota)。当时,尽管居于主导地位的是 *Tatar-Mongol Yoke*,上述两份法案依然得以颁布。在这两份法案中,大部分内容来源于 Russkaia Pravda 的法律程序,而蒙古式的诉讼实践并没有被采用。

1497 年的法典和 1550 年的法典开始以一种比先前更为详细的方式来规范司法程序。但主要的司法权,和从前一样还是归属于大公。某些地区长官也拥有审理案件的权力,但他们的裁决可以被上诉到大公处。这一时期还出现了协助审理案件的不同司法官员。在民事案件的审理中,法官主要采取证人证言作为证据的方式。这一时期司法决斗也很普遍,其诉讼是对抗式的。

1649 年颁布的 *SobornoeUlozhenie* 是中世纪时期俄国最重要的法案。它是俄国首次结构化编纂民事诉讼法律的范例。该法典不仅受到拜占庭法的先前规范的影响,还受到了1588年立陶宛法典的影响。此外,这部法典在当时直接被莫斯科北部和西南部大量的地区所适用。① 该法典仍保留了对抗制诉讼模式。

俄罗斯法律发展史上的下一个重要事件是由彼得大帝推动的俄国法律体系的现代化运动。在那个时期,现代化通常被描述为"西方化"。在这场运动中,瑞典扮演了许多变革范例的角色,其中就包括法律变革。因此,在实际上当时俄罗斯其民事诉讼程序也依照瑞典立法进行了更新。这在实际上终结了俄国对抗制模式,取而代之的是引入了一种纠问制模式。

1864年的司法改革是俄国十月革命前时期一个重要的法律事件。它由沙皇亚历山大二世(Tsar Alexander Ⅱ)发起,并被视为沙皇按照政治和经济改革议程所进行的伟大改革的一部分。改革废除了先前立法并建立起了一种新模式。其中,民事诉讼程序变成了口头和对抗的模式,治安法官及专业律师制度被引入,法院和法官获得了真正的独立,这一切都给诉讼实践带来了根本性的变化。

本次改革涉及了司法体系的改革,民事和刑事诉讼程序及民事法律和刑事法律制度则在改革开始后的数年内也发生了变革。这被视为俄国社会一次非常重要的改革。大部分法律制度不仅得到了更新,而且被重新建立。一个全新的法律环境为了建立大国而被创造出来了。

此次改革不仅涵盖当代俄罗斯的领土,也包括了现代波兰、芬兰、乌克兰和白俄罗斯等国家的领土,以及高加索国家和波罗的海地区。其涉及的法律渊源及传统不仅仅是俄国的国家司法传统,还包括法国、德国、奥地利和意大利法律传统的影响。因此,这次改革不仅是国家(俄罗斯)层面的改革,其改革的内容和渊源上具有一般意义的"跨欧洲性"。此次改革应被视为一个在相当长的时期里影响了这一地区的许多国家的立法和法律文化的欧洲和欧亚共同的法律事件。例如,《俄罗斯民事诉讼法典》在波兰一直适用,直至1933年被废止,②这

---

① See Maxime Kovalevsky, *Modern Customs and Ancient Lows of Russia*, David Nutt, 1891, p. 51.

② See Piotr Rylski, Karol Weitz, The Impactofthe Russian Civil Judicial Proceedings Act of 1864 on Polish Civil Proceedings, *Russian Law Journal*, 2014, Vol. 2(4), p. 82.

部法典在立陶宛则一直适用至1940年才被废止[①](在俄罗斯帝国解体后的16年和23年后)。在苏联当局起草《苏维埃社会主义共和国法典》时,《俄罗斯民事诉讼法典》的大部分内容都在修改名称后得以沿用。

此次司法改革被认为是沙皇亚历山大二世最为成功的改革举措之一。其改革进程始于1864年11月,改革的过程中深受西方思潮和传统的影响。[②]实际上,包括了一些著名俄国律师的改革起草委员会早已于19世纪50年代初成立,在司法改革正式开始之前已进行了超过10年的复杂的起草工作。这项工作的第一项成果是1862年9月29日被沙皇批准的改革预备构想。该文件的名称是《司法改革的一般规定》,在其出版后委员会收到了大量的公众来信讨论,其中有446份来自法官、检察官和律师的提案被提交到起草委员会。最终的草案由沙皇于1864年11月20日签署,其中有4部法规被通过:它们分别是《司法机构法》、《刑事诉讼法典》、《民事诉讼法典》和《处罚法》。在改革实施的数年之后,所有的起草文件被汇编成74卷。

上述立法草案受到了曾试图在19世纪20年代改革俄国法律的俄国法学家MichaelSperansky(1772—1839)的思想,以及19世纪下半叶诞生的新欧洲法典的极大影响。亚历山大二世在他的发言中阐明了改革的主要思想,即他希望"在俄国为所有人建立快捷、公正、和平等的法律程序"(1864年11月20日的法令)。

改革后的俄国新型司法制度是基于以下几个方面来建立的:独立的司法机关、口头和对抗的庭审模式、法律面前人人平等、建立法律代理人制度、教育良好的法律职业、独立的律师协会、为重大刑事案件配备陪审团审判及设立治安法官。

这项司法改革标志着俄国司法制度从一套无组织而腐败的程序制度转变为一套如同其他欧洲国家的制度一样自由的、独立的现代制度。[③] 然而,此项改革存在两个方面的缺陷。首先,这项改革只在国家的主要城镇得到了实

---

① See Dalia Mikuleniene, ValentinasMikelenas, Reception of Russian Statute of Civil Procedure of 1864 in Lithuania during 1918 – 1940, *Russian Law Journal*, 2014, Vol. 2(4), p. 105.

② See Vladimir Przhilenskiy, Maria Zakharova, Which Way is the Russian Double-Headed Eagle Looking?, *Russian Law Journal*, 2016, Vol. 4(2), p. 12.

③ See Brian Conlon, Dostoevsky v. the Judicial Reforms of 1864: Howand Why One of Nineteenth-Century Russia's Greatest Writers Criticized the Nation's Most Successful Reform, *Russian Law Journal*, 2014, Vol. 2(4), p. 8.

施,但并没有延伸到传统的乡村之中,这些乡村实际上只受到了最低限度的政府影响。新的法院体系是高效的,但它只覆盖到了20%的人口,俄国80%的人口都是农民。其次,这些法典并未得到有效实施。尽管这些法典都是欧洲最好的法典,但并未在俄国取得成功。因此,这也印证了许多俄国学者和其他国家学者的观点:那些在欧洲取得成功的先例,未必在俄国可以发挥同样的作用。[①] 在这方面,《民事诉讼法典》就是一个很好的例子。在该法典通过的20年之后,一个特别起草委员会被建立起来以准备编撰一部新法典。

尽管司法改革存在上述不足之处,实际上,这项改革还是促进了俄国司法制度的开放化及专业化。其被视作俄国司法制度史上重要的转折点,其影响仍延续至今。

当代俄罗斯民事和刑事诉讼程序、公证制度、治安法官制度、陪审团制度等这些制度的所有的重要方面都起源于1864年(司法改革)。

苏联民事诉讼法律制度完全采取纠问式的模式(1917~1991),苏联法官比他们的欧洲民法法官同行们在庭审中则处于更为主动的地位。该诉讼程序受制于客观(实质)真相原则。在民事诉讼程序理论中,客观真相通常与形式真相相对使用,而客观真相则是苏联法律体系中强调的一项重要原则。上述原则在证据收集中至关重要,因为证据收集的主要任务就是发现客观真相。法官有义务查明事实,因此其有权力获得他所裁判的案件所需要的任何证据。

除法官的活动之外,苏联的民事诉讼程序还有一些其他特色。首先,检察官享有巨大的权力,总检察长可以对法院审理的任何案件进行审查。其次,苏联还有一个被称为“监督程序”的额外的上诉阶段。监督程序类似于撤销原判,但该程序应当由特定的官方或当事人发起。

俄罗斯联邦新《宪法》于1993年12月12日以54.5%的全国公民投票率通过,并于其颁布当天(同年12月25日)正式生效。新宪法规定了政府的基本原则,并宣告法治、国家意识形态中立、政治多元化、差额选举、权力分立及保障俄罗斯人民的基本人权。它同时还宣告了民事诉讼程序的一些重要原则,如法官独立原则、对抗式诉讼模式及言词原则等。

---

① See Harold J. Berman, *Justice in the USSR: An Interpretation of Soviet Law*, Vintage Books, 1963, p. 216.

俄罗斯新《民事诉讼法典》在经过10年的官方起草之后于2003年获得通过。另外,已被通过的诉讼法典还有《商事程序法典》(2002年)和《行政诉讼法典》(2015年)。

国际协议也是俄罗斯民事诉讼法的渊源之一。俄罗斯是将近40个多边和双边国际条约、公约及在民事和商事案件中提供法律援助的协议的缔约国。上述这些文件约束着俄罗斯联邦及其他100多个负有国际义务的缔约国。

部分最为重要的多边国际条约包含的法律程序规范如下所示:

——1954年3月1日的《海牙公约》(Hague Convention),涉及民事诉讼程序;

——1965年11月15日的《海牙公约》,涉及向国外送达民事或商事司法文书和司法外文书;

——1970年3月18日的《海牙公约》,涉及从国外调取民事或商事证据。

苏联于1967年加入了1954年《海牙公约》,俄罗斯联邦于2001年加入了1965年和1970年的《海牙公约》。目前,《海牙公约》的缔约国已达41个。相当多的双边国际条约都是由苏联签署的,而俄罗斯联邦则是作为苏联的继承国才自动成为了这些条约的缔约国。

三、司法组织

(一)总体情况概述

俄罗斯的司法机构由宪法专属第七章"司法机构"、《关于司法制度的特别法》(1996年)、《关于法院的普通管辖权的特别法》(2011年)、《关于商事法院的特别法》(1995年)和《关于俄罗斯联邦的法官的法律地位的特别法》(1992年)加以规定。

联邦法院的所有法官都是按照《宪法》第128条任命的。根据法院的层级,有些法官由俄罗斯联邦议会的联邦委员会任命,其他的则由俄罗斯联邦总统任命。要想成为一名法官则必须满足以下条件:俄罗斯公民、25岁以上、取得法学学士学位,并且至少从事了5年的法律服务工作。在正式考虑是否给予申请人法官职位之前,法官任职资格委员会先组成一个先期工作协调小组，考察申请人的各种资质是否符合法官标准。最高法官任职资格小组是俄罗斯司法体系中的一个非政府组织，其在法官的任命、晋升及解职方面发挥着关键作用。

俄罗斯联邦最高法院院长任期6年，由俄罗斯总统提名，由俄罗斯联邦议会的联邦委员会任命。最高法院的副院长及其他法官的任命与此类似，但是总统的提名是基于最高法院院长的提名作出的。

其他所有的联邦法官（从地方法院院长到地区法院法官）都是总统基于最高法院院长按照法官任职资格委员会及地区议会的意见所做出的提名来任命的。

根据《俄罗斯联邦宪法》第118条的规定，俄罗斯的法官是由法院独立管理的。法官的独立性被认为是一项独立的宪法原则（第122条），因为它涉及法官的人身安全、家庭成员人身安全、住所和财产安全，以及他的办公室安保。法官被赋予存储和携带轻武器的权利。法院的财政主要来源于联邦预算并且必须为了法官能够充分而独立履行职务而提供。除此之外，俄罗斯还在1996年出台了一部法律，专门为俄罗斯联邦法官和法院办公室的工作人员提供额外社会保护。

（二）法院系统的架构

现在的俄罗斯民事司法机构由普通管辖法院、军事法院、商事法院及知识产权法院组成。调整俄罗斯法院系统基本原则的主要法律是1996年《俄罗斯联邦司法系统法》。

俄罗斯的商事法院主要负责解决经济纠纷，而普通管辖法院则处理公民个人之间的纠纷。伴随着苏联解体及市场经济制度的推行，俄罗斯商事法院系统于1991年成立。商事法院被构建为一个三审制的系统。调整商事法院活动的主要法律是1995年的《俄罗斯联邦商事法院法》。商事法院同时还享有对外国法院判决和仲裁裁决的承认与执行的专属管辖权。商事法院系统共有4个级别：85个地区法院、21个上诉法院、10个属地法院和最高法院。

普通管辖法院的管辖权限包括民事纠纷、行政诉讼的上诉、劳动与就业纠纷、家事法和消费者保护及其他类型的案件。其通行的规则是，所有没有被提交到商事法院的案件都由普通管辖法院管辖。调整普通管辖法院活动的主要法律是《俄罗斯联邦普通管辖法院法》。普通管辖法院系统有三个级别：地区法院、地方法院和最高法院。地区法院是根据一个地区的行政区划来设立的,而地方法院则在地方行政划分的层面上(联邦的一级行政主体)运作。俄罗斯现有85个地方行政区。

治安法官处理那些索赔额度低于50,000卢布(RUR)的财产案件和某些类型的家事案件。

军事法庭主要处理的案子本质上也应当是普通民事案件,并且该民事案件的是在服兵役期间发生的相关争议。

由于需要遵守国际条约,俄罗斯还受到欧洲人权法院及欧亚经济共同体法院的管辖。

(三)俄罗斯联邦最高法院

最高法院位于俄罗斯法院的最高层级。它的前身是1923年成立的苏联的最高法院。1991年苏联解体后,苏联最高法院变更为俄罗斯联邦最高法院并于1992年开始正式运作。俄罗斯最高法院可以处理上诉案件、撤销原审案件及监督程序的案件,但同时也可以作为一审法院审理案件。最高法院的其中一项任务是统一司法实践。在落实这项任务的过程中,最高法院会对俄罗斯所有法院的实践进行审查和分析。并且,最高法院还会公开发布说明和法律解释,作为上述审查和分析工作的成果。

最近5年来俄罗斯最重要和最广为报道的法律事件是最高法院的改革。这一改革实际上见证了最高法院和最高商事法院的统一。

在2013年之前,俄罗斯存在2个平行的最高法院:最高法院和最高商事法院。这种现象在2014年两院合一之后发现了改变。这项改革是总统弗拉基米尔·普京(Vladimir Putin)基于名为《关于俄罗斯联邦最高法院以及俄罗斯联邦的检察官任职的法令》推动进行的。这一法令规定了俄罗斯司法系统的架构,并对宪法进行了自其颁布以来的第二次修改。最高商事法院被裁撤,其职能被转移至最高法院。实际上,由于兼具利弊,这一改革思路具有高度争议性,在律师和司法界人士中被热议,同时也招致了一些人的批评。其中,有100多家律师事务所签署了停止改革进程的请愿书,他们认为最高商事法院的工作是最有效率的,因此不应被合并。另外,改革的发起者们则认为合并可以消除两个最高法院司法实践中的差异和矛盾。

俄罗斯联邦新的统一最高法院于2014年8月正式开始运作。统一最高法院是一个由包括了首席大法官和6个法庭庭长在内的170名法官组成的新机构。这6个法庭分别是:上诉庭、刑事案件审判庭、民事案件审判庭、经济案件审判庭、行政案件审判庭及军事庭。最高商事法院已在2014年8月已正式停止运作,但俄罗斯的整个商事法院系统依然在继续运作。经济案件审判庭成为了商事法院审理的经济案件的终审法院。

最高法院全体会议由最高法院的全体法官组成。最高法院全体会议处理涉及普通管辖法院运作和司法管理中的最为复杂的事项。全体会议审查并阐明法律惯例如何适用、提出立法提案、就俄罗斯联邦宪法法院收到的各种涉及宪法解释的问题作出回应,以及负责对其他法律行为的确认。全体会议还负责批准审判庭、专门小组、全体会议秘书处及俄罗斯联邦最高法院下设的科学和咨询委员会的组成。

俄罗斯总检察长和司法部长可以参加最高法院的全体会议。他们或者代表他们出席会议的人有权在全体会议期间发表意见,听取讨论。最高法院的全体会议至少每4个月应该组织召开一次。

最高法院的常务委员会是普通管辖权体系下案件的最高和终审机构。常务委员会由首席大法官和他的副手们组成。最高法院常务委员会成员都是最高法院的中最有威望的法官,总共有13人。常务委员会的组成由俄罗斯联邦总统提名,基于最高法院首席大法官的推荐和最高法官任职资格委员会的积极决议进行批准。当最高法院常务委员会多数成员在场的时候,常务委员会才可以审理案件。最高法院对于下列几类案件享有原始管辖权,包括:挑战联邦议会通过的并被俄罗斯总统和俄罗斯政府颁布的单一法令的案件;挑战政府机构的授权立法的案件;终止政党和全俄非政府组织的案件;挑战俄罗斯中央选举委员会在组织总统选举、国家杜马(State Duma,俄罗斯议会)选举或公民投票时采取的行动的案件。最高法院还可以自主决定审理针对联邦委员会成员和国家杜马成员,以及联邦法官的刑事案件。常务委员会会议每月至少应当组织举行一次。

学术咨询委员会是旨在各种法律和学术实务上协助最高法院的审判工作而设立的机构。它的成员包括了最高法院本身的成员,以及其他学者、执业律师和执法人员。学术咨询委员会的组成由常务委员会批准,并由首席大法官主持工作。学术咨询委员会将根据建议在最为复杂和重要的司法实践问题上作出详尽的学术阐述。这些建议将可能作为材料,为常务委员会在具体司法实践工作中提供帮助,以及为审理案件提供辅助材料。

在最高法院,还有大量的书记员在不同的机构和部门中工作,主要负责分析司法实践、立法、人事、国家公共服务、行政管理、规划和财务、经济、法律信息和国际法等事务。

(四)知识产权法院

知识产权法院(IP法院)是俄罗斯的一个专门法院。它作为商事法院系统的一部分而存在,管辖权限范围涵盖了与知识产权相关的争议。

知识产权争议的特殊之处不仅在于法律分析的复杂性,也在于与知识产权特性相关的技术问题的复杂性。处理一个知识产权案件不仅需要有法律实践方面的经验,还需要有技术领域的背景知识。法官在裁判这类案件时,通常需要了解知识产权领域的某些技术问题。专门的知识产权法院通过对这一领域的司法审判的专门化来提高司法诉讼的效率。法官们的高度专业化提高了司法工作质量,减少了案件的审理时间。

俄罗斯知识产权法院成立于2011年。但是,设立专门的知识产权法院的想法早在19世纪80年代后期就已提出。在知识产权法院出现之前,俄罗斯就已经有一些相关草案,甚至存在若干支持这一想法的法律,其中包含了关于设立专门知识产权法院的必要性的规定。设立苏联专利法院的构想规定于1988年《苏联发明活动法》(第55、56条)、1991年的《苏联发明法》(第14、15、25、42、43条)、1991年的《苏联工业模型法》(第26条)、1991年的《苏联商标和服务标志法》(第32条)。但苏联法律《苏联专利法院法》并未生效。1991年的俄罗斯联邦司法改革提出了法院专门化和司法专业化的构想。1992年,《商标法》提出了设立俄罗斯联邦专利法院的想法,但由于当时的立法者青睐以行政命令解决这一领域的争议,因此这一提议被否决。2010年,为了设立独立的专利法院系统而设立的联邦宪法性法律项目《俄罗斯联邦专利法院》被提交到了国家杜马,但并未被接受。俄罗斯联邦最高商事法院提议设立知识产权法院,并于2013年以全体会议特别决议的方式通过此项提议,此举才促成了今天的俄罗斯知识产权法院的正式建立。

知识产权法院位于莫斯科。知识产权法院由首席法官、2名首席法官副手,1个常务委员会和2个审判小组组成。此外,还设有1个学术咨询委员会。法院使用《商事程序法典》作为审理案件的程序规则。

知识产权法院既作为一审法院,同时也是上诉法院。尽管知识产权法院是商事法院系统的一部分,但是商事法院的管辖标准并不适用于它。其管辖权限并不取决于争议的性质(经济类或个人的)或者争议中主体的地位(公民、法人或者个体经营者)。

作为一审法院,知识产权法院主要审理挑战联邦政府在知识产权领域的立法行为的案件及与知识产权活动争议相关的案件。当知识产权法院作为上诉法院时则主要审理以下几种案件:知识产权法院先前作为一审法院审理的案件,以及由商事法院裁判的知识产权案件。

(五)陪审团

陪审团制度是俄罗斯法律制度中具有争议性的制度之一。早在19世纪下半叶,作为1864年司法改革的一部分,陪审团制度就首次被引进俄国。随之引进的还有专业法官、律师、公证制度及民事和刑事诉讼改革。

盎格鲁—撒克逊(Anglo-Saxon)立法是当时俄国陪审团制度的范例。这些早期的陪审团审判只在圣彼得堡和莫斯科实施。并且,在当时,只有男性才能被任命为陪审团成员。根据《俄国刑事法典》的规定,设有陪审团的法院有权裁判410种犯罪,即20%的犯罪种类。在1878年,许多罪行都被排除在陪审团的职权范围之外,如谋杀官员和破坏和平罪。1个陪审团通常由12个人组成,独立于专业法官,且不参与民事案件的审理。

1917年,苏联政府废除了陪审团制度,参审员取代了陪审员。这种模式是从德国的“Schoffen”模型中借鉴而来的。2名参审员和1名专业法官一起审理刑事和民事案件,任期通常是两年半。与陪审团成员不同的是,苏联参审员不仅有权与法官一起审理案件事实的确认,还可以裁断相关法律的含义。

1993年,俄罗斯重新引入陪审团制度(《俄罗斯联邦宪法》第20、32、47和123条)。现行的俄罗斯陪审团制度是19世纪模式和盎格鲁—撒克逊立法的结合。陪审团的管辖权仅局限于加重型谋杀、敲诈勒索、加重型贿赂及针对法官的犯罪。陪审团不涉入民事案件的审理,也不能裁判针对国家的犯罪。

在审判过程中,1个陪审团通常由12名成员组成。他们从1个由50名25岁以上且没有犯罪记录的候选人组成的名单中被选出来。法官在陪审团裁决的基础上宣布判决。2015年12月,普京总统提议将陪审团组成人数减少至5至7人。

下列数据体现了陪审团制度在俄罗斯运用和发展的情况。1993~1994年,试点陪审团在9个联邦地区执行。目前,陪审团制度已经在所有地区运作。最后一个建立陪审团制度的地区是2010年建立的车臣(Chechnya)。在1993年,陪审团裁判了2个案件,1994年则共裁判了173个案件。目前,陪审团每年裁判约500个案件,约占所有刑事案件的1%。

(六)司法数据

2013年,俄罗斯大约有2500个普通管辖法院、111个商事法院及约30,000名法官,其中包括4000名商事法官和7400名治安法官。

商事法院的案件,无论其是在一审法院、上诉法院或是最高法院接受审理的,审理时间大约是9个月。在实践中,法院可能会加快诉讼程序,而原告则未必会经历所有司法阶段,因此案件通常只需要5到6个月的时间来审理。普通管辖法院的案情简单案件,如请求由汽车事故造成的损害赔偿的案件通常历时2到3个月;而复杂案件,例如基于遗产或房地产争议的案件可以持续数年,但是一般来说案件审理平均历时约6到8个月。

四、诉讼阶段

法院的诉讼程序有多个阶段。

(一)民事案件的立案

民事案件的立案可以通过提交诉求、诉状或陈述的方式实现。法官有义务在收到诉讼请求起5日内决定是否启动该案的诉讼程序。当事人提起民事案件的一审法院的法官要对是否受理案件并启动相应诉讼程序作出裁定。一般来说,受理起诉及民事案件立案的所有必要步骤都必须在原告向法院提起诉讼的当天完成。

在受理起诉时,法官必须检查原告的"适格性"及该诉讼是否是按照特定的正当程序提起的。启动诉讼程序的条件是:

(1)原告已完成审前争议解决程序;

(2)法院是否对该争议事项具有管辖权;

(3)原告具有诉讼能力;

(4)法院对案件享有管理权;

(5)遵循起诉书面形式的要求;

(6)已缴纳国家税费。

如果上述若干条件中有任何一项未满足,法官则可以退回起诉、拒绝受理或者中止对诉求的处理。

(二)庭审前准备

民事案件立案之后的第二阶段是庭审前准备。此阶段旨在对案件提供及时而正确的裁定以避免烦琐的程序及官僚主义。这一阶段主要由以下具体措施组成:

原告向被告移交证据副本。如果没有法院协助无法获取相应证据,则原告可以提出证据开示的动议。

被告可以针对原告的诉求及实质性理由进行澄清,可以在法庭上对原告的诉求提出异议并向原告移交用以证明异议的证据。如果没有法院协助无法获取相应证据,则原告可以提出证据开示的动议。

在准备阶段,法官将:

——引导诉讼程序,并向当事人解释其诉讼权利和义务;

——审查原告或其律师的适格性,如有必要,需提交额外证据;

——根据案件情况对被告进行审查,明确被告针对原告的诉求是否有异议,以及提出异议的依据是什么;

——解决共同原告、共同被告及第三方加入诉讼的问题、更换不适当被告的问题,或者共同诉讼及独立之诉的分离问题;

——采取措施对当事人进行调解、促成和解协议的达成,以及向当事人解释向仲裁庭申请争议解决的权利;

——向有关人员和组织通知庭审的时间和地点;

——召集证人;

——委任专家进行评估;

——确定被传唤者是以专家身份出现还是翻译者的身份出庭的事宜;

——应当事人和诉讼参与人及其他参与诉讼的人的请求获取那些当事人无法独立获取的证据;

——查看案件涉及的处所;

——处理临时措施的申请;

——安排庭审前程序。

(三)庭审

第三个阶段是庭审。在这一阶段,法庭将会进行案件事实部分的审理,且通常以裁定的方式终结。庭审由四部分组成:(1)准备;(2)案件事实的审理;(3)司法诉请;(4)裁定与判决的宣告。庭审中的这4个部分彼此间存在一定独立性,但又在一定程度上存在相互关联。

在庭审的准备部分,法院的主要任务是审查庭审是否有必要专门在法庭上审理该案。因此,法院需先对以下几个问题进行考察:(1)是否有可能专门组织法庭来审理此案件;(2)如果任何诉讼参与人在法庭开庭期间无法到场,案件的审理是否有可能进行;(3)是否可能运用现有的证据来审理案件。

法庭审理通常在确定的时间进行,并由审判长宣布开庭及具体审理的案件。法庭秘书则告知必须被传唤出庭的人中实际出庭了哪些人,未到场的参与人是否被告知案件审理事宜及他们没有到场的原因。在实践中,这些程序性事项通常由审判长亲自完成。

出席的证人在询问开始前需要离开法庭。通常情况下,专人会在询问开始时传唤相关证人到庭。值得注意的是,审判长会采取措施避免不同场次的证人之间进行交流。例如,避免已被询问过的证人与其他未被询问过的证人交流。

审判长此后会宣布法庭的组成,法庭一般由案件的检察官、当事人的律师、第三方当事人、专家证人、翻译人员、法庭秘书。此外,审判长还必须向上述庭审参与人说明他们有权声明己方"不适格",也有权对其他庭审参与人的"适格性"提出质疑。如果上述参与人对案件的结果存有直接或间接的利益,或者有其他合理的理由怀疑上述参与人对案件的"客观中立性",则上述参与人不能参加庭审或其"适格性"将受到质疑。对于法官,如果存在下列情况,则该法官不能审理案件:(1)在先前同一个案件的审理中,作为检察官、律师、证人、专家、专业人员、翻译人员、法庭秘书参加庭审;(2)是该案的任何参加者的亲属,或他们的律师;(3)对案件的结果存有直接或间接的利益,或者存在其他影响其"客观中立性"的情况。

在庭审过程中,审判长则会询问各参与者是否有动议或陈述。如果有关于证据开示或其他与案件审理相关的问题的陈述或动议,法庭则有义务听取其他案件参与者的意见。法庭将以裁决形式准予或者驳回诉讼参与人提出的陈述或动议申请。法庭必须基于充分的依据作出关于准予或者驳回诉讼参与人陈述或动议申请的裁决,并且该裁决应当即时宣告。

案件事实的审理构成庭审的第二部分。审判长宣读审理报告,并在报告中说明下列要素：(1)原告、被告以及诉由；(2)被告是否有书面异议及异议的主要内容；(3)所有可用的证据。

各方参与人在法庭上所做的一切行政性行为都必须被准确地记录下来。原告放弃诉讼的陈述、被告对于原告诉求的承认或者当事人间的和解协议的条件都必须记录在庭审笔录中并分别由原告、被告或者双方当事人签名。如果上述行政性行为是以书面形式表达并向法庭陈述的，则这些陈述必须加入到案件材料中并记录在案。

为了尽可能最大限度地查明事实和情况，诉讼参与人享有彼此询问的权利。但必须指出的是，在审判长确保此类问题与案件事实存在相关性之后，方可批准诉讼参与人提问。反之，未经审判长批准，诉讼参与人则不得提问。问题提出后，如若与在审案件无相关性，法官则可以驳回提问。

在听取并宣读了诉讼参与人员的解释后，法庭必须确定进一步的证据开示顺序、询问证人和专家证人的顺序。在实践中最常见的顺序是：法庭以询问证人开启证据开示环节，而每个证人将被分别询问。

审判长在披露了证人与诉讼参与人的关系之后，则请证人报告其所知悉的与案件相关的一切。证人可以以自由的形式来证明其所知悉的情况。在发表证言之后，证人可以被询问。询问的顺序通常如下：申请证人出庭的一方当事人或者该方的律师首先询问，然后参与诉讼的另一方当事人及他们的律师可以询问他们的问题。法庭主动召集的证人也应当是由原告方首先询问。法官则有权在任何时候询问证人。在询问 14 岁以下及 14 岁至 16 岁之间的证人时，法庭必须同时传唤他们的老师到场。如有需要，他们的父母、养父母、受托人、监护人也会被传唤到场。上述人士可经审判长允许后向证人询问。

为了保护个人通信隐私，书面证据只有在获得其作者同意时，才能被披露(宣读)和检查，否则法庭将非公开审理此案件并作出特别裁决。

法庭将审查实质证据，并向诉讼参与人展示。

不同于 1964 年的前《民事诉讼法典》，新《民事诉讼法典》允许在开庭期间对于录音录像进行审查。

在审查了所有证据之后，审判长会请检察官发言。检察官对案件的事实情况做出一般性的结论。同时，检察官必须：

——简要说明在审案件的公共重要性；

——详细分析已审查的证据,并指出哪些证据可以被认定为是可靠的;

——说明哪些事实是在法庭可以确定的,哪些应当被认定为“未确定的事实”。

简言之,检察官应当指明本案的审理必须适用的法律规范,并具体说明其认为基于现行规范案件应当如何裁决此案。

在检察官的发言结束之后,法官将询问案件当事人或者他们的律师是否需要作出补充说明。如果没有,则审判长将宣布案件的实体情况的审理完成,而案件将进入司法诉请阶段。

法庭诉讼的下一部分“司法诉请”则旨在总结证据审查的结果。诉讼参与人将就哪些是可靠证据,哪些是已确定的案件事实,哪些是未确定的案件事实,争议的内容,如何适用法律及案件最终应当如何裁决等问题发表总结和理由。

在司法诉请阶段中,双方当事人及其代理律师需进行陈述。在这一阶段,首先由原告及其代理律师进行陈述,随后由被告及其代理律师进行陈述。并且,双方当事人及其律师可以针对其他诉讼参与人在司法诉请阶段上的陈述和发言进行评论,但最后发表评论的权利总是归属于被告方及其代理律师。在司法诉请阶段,诉讼参与人无权使用在庭审中未经调查的案件情况及未经法庭调查的证据。在司法诉请阶段之后,审判长将宣布庭审结束、法庭将在内庭考虑如何判决。

庭审的下一部分是作出并宣告判决。在讨论和作出判决的过程中,除作为法庭组成人员的法官以外,其余人员不允许进内庭。这种安排的目的在于为法官营造一个没有额外压力的环境,以利于其作出公正无偏私的裁决。倘若违反内庭的保密性,相应的裁决可以被无条件推翻。审判期间所有事项都采取“多数决”的表决方式。在裁断每个具体事项时,法官不得放弃投票。不同意多数决议的法官可以发表异议观点,并将该异议观点添加到案件材料中存档。

在内庭中,法官必须在对庭审中呈现的所有案件事实进行全面、完整而客观的审查基础上,对法庭采纳的证据进行分析和评估,并只能基于法律和正义理念为指引作出裁决。

法院必须针对原告提起的诉求对案件作出最终裁决。但在某些法律规定的情况下,法院可以对原告诉求范围之外的事项进行裁判。法院有义务在庭审之后立即作出判决。但在处理特别疑难案件时,一项论证充分的判决可以最多推迟5天作出。但在这种情况下,判决的执行部分也必须在结束庭审的同一法庭会议上宣告。在签署判决之后,法官们将返回法庭,由审判长在法庭上宣读判决。

判决的结构和内容由《民事诉讼法典》规定。判决必须由严格编排的四部分组成:介绍、叙述、判决理由和执行。

判决的介绍部分必须包含裁决作出的时间和地点(由审理案件的法庭所在的地点确定),以及作出判决的法院名称和法庭的组成情况。

判决的叙述部分必须包含诉求,以及可以用于确认诉求的事实。这一部分还必须指明被告的立场。如果被告对原告诉求持有异议,则需要简要陈述异议的理由。

判决的理由部分必须包含法庭判决的事实和法律依据。同时也必须要包含法院认定的案件事实、判决所依据的证据、法庭否定证据的理由,以及判决所依据的法律。

在判决的执行部分,司法程序的结果将以一种简明而终局的方式呈现:对原告诉讼请求的支持、部分支持或者反对。执行部分还将阐明法院就每个具体问题所作的、就当事人的反诉申请所作出的决定,以及责任人需要采取的行动。

一般来说,民事案件的审理以判决作为最终形式。但有时,案件的审理会在没有判决的情况下终结。没有判决的诉讼终结形式有两种:诉讼程序终止和不审理起诉。

上述诉讼终结形式在作出的理由和法律后果方面都有所不同。一般而言,诉讼终止发生在原告无权获得司法保护的情况下。因此,诉讼程序终止后无法就同一个案件启动第二次诉讼程序。不审理起诉发生在原告或者申请人有权获得司法保护但尚未满足起诉所要求的程序要件情况下。所以,在不审理起诉的情况下,原告或者申请人并没有失去在瑕疵消除后再次启动同一诉讼程序的权利。

(四)复核程序

法院判决可能包含错误、不公正或者非法之处。因此,大多数国家的诉讼制度中都赋予当事人对判决进行"纠错"的权利,即当事人可针对判决提起上诉或复核。在世界范围内,主要有两种不同的复核程序,而具体使用哪一种复核程序则取决于法院认为该判决存在事实错误还是法律错误。

俄罗斯的复核制度的设计受到欧洲大陆法系的影响,尤其是法国法和德国法的影响。这些制度都规定了上诉程序和撤销程序。但俄罗斯复核制度独特之处在于其还设有监督程序。具体来说,俄罗斯的复核程序大致可以分为以下四类:

(1)上诉;

(2)撤销;

(3)审判监督程序;

(4)基于新事实或新发现的事实而提起的上诉。

一审法院所作出的尚未生效的判决可以通过上诉程序进行上诉。上诉法院在重新审理案件时有权复核案件所有的细节。法院将会对所有在一审法院展示过的证据及新证据进行重新评估。案件在上诉审法院由法官小组而不是单一的法官进行审查。上诉必须在一审法院以最终形式作出判决之日起的1个月内提起。

如果案件中的某个事项未经一审法院确定则上诉法院便无权处理。上诉法院既不复核案件的事实情况也不承认新的证据,而只会审查材料和程序是否得到正确适用。并且,上诉法院也不能对证据的可信性进行裁决。案件的当事人不能要求法院审查新的证据,而只能提交那些经过一审法院审查的证据。上诉法院只能依据一审法院作出的事实方面的认定进行审理。除此之外,上诉法院还可以撤销案件进行重新审理。

在上诉程序之后,审判监督程序则可能会被启动。审判监督程序是俄罗斯民事诉讼程序的一个独有制度,其以监督的方式进行复核意味着允许对已生效的判决进行再次审查。实际上,监督程序源于俄罗斯帝国17世纪、18世纪和19世纪的相关立法。

在苏联时期,向法院申请审判监督的权利只属于少数官员,如首席法官及其副手和总检察长及其副手,而案件的当事人则没有这样的权利。在1980年,共有8618项判决通过审判监督的方式被撤销。与之形成对比的是,1989年有12,500项判决通过监督的方式被撤销。

在现代俄罗斯,审判监督方式的具体实施制度则与苏联时期大为不同。《俄罗斯联邦宪法》和2003年新《民事诉讼法典》均对审判监督程序的具体制度进行了规定。除上诉审和撤销审之外,复核程序允许对那些已经发生法律效力的及最高法院就上诉案件作出的判决进行审查。申请审判监督程序的权利只属于案件的当事人及权利遭到判决侵害的其他任何人。通过监督程序提起的上诉只能由最高法院的主席团、最高法院的军事会议、最高法院民事案件审判庭、军事法院的主席团及各联邦最高法院的主席团审理。提起审判监督程序的时效为该判决发生法律效力之日起3个月内。

在通过审判监督方式复核案件时,法院只会基于现有的案件材料对法律问题进行审理。尽管进行审判监督审的法院可能会拒绝接受下级法院查明的案件事实,但是它也无权认定新的事实或者认定新的证据。作为一项一般规则,进行审判监督的法院只能在上诉请求的范围内检验一审法院和上诉法院是否正确适用程序及是否正确运用实体法律。但为了维护合法性,上级法院也可超出上诉请求的范围进行审理。在不需要审查额外事实和证据的情况下,监督审法院可以作出一项新的判决。每年,普通管辖法院通过审判监督方式审理的上诉案件大约有300,000件。在1996年,有15,215项判决通过审判监督被撤销,而到了2002年,这一数字则是20,270,占到所有被宣告无效判决案件数量的1/3。与之相比,2004年(在新《民事诉讼法典》通过之后),通过审判监督程序被撤销的判决有17,482项,占到所有被撤销判决的20%。

重新审查那些已经发生法律效力的判决是否会与"一事不再理原则"相冲突呢?对此学界存有两种观点。有些学者认为审判监督制度是一个纠正错误判决的机会;持另种观点的学者则强调其与"一事不再理原则"相冲突。在这一背景下,欧洲人权法院的立场显得极具代表意义。在2003年7月24日的Ryabykh v. Russia案中(Ryabykh v. Russia,No. 52854/99),该法院针对俄罗斯的审判监督制度同时持有两种不同的立场。一方面,它认为通过审判监督方式进行复核与"一事不再理原则"相冲突(Ryabykhv. Russia, 第52条及第55~57条;Pravednaya v. Russia,第25条);另一方面,它又认为并不冲突,因为这一程序是用来纠正错误的审判(Pravednaya v. Russia,第25、28条;Ryabykh v. Russia, 第52条)。

与此同时,俄罗斯的审判监督程序在2010年进行了改革,上诉的权利被严格限制在一部分案件中。如今,审判监督程序依然是作为一种例外的规则使用,而非常态。

基于新发现的事实而提起的上诉是案件审理过程中进行法律审查的方

式之一。“新发现的事实”是指那些在案件审理的过程中出现的,对于正确裁决至关重要的,而申请人或法庭不知道并且不可能知道的事实。法院的主要目的是确定“新发现事实”是否存在,并确定它对于已作出的判决是否会产生影响。

已经发生法律效力的判决、一审法院的法庭裁决及治安法官的裁决只有在有“新发现事实”的情况下才能成为被改判的对象,并且改判将由作出原判决的法院进行。

基于新发现的事实而改判的理由如下:

(1)新情况对于案件至关重要,并且申请人先前不知道并且不可能知道;

(2)在一个案件中,(相关人员)伪造证据、故意提供虚假专家意见、故意提供虚假证人证言、故意翻译错误导致法院作出一项非法或无根据的决定,并且已为一项有效的法庭判决所确认;

(3)在本案审理过程中,诉讼参与人或者其律师或者法官从事犯罪行为,并且已为一项有效的法庭判决所确认。

在审查了申请之后,法院或者将按照申请人的申请推翻判决,或者拒绝对判决进行修改。在推翻判决的案件中,案件的实体案情将在普通程序中进行审理。

五、行政诉讼程序

2015年,俄罗斯通过了新《行政诉讼法典》。这样的法典在俄罗斯法律史上尚属首创。在俄罗斯历史上,与其他一些国家形成鲜明对比的是,一旦源自行政关系的案件成为允许司法调查的对象,它们的审理都会被纳入民事诉讼程序,并且某些特定条款也被规定到《民事诉讼法典》之中。①

1993年,《俄罗斯联邦宪法》为民事、行政和刑事案件确立了独立的法律程序。然而,行政诉讼直到2015年才在实践中出现——尽管相关的修正案早在20世纪90年代中期就已经被提出来了。《行政诉讼法典》于2015年3

① See Dmitry Tumanov, Public Interest and Administrative Legal Proceedings, *BRICS Law Journal*, 2016, Vol.3(3), p.64.

月9日被俄罗斯总统批准,并于2015年9月15日生效。

随着新法典的通过,许多与调查行政案件的法律程序相关的法律规定也发生了改变。规范因行政案件所引起的诉讼的规定从民事诉讼法典中被剥离出来,随之剥离的还有审理在一段合理时间内获得法律程序的权利被妨害而提起的赔偿申请的规定,以及审理公民在精神病专科医院强制住院相关案件的规定。

不同于《民事诉讼法典》和《商事程序法典》,《行政诉讼法典》强调法院的积极作用。这是由相关案件中各方当事人的地位不平等所决定的。值得注意的是,如有必要,法院可以自行收集证据,并且法院在审查法律行为、决定、作为和不作为的合法性时,可以超出诉求的基础和论据进行。

《行政诉讼法典》的另一个创新是确认庭审的参与者必须拥有高等法律教育。另外,提起行政诉讼对当事人同样也会产生的诉讼成本,包括律师费、任何与诉讼相关的国家税费和其他支出都将由败诉方承担。因此,对于许多潜在的原告而言,相比于忍受行政审判将产生额外费用和花费时间的风险,直接支付罚款很可能更为有利。另外,"败诉方承担诉讼成本"这一制度也可以在另一方面规制行政官员的行为,对其行为存在一定威慑效力。

需要指出的是,新《行政诉讼法典》为人们诉诸司法提供了额外的保障,使得程序变得更加专业化和专门化。

六、集团诉讼

根据现行法律的规定,俄罗斯有公众集团诉讼及组织集团诉讼两种类型的集团诉讼。

从苏联时代开始,俄罗斯就已存在公众集团诉讼这一模式。2003年的《民事诉讼法典》对此又作了进一步的详细规定。根据该法第45条的规定,总检察长可以出庭,为不特定人数团体的利益辩护。该法第46条则对组织集团诉讼的模式进行了具体规定。这些规则在特定的法律领域得到了进一步阐释和扩充。例如,1992年《消费者保护法》(第46条)和1999年的《证券法》(第19条)则包含了类似的规则以保护消费者权益。但问题在于,法律只规定了总检察长或组织拥有起诉的权利,而没有规定具体的程序性规则。

自20世纪90年代的司法改革时期开始,私人集团诉讼的相关问题也引发了激烈的学术讨论。大多数学者对于团体权利保护机制的改善和不特定数量的人的保护机制之间的关联性并无质疑,但许多学者也反对俄罗斯引入盎格鲁—撒克逊模式的私人集团诉讼。

事实上,俄罗斯已经在引入私人集团诉讼方面有所尝试。立法者曾在制定2003年《民事诉讼法典》时提出了相关选择方案,但遭到否决。另外,根据2009年7月通过的《关于俄罗斯联邦某些法案的修改》的联邦第205 – FZ号法,《商事程序法典》中对审理团体权利和合法利益保护相关案件作出了特别规定。该法设立了准私人集团诉讼模式,其特别规定(第28.2章"关于一个团体的人权利保护以及合法利益保护的案件的规定")确定了此类案件的诉讼程序。

实际上,此类诉讼不仅要涉及个人权利,也要涉及其他参与者的集体性权利。此外,此类诉讼还必须得到至少5个人的支持。只有在这2个条件同时得到满足的情况下,案件才会根据《商事程序法典》中的相应规则进行审理。

根据《商事程序法典》中的具体规定,向商事法院提起诉讼的人是该集团诉讼的重要参与者。该诉讼发起人享有作为原告的权利并履行作为原告的程序性义务,并且有义务切实保护集团中所有成员的权利和合法利益。其可以基于其他当事人加入诉讼的授权文件(既可以是一个人执笔的书面陈述,也可以是其他当事人加入诉讼的决定)自主代理行事。诉讼发起人的相应职权可以因为其退出诉讼而被终止,也可以基于团体大多数人的要求而被终止。如果发生上述终止,法院将暂停诉讼程序以寻找新的替代者来行使相应权利并履行义务。但必须指出的是,如果需要更换诉讼发起人,则必须通知团体的其他成员。如果团体中没有任何成员愿意担任这一角色,则法院将终止集团诉讼程序。

庭前准备程序的规定也适用于上述准私人集团诉讼模式。法庭诉讼准备的特别规则也适用于类型审理,其主要内容涉及其他人加入起诉的程序。在庭前准备阶段,法庭必须为参与诉讼的集团组成制定规则。因此,法庭必须确定发出通知告知相关当事人可以选择加入集团诉讼的通知期间,以及这些人可以加入集团诉讼的期间。

提出发通知建议并通知法院关于新增成员的情况,以及提交相关文件的义务由诉讼发起人承担。上述加入诉讼的通知必须公开发布,法院必须审查具体的发布方式。一般来说,通知会在大众媒体公开发布或者以挂号邮寄的方式送出。但这种规则的设计遭到质疑。其一,作为向诉讼参与人发出的通知,通知的义务不是分配给法院,而是分配给了诉讼的发起人。其二,公开发布通知的方式是否能够最大限度地使所有相关人员知晓将要进行的集团诉讼并加入进来。

俄罗斯现行法律并未对加入诉讼的人员的诉讼地位进行明确界定。集团诉讼代表人的法律地位及相关法律上的权利义务在《商事程序法典》第225条中均有明确规定,但法律并未对随后加入诉讼的人员的法律地位进行明确规定。

集团诉讼必须在裁定启动诉讼程序之日起的5个月内进行审理。现有的集团诉讼的提起和审理程序存在若干争议之处。例如,提起诉讼的一般条件存在多种解释;除了诉讼发起人之外的集团成诉讼成员几乎没有程序性权利;集团诉讼成员是否有权对判决提起上诉是不明确的,等等。

与典型的盎格鲁—撒克逊式的私人集团诉讼模式(诉讼过程中,诉讼集团的具体构成人员并不确定)不同,俄罗斯《商事程序法典》为集团诉讼规定了一项必要条件:在审判程序之前的准备阶段明确诉讼集团的人员构成。这一规定在实际上改变了集团诉讼典型构造的本质。

因此,一方面,现行程序赋予集团成立的机会,但在另一方面,这个集团的参与者必须在案件审理之前明确列出。这种规则与当事人共同诉讼制度之间几乎不存在差异。集团组成的现行规则与当事人共同诉讼的规范之间并不矛盾。因此,这一程序事实上并不是《商事程序法典》的创新,它仅是当事人共同诉讼的规定的具体化。

俄罗斯引进私人集团诉讼的第三次尝试是联邦反垄断机构发起的。其关于诉讼法典中集团诉讼部分的修正案和关于反垄断立法的修正案于2012年至2014年间起草。[①] 根据其2012年制定的"发展竞争与完善反垄断政策"路线图,普通管辖法院和商事法院系统都应该确立集团诉讼制度。最终,这些修改意见被纳入"俄罗斯关于集团权利和合法利益保护(集团诉讼)案件审理顺序安排的法律修正案"的联邦法草案中,但是该法一直没有

① See Dmitry Magonya, Closs Actionsin Russio, *Russian LawJournal*, 2013, Vol. 1(1), p. 63.

被通过。

俄罗斯在2015年通过了新《行政诉讼法典》,并对引入集团诉讼制度进行第四次尝试。此前,俄罗斯从未有过此类法典。2015年9月15日,该法典正式生效。如上所述,由于新法典的通过,许多与行政案件调查相关的法律程序都随之发生了改变。其中,《行政诉讼法典》第42条规定的“集体行政诉讼”制度实则是集团诉讼。根据这一条款,如果有至少20人加入诉讼,则法院就应该启动集团诉讼程序。参与诉讼的人必须选择一人代表集团参与诉讼。如果有人已经基于类似的标的和理由提起了类似的诉讼,则法院将建议其加入集体诉讼。这一程序不能被定义为真正的集团诉讼,因为它要求有明确数量的当事人。相反,它更应该被视为当事人共同诉讼。

因此,现行的俄罗斯法律中仅规定了公众集团诉讼及组织集团诉讼两种类型的团体诉讼。而典型的盎格鲁—撒克逊式的集团诉讼模式尽管曾被若干次尝试引入俄罗斯法律,但均以失败告终。

七、判决的执行

在案件庭审中胜诉通常并不直接意味着可以从债务人处获得金钱补偿或其他救济,胜诉仅是法院判决执行程序的开始。因此,民事诉讼的最后一个部分是判决的执行。如果不能执行判决,就无法实现诉讼的最终目的。执行不仅受到诉讼法的调整,也受到1997年《关于执行与执行人员法案》这一特别法的调整。

判决的执行由法庭和专门的执行机构负责。1997年联邦执行局成立的同时,俄罗斯启动了一项大改革。执行局成立后成为了司法部的一个部门。联邦执行局局长由俄罗斯联邦总统任命。该局从2015年开始,就已经是国际司法官员联盟的成员。成为执行人员的人,必须是21岁以上的俄罗斯公民,但并未要求其必须具有大学法学学士学位。在提交执行官任职申请之前,医务委员会将会对候选人进行一个初步评估。

判决的执行共有4个阶段:执行启动、强制执行措施的执行准备、强制执行措施的执行及执行终结。根据法律规定,整个执行程序的期限一般为2个月。但是,目前并没有违反这一期限的制裁措施。因此,在实践中,执行程序可以持续更长时间。

启动阶段包括了签发执行令、向执行局递交执行令及法院作出开始执行的裁定。执行主要是基于判决生效之后法院随即作出的执行命令启动的。执行令是确认债权人拥有执行法院判决权利的基本文件。执行令状必须在法院判决发生法律效力的3年内作出,但是法院有权将该期限延长3个月。如果执行令中包含分期付款项目,则执行在该付款期间结束后的3年内作出即可。执行令是为了在执行地执行判决而作出的,而该执行地通常是债务人居所地或债务人财产所在地。

执行的准备阶段包括完成一些旨在推动自愿执行的行动和确定债务人及其财产所在地。执行人员会确定一个为期5天的自愿执行期。在此期限届满后,执行程序正式开始。债务人没有合理理由而拒绝自愿执行的,需要承担执行费用(执行标的7%)。此外,其还有可能需要支付执行行动所带来的支出及执行人员开具的罚款。执行人员还可以向不同的国家和非国家部门和机构(如税务局、警察局以及登记处)查询债务人的资产。

强制执行措施的执行包括扣押(查封)、财产处置和分配收集款项。扣押(查封)包括了两项强制性措施的执行,即盘点资产和对处置资产的权利施加禁止令。如有需要,这一环节还有三项任意性措施可以采取,即限制财产使用权、盘点财产及禁止处置财产。执行人员获取到的资产将被转移并按照下列优先顺序满足债权人的诉求:一是关于赡养费及意外和伤亡赔偿的诉求;二是由合同关系引起的雇员诉求;三是向非国家预算基金付款的诉求;四是所有其他诉求。

执行终结可以是将执行令退回而不执行,也可以是执行结束。后者还需要得到法院的裁决才能加以确认。

俄罗斯的执行程序中有若干特别措施,目前最为普遍的间接执行措施是禁止出境。该项措施自2007年起开始实行。如果债务人的债务超过了10,000卢布(RUR),则执行人员就可以禁止债务人出境。2016年,约有200万债务人被限制出境,其中的50%都涉及请求支付赡养费。

有必要指出的是,与许多国家不同的是,俄罗斯并无在民事案件中对债务人采取刑事拘留的措施。这一特点在2013年的俄罗斯判例法中得到了体现。

俄罗斯法律规定的间接执行措施中也有执行罚。①

俄罗斯还就官方当局作为债务人的情况设立了一个特别程序。这一程序通常涉及政府、各部委、官方机构等。一般性规则在这类案件中被排除适用,而特殊的法律规定则为之设立。1998年《预算法》规定了执行此类判决的相关规则,即在此种情况下,执行令应当被递交到作为预算法执法机关的财政部,而联邦执行局并没有执行权。

一些2015年的统计数据可以反映俄罗斯判决执行的基本现状:俄罗斯现在有25,000名执行人员;平均来说,每位执行人员每年要接触2200个案件;执行人员每年启动的案件达到300万件;执行人员每年扣押(查封)财产的次数约有324,000次。

八、仲裁

在俄罗斯,法院之外的任何机关均无权对正处于法院审理中的当事人作出强制性裁决。这意味着,法院是俄罗斯唯一有权进行司法活动的机关。

俄罗斯是《关于承认和执行外国仲裁裁决的纽约公约》的缔约国。前苏联是1958年签署公约的创始成员国之一。在俄罗斯,国际仲裁和国内仲裁之间是存在差异的。俄罗斯的仲裁由2003年《关于俄罗斯联邦仲裁庭的联邦法规范》(国内仲裁)和1993年《关于国际商事仲裁的联邦法规范》(国际仲裁)两者共同构成。后者则是基于《关于国际商事仲裁的联合国国际商事仲裁示范法》起草的。

在俄罗斯法律的框架下,除了由法律直接规定的,任何争议都具备可仲裁性。仲裁员不能是国家法院的法官。如果1个仲裁庭由3名成员组成,那么其中至少有1名应当是律师。在国际仲裁程序中,当事人有权任命外籍人士作为仲裁员,而法院则不能干预当事人对仲裁员的选择。仲裁庭可以自行裁定自身的管辖权。当事人有权就仲裁庭在仲裁过程中所遵循的程序协商一致。当事人可以自由选择除俄语之外的其他语言作为仲裁使用语言。仲

---

① See Francesca Ferrari, Natalya Bocharova, Theastreintein the Italian and Russian Administrative (Judicial) and Civil Proceedings, *Russian Law Journal*, 2015, Vol. 3(3), p. 24.

裁裁决不能被上诉。一方当事人可以向有管辖权的法院提出执行仲裁裁决的申请,而法院能也应当在3个月内对该裁决进行审理。

根据俄罗斯的法律规定,下列纠纷不能通过仲裁,而只能通过国家商事法院裁判解决:公司纠纷(2016年前)、知识产权纠纷、破产、公法相关纠纷等。其他类型的纠纷也可能因为缺乏法律规定和不同法院的解释而存在不具备可仲裁性的风险。例如,俄罗斯法院最近确认了因与政府有关的合同而产生的纠纷不具有可仲裁性。

俄罗斯的大多数仲裁都是机构化仲裁,而临时仲裁并不盛行。俄罗斯有大约500家仲裁机构,但只有其中的7到10家仲裁机构拥有自己的一整套规则并可以解决跨境争议,且被视为主要仲裁机构。在这类机构中处于领先地位的是设在莫斯科俄罗斯联邦商业和工业商会的国际商事仲裁院(ICAC),其前身是1932年前苏联成立的外贸仲裁委员会。该院是俄罗斯最常用的国际仲裁院,每年平均处理200~250个案件。2013年,俄罗斯创立了国家仲裁协会作为一个独立的仲裁机构,成为了ICAC的一个替代选择。

改革前的俄罗斯仲裁制度存在不足。例如,“口袋”仲裁,指的是由大公司创立,并受其影响的仲裁机构进行的仲裁。尤其是近15年来随着仲裁机构数量的急剧增长,“口袋”仲裁问题日益严重。

俄罗斯最新的仲裁制度改革始于2014年。2014年1月,俄罗斯司法部首次提交了关于仲裁的法律草案,但被政府退回修订。2015年5月,政府向议会提交了修订后的法律草案。最终,总统签署了《关于俄罗斯联邦仲裁》和《关于俄罗斯相关法律变动》的联邦法律。这是首部规范俄罗斯国内仲裁的法律,同时也是第二部关于国际仲裁的法律。

最新改革有三个重要的方面:一是确认了公司纠纷的可仲裁性;二是规定了更为详细的仲裁程序;三是设计了仲裁机构的许可制度。

在改革之前,公司纠纷不具有可仲裁性。该条规则并非是通过立法而是通过法院实践而形成的。新法确认了公司争议的可仲裁性,但仍然存在一些限制,如公司纠纷的仲裁地点必须在俄罗斯。

新法还针对仲裁机构规定了若干行政性要求,并创设了非常严格的仲裁规则。新法类似于诉讼法典。在新法之下,国家法院对仲裁有了更大的影响力,可以使仲裁最终失去作为国家诉讼的替代形式的有效性。法律还对若干细节作出了详尽规定,如仲裁机构有义务在互联网上发布与其仲裁案件相关的信息。

大多数机构都必须获得政府提供的许可证。所有的外国仲裁机构也应获得政府的认证。同时,俄罗斯设立了新的仲裁发展委员会,并受司法部管理。该委员会负责在许可程序中对仲裁机构作出初步性许可。新法加强了国家法院对临时仲裁的控制,并规定了若干限制性规则,如将公司争议解决排除出临时仲裁范围。因此,总体而言,新法使机构仲裁较之临时仲裁变得更为可取。

新法还有其他若干创新之处,如允许退休法官担任仲裁员。此外,新法还有一项非常重要的规定,即没有执行要求的外国仲裁裁决在俄罗斯可以不经任何承认程序而被自动承认。

总的来说,俄罗斯仲裁法律制度改革的趋势是加强国家对仲裁的控制。新法为俄罗斯的仲裁法律制度带来巨大变化并可以被视为俄罗斯仲裁新纪元的起点。

结论

当今的全球化时代是民事司法作用不断提升的时代。不同的诉讼制度遍布世界各地。其中最具普遍性的是大陆法制度、盎格鲁—撒克逊法制度及混合型制度。实际上,两种经典的民事诉讼模式间的界线早已模糊,而这预示着一个统一的诉讼制度正在形成。与此同时,富有地域特色的独特诉讼法律制度仍然存在,如俄罗斯民事诉讼法律制度。

Overview of Russian Civil Justice

Dmitry Maleshin

Abstract: Contemporary Russian civil procedure is not a pure Continental model because it also has procedural features of the common law system, as well as some other original and exceptional features. This article examines the main aspects of Russian civil justice: its main principles; judicial organization, including the structure of the courts and the division between courts of general jurisdiction and arbitrazh (commercial) courts, and the Intellectual Property Court; sources of procedural law; bar organization; the jurisdiction of the courts; actions and proceedings; legal costs; evidence; administrative procedure; class actions; enforcement proceedings; and arbitration and mediation.

Key Words: Russian civil justice; Class actions; Enforcement proceedings; Administrative justice; Arbitration; Mediation

金砖国家法律研究(总第2卷·2017年)
第166~192页

印度《支付不能与破产法》概述

叶珊珊　余童璐*

内容提要:2016年5月印度下议院通过了《支付不能与破产法》。该法整合并修改了印度此前多部有关破产的法律,使法人和个人与合伙企业的破产法律统一于一部法律中。其为印度破产程序创设了新的体制,法人破产程序中的国家公司法法庭和个人与合伙企业破产程序中的债务回收法庭将分别作为这两类主体破产的审判机关,印度破产事务委员会将作为监督机关和主管机关,破产执业者将具体服务于破产程序,信息公共机构将对破产相关的债权信息等提供统一收集和查询服务。这些都增强了该机制的专业化,并提高了破产程序的效率。法人的破产程序分为支付不能重整程序、清算程序和快速支付不能重整程序,且每个程序都设有严格的时限。破产法也为个人和合伙企业的破产提供了三个不同的程序:重新开始程序、支付不能重整程序和破产程序。设立前两个程序的目的在于解除债务人的合格债务,而后者是在无法使企业重整的情形下的破产选择。同时,这部法律给予了债权人在破产程序中更多的权利,有利于提高印度破产的债务回收率,体现了印度营商环境的改善。

关键词:印度《支付不能与破产法》　法人支付不能与清算程序　个人和合伙企业支付不能与破产

---

* 叶珊珊,华东政法大学国际法专业2016级硕士研究生。余童璐,华东政法大学国际法专业2016级硕士研究生。

一、背景

2016年5月5日，印度议会上议院通过了《支付不能与破产法》(The Insolvency and Bankruptcy Code，简称《印度破产法》)。该法由印度法律改革委员会(Bankruptcy Law Reforms Committee)起草，旨在改变此前混乱的破产法律体系，建立更完备的法律框架以确保破产程序的快速完成。

在印度破产法通过之前，印度有关破产的法律多达13部，包括：1909年《英属印度诸省破产法》(The Presidency Towns Insolvency Act)、1920年《地方破产法》(The Provincial Insolvency Act)、1932年《印度合伙法》(The Indian Partnership Act)、1944年《中央消费法》(The Central Excise Act)、1961年《所得税法》(The Income-tax Act)、1962年《海关法》(The Customs Act)、1993年《银行和金融机构逾期债务清偿法》(The Recovery of Debts due to Banks and Financial Institutions Act)、1994年《金融法》(The Finance Act)、2002年《金融资产证券化与重建及证券利益实施法》(The Securitization and Reconstruction of Financial Assets and Enforcement of Security Interest Act)、2003年《病态产业公司(特别规定)废除法》(The Sick Industrial Companies [Special Provisions] Repeal Act)、2007年《支付和结算系统法》(The Payment and Settlement Systems Act)、2008年《有限责任合伙法》(The Limited Liability Partnership Act)及2013年《公司法》(The Companies Act)。

根据此前的法律体系，如果公司违约，债务人和债权人至少有四种不同的方式解决。这可能导致债务人与债权人之间进行多次谈判，以及对债务人施以多重处罚等，而使债务人面临复杂的困境。此外，根据这些法律的规定，高等法院、公司法委员会(The Company Law Board)、工业与财经重建委员会(The Board for Industrial and Financial Reconstruction)，以及债务回收法庭(The Debt Recovery Tribunals)都对破产案件享有管辖权，且其管辖权互相重叠。

混乱的法律体系使印度金融界饱受其害。世界银行(The World Bank)出具的《2017年全球营商环境报告》(Doing Business 2017)显示，印度此前的破产程序平均耗费4.3年，平均花费占资产的9%，债权人只能收回26%的资产,这也在一定程度上导致了印度在营商环境综合指标中在189个国家中仅排第130名。[①] 此外,据印度财政部称,截至2016年12月31日,印度银行业的公共资金中已有超过9000万卢比是坏账或不良资产,其中大部分是无力偿债的公司。[②]

因此,通过废除1909年《英属印度诸省破产法》和1920年《地方破产法》,以及修改其余11部法律,《印度破产法》将13部法律合而为一。

二、主体

《印度破产法》创设了一些新的主体与机制以更好地执行破产法的规定:

(一)印度破产事务委员会

印度破产事务委员会(Insolvency and Bankruptcy Board of India)是由中央政府设立的破产主管和监管部门,具有一定的立法、行政和类司法的职能。委员会在中央政府的指导下,主管破产执业者机构、破产执业者和信息公共机构的注册、更新、撤销、暂停及管理职业资格等事项,并监督破产执业者机构、破产执业者和信息公共机构的运行。在委员会的指导下,这些机构将制定专业标准、道德准则,并对违规成员进行纪律处分。委员会本身负责制定支付不能和破产事宜的指导方针和法规。委员会的组成人员包括:主席及3名由秘书同等或以上级别的政府官员担任的职权成员,分别领导财务部门、公司事务部门和法律部门;1名由印度储备银行提名的成员;另有5名由中央政府提名的成员(其中至少3名为全职人员)。主席及其他成员应当有处理有关破产事务的相应能力,并且在法律、金融、经济、会计或行政领域具备特定的知识和经验。同时,委员会为有效履行职能,可以组建咨询和执行委员会或其认为合适的其他委员会,并指定主席和其他成员组成。

(二)破产执业者协会

破产执业者协会(Insolvency Professional Agency)是指在破产事务委员会

---

① See World Bank, "Doing Business 2017", Accessed August 26, 2017. https://data.worldbank.org.cn/data-catalog/doing-business-database.

② See Pallavi Mohpal, "Insolvency & Bankruptcy Code 2016: Opening gambit", Accessed August 26, 2017. http://www.deccanherald.com/content/621866/insolvency-bankruptcy-code-2016-opening.html.

进行登记的，负责对破产执业者进行注册、管理和监督的机构。破产执业者协会主要有以下职能：授予、暂停或取消破产执业者资格；制定成员行为标准；监督成员行为；维护其成员的权利和利益；处理对作为其成员的破产执业者的投诉等。

（三）破产执业者与破产重整执业者

破产执业者（insolvency professionals）是指在破产执业者机构登记为其成员并在破产事务委员会注册的人。根据《印度破产法》的规定，破产执业者是在破产程序有效运行中发挥关键作用的中介人。[①] 该法也规定，破产执业者应具备最低的专业标准和道德标准。

在具体案件中，审判机关可任命破产执业者为临时破产重整执业者（interim resolution professional）、破产重整执业者（resolution professional）、清算人（liquidator），以及破产管理人（bankruptcy trustee），分别参与案件的支付不能重整程序（insolvency resolution process）、重新开始程序（fresh start process）、清算（liquidation process）及破产程序（bankruptcy process）。

在公司的支付不能重整程序中，国家公司法法庭应当在程序开始之日起14天内任命临时破产重整执业者。当公司支付不能重整程序的申请是由金融债权人或公司债务人作出的，如果没有针对其推荐的破产重整执业者的未决纪律处分程序，则被推荐者应被委任为临时破产重整执业者。当公司支付不能，重整程序的申请是由经营债权人作出的，如果经营债权人推荐了临时破产重整执业者且没有针对该破产重整执业者的未决纪律处分程序，则被推荐者应被任命为临时破产重整执业者；如果经营债权人没有推荐临时破产重整执业者，则国家公司法法庭应向委员会推荐临时破产重整执业者。临时破产重整执业者的任期自其任用之日起不得超过30天。

在个人与合伙企业的支付不能破产程序中，当债务人自行提交《印度破产法》所规定的各项程序（重新开始程序、支付不能重整程序和破产程序）的申请时，审判机关应指示委员会进行提名破产重整执业者，最终由审判机关任命该破产重整执业者进行该程序。若申请由债务人通过破产重整执业者提交，则审判机关应指示破产事务委员会确认，提交此类申请的破产重整执

---

① See "The Insolvency and Bankruptcy Code, 2016 - Key Highlights", Accessed August 25, 2017. http://www.trilegal.com/index.php/publications/update/the-insolvency-and-bankruptcy-code-2016-key-highlights? utm_source = Mondaq&utm_medium = syndication&utm_campaign = View-Original.

业者没有受到任何纪律处分。委员会须以书面方式向审判机关确认破产重整执业者的任命,或在破产重整执业者不符合条件的情况下,重新提名破产重整执业者。债务人或债权人若认为该破产重整执业者应当更换,则可向审判机关申请更换该破产重整执业者,审判机关应指示破产事务委员会提名新的破产重整执业者,并据此提名任命破产重整执业者。

(四)信息公共机构

《印度破产法》的一个显著特点是创建了信息公共机构(Information Utilities),以收集、整理、鉴定和传播集中电子数据库中债务人的财务信息。[①] 信息公共机构只有在破产事务委员会注册后,才能依法行使信息公共机构的各项职能。《印度破产法》第210条规定了信息公共机构向破产事务委员会申请注册的方式和程序。委员会有权通过或驳回申请,但《印度破产法》规定,未经审理,委员会不得作出驳回的命令。同时,委员会也可根据具体情形暂停或撤销信息公共机构的注册,如该主体以虚假陈述方式获得注册或未遵守委员会规定的情况。但与作出驳回申请的命令相同,暂停和撤销也必须建立在审理的基础上。如果信息公共机构对委员会作出的驳回或暂停、取消的命令不服,应当向国家公司法上诉法庭(National Company Law Appellate Tribunal)提出上诉。

信息公共机构的主要职能是向符合条件的主体提供核心服务。核心服务包括:以指定的形式和方式接受财务信息的电子提交;安全准确地记录财务信息;验证和核实个人提交的财务信息;提供对信息提供者存储的信息的访问,以供指定的人员使用。为了更好地提供核心服务,《印度破产法》要求信息公共机构应当进行以下事项:将财务信息以可公开访问的方式设立并存储;接受通过电子方式提交的,符合规定形式和方式的财务信息;满足相关条例规定的信息服务质量的最低要求;在收到经各方认证的不同人员提交的信息后,方可储存此类信息;向任何按照条例指定的方式访问此类信息的人提供其存储的财务信息;按照条例规定发布数据信息;与其他信息公共机构进行交互操作。

由于破产程序中涉及多个主体对于财务信息的提供与查询,通过信息公

① See "The Insolvency and Bankruptcy Code, 2016 – Key Highlights", Accessed August 25, 2017. http://www.trilegal.com/index.php/publications/update/the-insolvency-and-bankruptcy-code-2016-key-highlights? utm_source = Mondaq&utm_medium = syndication&utm_campaign = View-Original.

共机构收集并向各主体提供信息有助于消除信息不对称和对债务人的依赖，以便获取解决破产所需的关键信息，但是信息公共机构对于支付不能重整和破产程序的效用仍然值得商榷。①

(五)审判机关

1.国家公司法法庭与国家公司法上诉法庭

根据《印度破产法》第5条第1款规定，国家公司法法庭(National Company Law Tribunal)依据2013年《公司法》第408条而组成，是法人(corporate persons)的支付不能重整程序和清算程序中的审判机关(adjudicating authority)。具体来说，根据《印度破产法》第60条第5款的规定，国家公司法法庭有权审理或处理以下三类事项：公司债务人(corporate debtor)或法人提起或被提起的任何申请或法律程序；公司债务人或法人提起或被提起的任何索赔(claims)，包括其在印度的任何子公司提起或被提起的索赔；由公司债务人或法人在本法下的支付不能重整程序或清算程序产生或与之相关的任何优先权问题(question of priorities)或任何法律问题或事实问题。

国家公司法上诉法庭是法人的支付不能重整程序和清算程序中的上诉机关(appellate authority)。根据《印度破产法》第61条的规定，不论2013年《公司法》有任何相反规定，任何由于国家公司法法庭的命令而受到侵害的人，可向国家公司法上诉法庭提出上诉。提起上诉的期限为30天。但如果国家公司法上诉法庭认为有充分理由不提出上诉，则可以允许在30天期限届满后的15天之内提出上诉。

值得注意的是，国家公司法上诉法庭所作出的裁决并非最终裁决。根据《印度破产法》第62条的规定，任何由于国家公司法上诉法庭的裁决而受到侵害的人，可在收到该命令之日起45天内向最高法院就该命令引起的法律问题提出上诉。最高法院如认为有充分理由不在45天内提出上诉，可以允许在不超过15天的期限内提起上诉。

此外，根据《印度破产法》第64条第1款的规定，凡在规定期限内申请未得到处理或未通过命令，国家公司法法庭或国家公司法上诉法庭(视情况而定)应记录在规定期限内不作出相应处理或不通过命令的原因。并且，国家

---

① See Pramod Rao, Critique of the Insolvency & Bankruptcy Code, 2016, *NLS Business Law Review*, Volume II, Accessed August 25, 2017. http://www.nlsblr.in/uploads/3/7/6/7/37673841/01.pdf.

公司法法庭庭长或国家公司法上诉法庭主席(视情况而定)在考虑到记录的原因后,可延长本法规定的期限,但不得超过10天。

2.债务回收法庭

不同于公司的程序,个人和合伙企业支付不能重整和破产程序的审判机关是在个人债务人实际居住地或营业地或个人工作地有管辖权并依据本法可受理有关该主体申请的债务回收法庭。民事法庭对于债务回收法庭或债务回收上诉法庭具有管辖权的任何事项,无权行使管辖权;其他有管辖权的任何法院、法庭或有权机关,针对任何诉讼或将提起的诉讼,无权发布禁令。

对债务回收法庭对个人和合伙企业的相关程序发布的命令持有异议的人,应当在命令发布30天内向债务回收上诉法庭提起上诉,若有充分证据表明该主体在30天内无法提起上诉,债务回收上诉法庭可以允许其在该期间届满后不超过15天时间内提起上诉。如认为债务回收上诉法庭的命令有法律错误的,可以在45天内向最高法院上诉,若有充分证据表明该主体在45天内无法提起上诉,最高法院可以允许其在该期间后不超过15天内提起上诉。

(六)临时暂停执行与暂停执行

临时暂停执行(Interim-moratorium)与暂停执行(moratorium)贯穿《印度破产法》各项程序的申请与执行的过程中。在个人与合伙企业支付不能与破产的各项程序中(重新开始程序、支付不能重整程序、破产程序),临时暂停执行是指在债务人提交申请至审判机关对申请作出同意或拒绝的命令这一阶段,临时暂停对债务人各项合格债务的执行。在破产程序中,临时暂停执行将在破产开始之日停止。在临时暂停期间,针对其任何债务的未决的法律诉讼都应被视为中止;任何债权人不得就此种债务提起任何法律诉讼。

暂停执行是自申请通过之日起,对所有债务的执行暂停,但是各个程序暂停执行的期限不尽一致。在重新开始程序中,除非受理申请的命令被撤销,暂停执行应当在申请受理之日起180天后失效;在支付不能重整程序中,暂停执行将从申请通过时开始生效,并在从申请之日起计180天结束时失效,或者在审判机关通过有关还款计划的命令时失效,二者以较早者为准。同临时暂停执行,暂停执行期间任何关于任何债务的未决诉讼或法律程序均应被搁置,债权人不得针对任何债务采取任何法律行动或诉讼。在支付不能重整程序的暂停执行中,债务人也不得转移、让与、抵押或处置其任何资产或由此产生的合法权益或利益。

三、涉及法人的程序

(一)支付不能重整程序

1. 支付不能重整程序的启动

《印度破产法》第6条规定，如果任何公司债务人(corporate debtor)违约，金融债权人(financial creditor)、经营债权人(operational creditor)或公司债务人本身可以按照本章规定的方式向该公司债务人提起公司支付不能重整程序。其中，“金融债权人”是指拥有金融债务的任何人，包括已获合法受让或转让此种债务的人，而“经营债权人”是指拥有经营性债务的任何人，包括已获合法受让或转让此种债务的任何人。

(1)金融债权人启动公司支付不能重整程序

根据《印度破产法》第7条的规定，发生违约时，金融债权人可通过其自身或与其他金融债权人共同向国家公司法法庭申请启动公司支付不能重整程序。但值得注意的是，这里的“违约”不仅包括对作为申请人的金融债权人的金融债务，而且还包括公司债务人对任何其他金融债权人的金融债务。金融债权人应连同该申请提供：记录在信息公用机构上的违约记录、其他记录或违约证据、被推荐作为临时破产重整执业者的姓名及委员会指定的任何其他信息。

国家公司法法庭应在收到该申请之日起14天内，从信息共用机构的记录或金融债权人提供的其他证据中确定是否存在违约。如国家公司法法庭认定：违约已发生，金融债权人的申请材料完整，且没有针对被推荐破产重整执业者的未决纪律处分程序，则该机关可通过命令接受申请。如果没有发生违约，或金融债权人的申请不完整，或存在针对被推荐的破产重整执业者的未决纪律处分程序，则该机关可通过命令拒绝此种申请，但国家公司法法庭在拒绝申请之前应通知申请人在收到其通知之日起7天之内纠正其申请中的瑕疵。如果接受申请的，国家公司法法庭应在接受后7天内通知金融债权人和公司债务人。如果拒绝申请，国家公司法法庭应在拒绝后7天内通知金融债权人。公司支付不能重整程序应自国家公司法法庭接受申请之日起算。

(2)经营债权人启动公司支付不能重整程序

根据《印度破产法》第8条的规定，发生违约时，经营债权人可按照规定的形式和方式,向公司债务人递送其尚未得到支付的违约金额的发票复印件,以及要求支付违约金的还款要求通知书(demand notice)。公司债务人应在收到还款要求通知书或发票复印件的10天内提请经营债权人注意争议的存在、收到通知书或发票之前提起的关于此种争议的诉讼或仲裁程序的未决案件的记录、已偿还的经营性债务的相关证明(通过从公司债务人的银行账户发送未付金额的电子转账记录的经证明与原件符合的复印件,或通过发送经营债权人兑现公司债务人签发的支票的记录的经证明与原件符合的复印件)。

根据《印度破产法》第9条的规定,自还款要求通知书发出之日起10天后,如经营债权人未收到公司债务人的付款或前述争议通知,经营债权人可以向国家公司法法庭申请启动支付不能重整程序。经营债权人应连同该申请提供以下相关材料:由经营债权人递送给公司债务人的要求付款的发票复印件或还款要求通知书;以公司债务人没有作出关于未付经营性债务争议的通知为内容的书面陈述;管理经营债权人账户的财务机构所出具的确认没有收到公司债务人对未付经营性债务的付款的证明文件的复印件;被指定的任何其他信息。申请启动支付不能重整程序的经营债权人可推荐一名破产重整执业者担任临时破产重整执业者。

在满足以下几种条件时,国家公司法法庭在收到经营债权人的申请后14天内,以命令的形式接受该申请,并将该决定通知经营债权人和公司债务人:经营债权人的申请材料完整;公司债务人没有偿还未付的经营性债务;经营债权人已递送发票或还款通知书给公司债务人;经营债权人没有收到争议通知,或信息公用机构没有任何争议记录;没有针对被推荐的任何破产重整执业者的未决纪律处分程序。而在以下几种情况下,国家公司法法庭则应当拒绝相应申请:经营债权人的申请不完整;公司债务人已偿还未付的经营性债务;经营债权人尚未将发票或还款通知书递送给公司债务人;经营债权人已收到争议通知,信息公用机构有争议记录,或存在针对被推荐的任何破产重整执业者的未决纪律处分程序。在这些情况下,国家公司法法庭应当拒绝相应申请,并将该决定通知经营债权人和公司债务人。但裁判机关基于申请不完整为由拒绝申请之前应通知经营申请人在收到通知之日起7天之内纠正其申请中存在的瑕疵。公司支付不能重整程序应自国家公司法法庭接受申请之日起算。

(3)公司债务人启动公司支付不能重整程序

根据《印度破产法》第10条的规定,公司债务人违约时,公司申请人

(corporate applicant)可以向裁判机关申请提起公司支付不能重整程序。“公司申请人”是指:公司债务人、在该公司债务人的宪法性文件中被授权申请公司支付不能重整程序的公司债务人的成员或合伙人、主管公司债务人的业务和资源的个人,或对公司债务人的财务拥有控制权和监督权的人。公司申请人应连同申请书提供其账簿及与指明期间有关的其他文件和被推荐作为临时破产重整执业者的专业人士。

如果公司申请人的申请材料完整,则国家公司法法庭应在收到申请后 14 天内,以命令的形式接受申请。反之,如果该申请材料不完整,则国家公司法法庭应在收到申请后 14 天内,以命令的形式拒绝申请。但在拒绝申请之前,国家公司法法庭应通知公司申请人在收到通知之日起 7 天之内纠正其申请中存在的瑕疵。

2. 接受申请之后的步骤

(1)暂停执行宣告及公告

在支付不能重整程序开始之日,国家公司法法庭应作出暂停执行的命令以禁止以下几种行为:对公司债务人提起诉讼或继续未决诉讼或其他程序(包括在任何法院、法庭、仲裁庭或其他当局执行任何判决,判令或命令);转让(transfer)、抵押(encumber)、让渡(alienate)或处置(dispose of)其公司债务人的资产或其中的任何合法权益或实益权益;取消赎回权(foreclose)、追回(recover)或执行(enforce)公司债务人就其财产建立的担保物权(security interest)所涉及的任何相关的诉讼,包括 2002 年《金融资产证券化与重建及证券利益实施法》下的任何诉讼;业主(owner)或出租人(lessor)追回任何由该公司债务人占有或管有的财产。在暂停期间,不得终止、暂停或中断向公司债务人提供规定的基本货物或者服务。此外,该暂停不适用于中央政府与任何金融监管机构协商通知的交易。暂停令自作出之日起至公司支付不能重整程序完成为止有效。但在公司支付不能重整程序期间的任何时候,如果国家公司法法庭批准重整方案,或者通过清算公司债务人的命令,则该暂停令应自该批准或清算令作出之日起失效。

在接受申请之后,国家公司法法庭应按照规定的方式作出公告(public announcement)。该公告应包含以下内容:公司支付不能重整程序下公司债务人的名称及地址;公司债务人注册成立或登记的机构名称;提交索赔的截止日期;享有对公司债务人的管理权及负责接收债权的临时破产重整执业者的详细信息;针对虚假或误导性的索赔的处罚;公司支付不能重整程序的终止日期。

(2)任命临时破产重整执业者

自任命临时破产重整执业者之日起,其享有对公司债务人事务的管理权,而公司债务人的董事会或合伙人应暂停行使该项权力。公司债务人的高级职员和管理人员应向临时破产重整执业者报告,并提供其要求的公司债务人的文件和记录。管理公司债务人账户的金融机构应就该账户听从临时破产重整执业者的指示,并提供与公司债务人有关的所有可用信息。被赋予相应管理权的临时破产重整执业者则应当以公司债务人的名义并且代表公司债务人行事并执行所有契据、收据和其他文件。此外,临时破产重整执业者还有权从具有公司债务人财务信息的信息公用机构处获取公司债务人的电子记录,有权查阅政府机关、法定审计师、会计师及其他指定人员的账簿、记录和公司债务人的其他有关文件。需要指出的是,临时破产重整执业者进行任何一项相应工作,都须以委员会规定的形式进行,并且受限于规定的限制,不得逾越权力的范围。

根据《印度破产法》第18条的规定,临时破产重整执业者应履行以下职责:收集有关企业债务人的资产、财务和经营的所有信息,以确定公司债务人的财务状况;收集并整理债权人向其提交的所有索赔;组成债权人委员会(committee of creditors);监督公司债务人的资产并管理其业务,直到债权人委员会任命破产重整执业者为止;在必要时将信息公用机构收集的信息归档;控制和保管记录在公司债务人的资产负债表中公司债务人拥有所有权的任何资产,或者信息公用机构或证券存放处或任何其他记录;履行委员会规定的其他职责。

为管理公司债务人的持续经营活动,临时破产重整执业者有权:在必要时任命会计师、法律或其他专业人士;代表公司债务人订立合同,或修改在支付不能重整程序开始之前订立的合同或交易;筹集临时融资,但在未经债权担保的债权人事先同意的情况下,不得对公司债务人的任何担保资产设立担保物权(但如果该财产的价值不低于相当于债务金额2倍的金额,则无须要求事先征得债权人同意);向公司债务人的人员发出指示,以使公司债务人持续经营;采取必要的一切行动,以使公司债务人持续经营。

(3)组成债权人委员会

债权人委员会由公司债务人的所有金融债权人组成。每名债权人应根据所欠金融债务而分配相应权重的投票表决权。债权人委员会的所有决定应以不少于金融债权人所持75%投票表决权通过,但如果公司债务人没有任何金融债权人,则债权人委员会应按照委员会指定的方式组成专门人员行使相应职能。债权人委员会有权要求破产重整执业者在公司支付不能重整程序中随时提供有关公司债务人的任何财务资料。而破产重整执业者则应在收到该要求后7天内向债权人委员会提供任何财务资料。债权人委员会的所有相关会议均由破产重整执业者主持。

根据《印度破产法》第28条的规定,未经债权人委员会事先批准,破产重整执业者不得采取以下行为:筹集任何超过债权人委员会会议决定的金额的临时融资;对公司债务人的资产设立任何担保物权;变更公司债务人的资本结构,包括发行额外证券、创建新一类证券,或者在公司债务人为公司的情况下回购或赎回已发行证券;记录公司债务人所有者权益的任何变动;对管理公司债务人账户的金融机构下任何超过债权人委员会在会议上决定的金额的借款交易作出指示;进行关联交易;修改公司债务人的任何章程性文件;将权力下放给其他人;处置或准许处置公司债务人的任何股东或其代名人向第三方的股份;对公司债务人或其子公司的管理进行变更;除正常业务以外的重大合同下的转让权利,或金融债务、经营性债务;变更债权人委员会指定的人员的任用或合同条款;或者更改法定审计师或公司债务人的内部审计师的任用或合约条款。凡破产重整执业者未经寻求债权人委员会的批准而作出上述行为,该行为无效。债权人委员会可以将破产重整执业者的行为向委员会报告,以对其作出必要的措施。必要时债权人委员会有权更换破产重整执业者。

(4)任命破产重整执业者

债权人委员会第一次会议应在其组成后7天内举行。在第一次会议中,债权人委员会可以不少于金融债权人所持有75%投票表决权,决定任命临时破产重整执业者为破产重整执业者,或者由另一位破产重整执业者取代临时破产重整执业者。

破产重整执业者应在公司支付不能重整程序期间推进公司支付不能重整程序,并管理公司债务人的经营情况。破产重整执业者应行使法律赋予临时破产重整执业者的权力,履行法律赋予临时破产重整执业者的职责。临时破产重整执业者应将所有与公司债务人有关的信息、文件和记录及其知识提供给破产重整执业者。

(5)提交重整方案

支付不能重整程序的申请人可以向破产重整执业者提交重整方案。破产重整执业者应审查该重整方案是否满足以下几种情形:载明以委员会指定的方式用公司债务人的其他费用优先偿还支付不能重整程序费用;规定以委员会指定的方式偿还经营债权人的债务,该金额不得少于公司债务人在清算的情形下向经营债权人支付的款额;在重整方案被批准后,规定如何管理公司债务人事务;重整方案的实施和监督;不违反当时有效法律的任何条款;符合委员会指定的其他要求。

破产重整执业者认为符合上述条件的,应向债权人委员会提交该重整方案。债权人委员会可以不少于金融债权人所持有75%投票表决权,批准重整方案。如国家公司法法庭认为该方案符合条件,则其可以命令批准该重整方案。该重整方案对公司债务人及其雇员、成员、债权人、担保人和参与重整方案的其他利益相关者具有约束力。

3. 时限

根据《印度破产法》第12条的规定,在一般情况下,公司支付不能重整程序应自接受申请之日起180天内完成。但如果债权人委员会会议以75%的投票表决权通过决议,破产重整执业者应向国家公司法法庭提出申请延长期限。如果国家公司法法庭认为确实无法在180天完成公司破产重整程序,则可以命令延长该期限,但不得超过90天,且只能延长一次。因此,公司支付不能重整程序的最长期限为270天。

(二)清算程序

1. 清算程序的启动

根据《印度破产法》第33条的规定,凡国家公司法法庭在支付不能重整程序期限或快速公司支付不能重整程序到期之前,未收到重整方案,或者重整方案不符合条件,则应要求公司债务人按规定的方式清算,发布公告声明公司债务人正处于清算阶段并且将该命令发送给公司债务人登记处。

在重整方案确定之前,在公司支付不能重整程序中的任何时间段内,凡破产重整执业者通知国家公司法法庭关于债权人委员会清算公司债权人的决定,国家公司法法庭应通过清算令。

当公司债务人违反经国家公司法法庭批准的重整方案时,除公司债务人以外的其他利益相关人在受到不利影响时,可向国家公司法法庭申请作出清算令。收到该申请后,如果国家公司法法庭确定公司债务人违反重整方案的规定,其应通过该清算令。

除与中央政府与任何金融部门监管机构协商通知的与交易有关的法律诉讼外,清算令一旦获得通过,公司债务人则不得提起诉讼、应诉及提起其他法律程序。但如果有国家公司法法庭的事先批准,清算人则可代表公司债务人提起诉讼或其他法律程序。此外,清算令应被视为对公司债务人的高级职员、职工和工人的解雇通知,除非在清算人进行清算的过程中公司债务人的业务继续进行。

2. 清算人的任命、权力及职责

凡国家公司法法庭通过清算令,则被委任为公司支付不能重整程序的破产重整执业者应同时被委任为清算人,除非该破产重整执业者被国家公司法法庭替换。如果破产重整执业者提交的重整方案由于未能符合要求而被拒绝,或者委员会向国家公司法法庭建议以书面记录的理由替换破产重整执业者,则国家公司法法庭应替换破产重整执业者。国家公司法法庭可指示委员会推荐另一名破产执业者作为清算人。委员会应在收到裁判机关该指示后的10天内应推荐另一名破产执业者。

一旦委任了清算人,公司债务人的董事会、重要管理人员及合伙人的所有权力将不再生效,转而归属于清算人。公司债务人的全体人员应在管理公司债务人的事务时,向清算人提供其要求的所有协助和合作。

清算人具有下列权力和职责:核实所有债权人的索赔;监管或控制公司债务人的所有资产、财产、动产和可诉索赔;以委员会指定方式评估公司债务人的资产和财产并编制报告;采取其认为必要的措施,保护和维护公司债务人的资产和财产;其认为必要时经营企业债务人有益清算的业务;以公开拍卖或私人合约方式出售清算公司债务人的不动产、动产及可诉索赔,将规定财产转让给任何人或法人团体,或将同样的财产以指定的方式打包出售;以公司债务人的名义吸收、接受、作出和背书任何可转让票据;从任何人处获得任何专业协助或委任任何专业人士,以履行其职责、义务及责任;根据法律规定,收集并解决债权人和索赔人的索赔,以及分配收益;以公司债务人的名义提起或辩护民事或刑事诉讼;调查公司债务人的财务状况,以确定低价交易或偏袒性交易;向裁判机关申请清算公司债务人所需的命令或指示,并以委员会指明的方式报告清算程序的进度;履行委员会规定的其他职能。

3. 收集、核实索赔

清算人应自清算程序开始之日起30日内收集债权人的相关索赔要求。其中,金融债权人可以通过信息公用机构提供索赔记录而提出索赔,经营性债权人可以按照委员会规定的形式和方式,并附上索赔所需的证明文件,向清算人提出索赔。债权人可在提交之日起14天内撤销或更改其提出的索赔。

清算人须在委员会指定的时间内核实所提出的索赔。清算人可要求任何债权人、公司债务人或任何其他人出示其认为核实索赔必需的其他文件或证据。清算人在核实索赔后,可全部或部分承认或拒绝该索赔,但清算人拒绝索赔的,应以书面形式记录拒绝理由。清算人应在接受或拒绝索赔后7天内,通知债权人和公司债务人关于其接受或拒绝索赔的决定。

4. 资产的分配

出售清算资产的收益应在规定期限内以指定的方式按照以下次序分配:

第一,全额支付支付不能重整程序及清算程序所导致的费用。第二,下列债务在以下各项之间平行排列:(1)工作人员在清算开始日期前24个月的应付款;(2)如担保债权人让与担保而欠担保债权人的债务。第三,在清算开始之日前的12个月内,欠工作人员以外的其他雇员的工资及任何应付款项。第四,欠无担保债权人的金融债务。第五,下列应付款项在以下各项之间平行排列:(1)欠中央政府和州政府的任何到期款项(包括印度统一基金和国家统一基金),在清算开始日期前2年的全部或任何部分应收款项;(2)欠担保债权人的在其执行担保物权后未付的款项。第六,任何剩余的债务和应付款。第七,优先股股东。第八,股东或合伙人(视具体情况而定)。

应付给各类受领人的收益应按比例扣除应付予清算人的费用,且相关收款人的收益应在进行此种扣除之后方可分配。此外,在分配收益的每一阶段,就平等分配的受领人的类别而言,必须全额偿付债务。如果收益不足以足额偿还债务,则按同等比例支付。

5. 解散

公司债务人的资产已经被完全清算的,清算人应当向国家公司法法庭申请解散该公司的债务人。在收到清算人作出的申请后,国家公司法法庭应命令公司债务人自该命令作出之日起解散。该命令的复印件应自该命令作出之日起7天内转交至公司债务人登记处。

(三)快速支付不能重整程序

资产和收入低于中央政府规定水平的公司债务人,或者拥有中央政府规定的该类债权人或债务额的公司债务人,或者中央政府规定的其他类别的法人可申请快速公司支付不能重整程序。快速公司破产重整程序的申请可由债权人或公司债务人提交。申请的材料具体包括:记录在信息公用机构上的违约记录,或委员会指定的以其他方式记载的违约记录,以及委员会指定的其他信息。

原则上,快速公司支付不能重整程序应在该程序开始之日后的 90 天内完成。但如果债权人委员会会议以 75% 的投票表决权通过决议,指示破产重整执业者向国家公司法法庭申请延长期限,而国家公司法法庭认为确实无法在 90 天内完成快速公司破产重整程序的,则可以命令延长该期限,但不得超过 45 天,并且只能延长一次。因此,快速公司支付不能重整程序的最长期限为 135 天。

四、个人和合伙企业支付不能解决与破产

在个人与合伙企业支付不能解决与破产程序方面,《印度破产法》适用于违约金额不少于 1000 卢比的个人和合伙企业的重新开始、支付不能解决及破产程序。这一违约数额的最低限额可以由中央政府通过颁布通知来制定,但不得超过 10 万卢比。在支付不能的情形下,《印度破产法》提供了两个不同的程序以解除债务人的合格债务:①重新开始程序和支付不能重整程序。②当这两种程序无法解除债务人债务时,可进入破产程序。

---

① 《印度支付不能与破产法》第 79 条第 19 项给出了合格债务的定义:"合格债务"是指到期债务债务,包括利息或任何其他债务人依据合同所欠到期款项。但不包括已排除债务、有担保的债务和在申请重新开始程序之前 3 个月内发生的债务。本条中所指"已排除的债务"根据《印度支付不能与破产法》第 3 条第 15 款包括:法院或法庭设定的支付罚款的债务;由于过失、妨害或违反法定、合同或其他法律义务的赔偿责任;任何现行法律规定的对任何人支付赡养费的责任;有关学生贷款的债务等。

② See "The Insolvency and Bankruptcy Code, 2016 - Key Highlights", Accessed August 25, 2017. http://www.trilegal.com/index.php/publications/update/the-insolvency-and-bankruptcy-code-2016-key-highlights? utm_source = Mondaq&utm_medium = syndication&utm_campaign = View-Original.

(一)重新开始程序

重新开始程序是指在一定范围内解除债务人的合格债务,从而使债务人得以在短时间内重新开始。

1. 重新开始程序的申请

重新开始程序应由债务人提起,无力偿还债务的债务人在年收入总额(年总收入不超过6万卢比)、资产价值(资产的总价值不超过2万卢比)及合格债务数额(合格债务的总价值不超过3.5万卢比)等方面满足一定限额时,同时未进行重新开始程序、支付不能程序或破产程序时,可以提起重新开始程序的申请。申请提交之后,临时暂停执行便开始生效。

2. 破产重整执业者报告

破产重整执业者应当向审判机关提交报告,对通过或驳回申请给出建议。报告应当包含合格债务及有资格被解除的债务的数额等细节。同时破产重整执业者可要求相关人员提供与申请有关的进一步资料或解释,提供这些资料的人包括债务人或破产重整执业者认为能够提供此类资料的其他人。

(1)破产重整执业者对债务人在申请之日不能偿还债务的推定

相关资料表明债务人无法偿还债务,且没有证据表明该资料不正确或不完整,并且自申请之日起,债务人的财务状况没有变化,无法证明债务人能够偿还债务。在此情况下,破产重整执业者可以推定债务人无法偿还债务。

(2)破产重整执业者驳回申请的情形

破产重整执业者在以下三种情况下,可以驳回债务人申请:债务人不满足《印度破产法》规定的申请人的条件;债务人在申请书中披露的债务不属于合格债务;债务人故意在申请中或提交的文件或资料中作虚假陈述或遗漏。

3. 审判机关通过或驳回申请

审判机关应在破产重整执业者提交报告之日起14天内,作出同意或驳回债务人重新开始申请的命令,并须在作出该裁定后7天内,向债务人在申请书中列明的债权人提供该项命令。

4. 申请通过的效力

自申请通过之日起,对所有债务暂停执行开始生效。同时,《印度破产法》也对债务人在暂停执行期间的行为有所限制,包括不得作为任何公司的董事行事;直接或间接参与关联公司的推广、组建或管理;不得处置或转让其任何资产;另外,除非审判机关准许,不得出境等。

除非受理申请的命令被撤销，暂停执行应当在申请受理之日起180天后失效。

审判机关命令中所涉及的债务的债权人如认为该债务并非合格债务或者合格债务的细节有误，有权在10天内提出异议，破产重整执业者则应对此异议进行审查并作出决定，对此决定不服的债务人或债权人可在10天内向审判机关提出异议。

对于已经通过的申请，破产重整执业者可向审判机关申请撤销：若由于债务人的财务状况发生变化，债务人不符合重新开始程序条件；或债务人不遵守上述对债务人的限制条件；或若债务人以恶意的方式行事，故意不遵守规定的，破产重整执业者可申请撤销，审判机关可对此做出承认或拒绝的命令。

5. 债务解除令

在暂停执行期限结束前至少7天内，破产重整执业者应当向审判机关提交最终的合格债务清单。临时暂停执行结束之时，审判机关应对合格债务通过解除令（discharge order），解除债务人履行该债务的义务，使债务人得以“重新开始”。

（二）支付不能重整程序

支付不能重整程序对债务人的收入和资产等条件没有特殊要求，其目的在于在达成还款计划（repayment plan）的情况下，解除债务人的债务。

1. 支付不能重整程序的申请

债务人可以自行或通过破产重整执业者提交申请，针对合伙企业的申请须由债全体或多数合伙人共同提出。《印度破产法》未直接规定债务人申请支付不能重整程序的条件，但是通过排除的方式规定了以下不符合条件的申请人，即未被解除债务的破产人；正进行重新开始程序；正进行支付不能重整程序；或正进行破产程序。

同时，债权人也可申请对债务人的支付不能重整程序。债权人可以自行或与其他债权人共同或通过破产重整执业者向审判机关提交申请，启动支付不能重整程序。债权人也可就其合伙债权，针对任一或全部合伙人或合伙企业提出申请。

提交支付不能重整程序申请时，临时暂停执行将生效并在申请受理时失效，同时针对合伙企业的临时暂停执行将对所有合伙人生效。

2. 破产重整执业者报告

破产重整执业者应当向审判机关提交报告,对通过或驳回申请给出建议。

3. 审判机关通过或驳回申请

审判机关应在破产重整执业者报告提交14天内作出同意或驳回债务人重新开始申请的命令。在通过申请的情况下,审判机关可以根据破产重整执业者的要求发出指示,要求债务人与债权人进行谈判并达成还款计划。审判机关做出同意申请的命令时,有关全部债务的暂停执行将开始生效,并在申请通过之日起计180天时失效,或者在审判机关通过还款计划时失效,二者以较早的时间节点为准。另外,若申请是针对合伙企业提出的,则暂停执行对该合伙企业的所有合伙人生效。

4. 债权人债权申报和债权人名单编制

审判机关通过支付不能重整程序的申请后,应当在7天内发出公告,通知债权人在公告发出21天内提供债权的详细信息以进行债权登记。破产重整执业者应当根据支付不能重整程序的申请和收到的债权申报的资料,在公告通知30天内编制债权人名单。

5. 还款计划

债务人应与破产重整执业者协商编制还款计划,其中应当列明债权人提出债务重组的建议。

还款计划可以授权或要求破产重整执业者进行以下事项:代表债务人或以债务人名义继续其业务或交易,将债务人资产变现,以及管理或处置债务人资金。

破产重整执业者应就还款计划向审判机关提交报告,该报告应当:指明还款计划符合现行法律的规定,阐释计划可以被批准和实施的合理原因,以及是否需要召集债权人会议以商定还款计划的理由等。

6. 债权人会议

债权人可在会议上决定批准、修改或拒绝还款计划。破产重整执业者应当在债权人建议修改时,获得债务人的同意。同时,担保债权人放弃其强制执行担保物的权利时,有权在债权人会议上对还款计划进行投票表决。还款计划的通过或对还款计划的任何修改应由出席或代表出席的债权人的大于3/4多数通过。破产重整执业者应就还款计划编制债权人会议报告以向审判机关提交,内容应当包括下列几个方面:还款计划是否被批准或拒绝;修改的内容;债权人会议上提出的支付不能重整程序的议案和关于这些议案的决定;出席会议或由代表出席的债权人名单等。

7. 审判机关对还款计划的命令

审判机关应基于破产重整执业者提交的债权人会议报告,对还款计划作出同意或拒绝的命令。但如果没有召集债权人会议,则审判机关应仅基于破产重整执业者编制的报告作出相应命令。审判机关认为还款计划需要修改的,可以指示破产重整执业者重新召开债权人会议以商讨还款计划。审判机关批准还款计划的,该命令就债务人在会议中提出的内容生效,并且对还款计划中提及的债权人和债务人具有约束力。审判机关驳回还款计划的,债务人和债权人有权提出破产申请。

8. 还款计划的提前终止

如果在还款计划提及的期限内该计划没有对所有受其约束的人员全面执行,还款计划被视为提前终止。在此情况下,破产重整执业者应向审判机关提交报告,列明根据还款计划做出的具体收支,还款计划提前结束的原因,以及尚未清偿债权的债权人细节。审判机关应根据破产重整执业者的报告,通过还款计划尚未完全实施的命令。债务人或在还款计划中尚未得到充分清偿的债权人,有权申请破产令。

9. 债务解除令

在还款计划的基础上,破产重整执业者应当向审判机关申请就还款计划所述债务发出债务解除令。还款计划可以规定债务的早期解除,或者在全面执行还款计划的基础上债务解除。但是,债务解除令不得使任何其他人因债务而承担任何责任。

(三)破产程序

破产程序(bankruptcy)是指由债权人或债务人申请提起,对破产人财产进行处置和管理的司法程序。破产程序包括:债权人或债务人提出申请,任命破产管理人,审判机关签发破产令,召集债权人会议,以及管理分配破产人财产等。

1. 破产申请

以下三种情形发生时,债务人或单独或共同的债权人有权在3个月内申请启动破产程序:其一,破产重整执业者提交报告,认为支付不能重整程序的申请是出于欺骗债权人或者破产重整执业者,审判机关据此作出驳回支付不能重整程序的命令;其二,审判机关驳回还款计划;其三,审判机关根据破产重整执业者报告,通过还款计划尚未完全实施的命令的。

自债务人申请之日起,临时暂停执行开始实施,并且在破产开始日期停止。合伙企业提出申请的,临时暂停执行适用于公司所有合伙人。

2. 破产管理人的任命与更换

若债务人或债权人在申请中提名破产执业者为管理人,审判机关应向委员会确认破产执业者未受纪律处分,委员会应确认或拒绝拟任命破产的执业者为管理人。债务人或债权人未在申请中提名,审判机关须指示委员会提名破产管理人。债权人委员会可以75%的表决票替换破产管理人,同时债权人也可向审判机关申请更换破产管理人。在上述第二种情况下,审判机关应指示委员会提名新的破产管理人。

除此之外,《印度破产法》还规定了破产管理人辞职及由于其他原因而导致破产管理人空缺的情况下,任命新的破产管理人的方式。被解除责任破产管理人有义务向新破产管理人披露有关破产程序的所有信息,并且必要时与新的破产管理人进行合作。

3. 破产令

审判机关应当在破产管理人被确认或提名后14天内通过破产令,破产令直至债务人被解除债务为止持续有效。破产令通过时,破产人的财产须交由破产管理人处理,并在债权人之间进行分配。在破产令存续期间,债权人不得针对该债务对破产人的财产采取任何措施。未经审判机关许可,不得就相关债务提起任何诉讼或其他法律程序。

但是,破产令不得影响任何担保债权人在破产令未通过的情况下,实现或以其他方式处理其担保权益的权利。同时,《印度破产法》还规定了担保债权的豁免情况:如果担保权利人在破产生效之日起30天内没有采取任何行动来实现其担保权,则担保债权人无权享有其债务的任何利益。

另外,无论破产人的债务是否被解,审判机关可在破产令存在明显错误或破产债务和破产费用均已按审判机关要求支付或提供担保的情况下,修改或撤销破产令。

4. 债权登记和债权人名单编制

破产开始之日起10天内,审判机关应发布公告,通知债权人申报债权。

债权人应当在公告发布后7天内向破产管理人提交债权详情以申报债权。破产管理人应根据破产申请和债权登记等材料编制债权人名单。

5. 债权人会议的召集和进行

破产管理人在破产开始之日起21天内向债权人名单中的债权人发出召集债权人会议的通知,并决定债权人会议的法定人数,仅在出席人数满足法定人数的情况下才能够进行债权人会议。债权人会议上应当决定成立债权人委员会。

6. 破产财产的管理与分配

《印度破产法》用了单独的一个章节规定破产财产的管理与分配。

(1)破产财产的管理

在破产财产的管理与分配上,《印度破产法》充分体现了破产管理人的职能。具体来说,破产管理人具有下列职能:调查破产人事务,变现破产财产,以及对破产财产进行分配。在破产管理人履行职能时,破产人也应给予充分的协助,并对相关事项进行及时告知。在此情形下,破产管理人可以自己的名义在破产管理中从事必要的或有利于破产人的行为。例如,起诉、应诉、订立合同等。破产管理人也有权处置破产人的相关财产。破产人的破产财产及相关文件,应在破产管理人任命之日起交付给破产管理人。根据《印度破产法》的规定,债务人在提出破产申请之日至破产生效之日的期间内,对财产的任何处分均视为无效,但同时法律也规定了善意取得的制度,即对破产不知情的破产人在善意且支付合理对价的情况下,破产管理人不得对其主张任何权利。

破产人"事后取得的财产"(after-acquired property of bankrupt)①仍应交付给破产管理人管理。破产管理人可通过向破产人或任何对该财产有利害关系的人发出通知的方式,放弃构成破产财产中的一部分"无益财产"

---

① 《印度支付不能与破产法》第158条规定:"'事后获得的财产'一词系指在破产生效日期后由破产人获得或移交的任何财产,但不包括已排除资产和通过破产程序的债务解除令后获得的财产。已排除资产根据第79条第14款包括:(a)对债务人或破产人为个人使用或就业、经营或职业必要,未设定抵押的工具、书籍及其他设备;(b)满足破产者及其直系亲属家庭基本生活所必需的未设定抵押的家具、家用设施;(c)由于宗教用途,属于债务人或其直系亲属,其价值不能被分开的未设定抵押的个人装饰品;(d)未设定抵押的债务人或其直系亲属名下的人寿保险和退休金计划;(e)根据规定在已有财产中未设定抵押的属于债务人单独的居住单元。"

(onerous property of bankrupt)。[①] 该放弃声明不得影响其他人的权利或责任，任何由于放弃实施而遭受损失或损害的人，均应就其损失或损害被视为破产人的债权人。利害关系人可书面向破产管理人提出异议，破产管理人应当在7天内决定该财产是否仍应被视为破产财产。同时，对于"低价交易"(undervalued transactions)[②]和"偏袒性交易"(preference transactions)，[③]破产管理人应当向审判机关申请宣告此类交易无效。对于"敲诈性信用交易"(extortionate credit transactions)，[④]破产管理人也可申请审判机关作出命令，撤销部分或全部交易，更改交易条款或更改为交易目而订立任何担保的条款，要求任何收到破产人根据交易应支付款项的人向破产管理人返还该款项，以及要求任何人向破产管理人交付为交易目的而持有的破产人的任何财产。

在破产开始之前双方互负到期债务的，破产管理人应主张抵消，只有抵销后的余额才可作为破产债务，或作为破产人财产的一部分支付给破产管理人。如果破产人死亡，破产程序将继续进行，与此前无二致。

(2)破产财产的分配

①临时分配

如果破产管理人有足够的资金，他可以在债权人之间就已经证明的破产债务，申报并进行临时分配。

② 财产分配

破产管理人经债权人委员会批准，可根据财产的估值，对不能轻易出售的财产，按其现有形式进行分配。

---

① 《印度支付不能与破产法》第160条规定："无益财产是指任何不盈利的合同；以及其他破产人财产中所包含的不可出售，或不易于出售，或可能引起索赔的财产。"

② 《印度支付不能与破产法》第164条第2款规定："低价交易是指在申请破产申请之后的两年期间内签订，并且导致破产程序被触发的低于价值的交易。"

③ 《印度支付不能与破产法》第165条规定："偏袒性交易是指给予任何人偏袒性待遇，而导致破产开始的交易，如果该交易是与给予破产人的关联人偏袒性待遇的，应当在破产申请之日起两年内订立；如果是给予关联人以外的其他人偏袒性待遇的，应在申请破产之日起六个月内订立。根据第79条第2款规定：'关联人'(associate)是指(a)债务人的直系亲属；(b)债务人的亲属或债务人配偶的亲属；(c)债务人的合伙人；(d)债务人合伙人的配偶或亲属；(e)债务人的雇主或雇员；(f)受益人包括债务人的信托的受托人，或者信托条款赋予受托人以为债务人利益而行使的权力的受托人；以及(g)债务人或债务人及其关联人拥有超过百分之五十股权或者拥有指定董事会董事权力的公司。"

④ 《印度支付不能与破产法》第167条第5款规定："敲诈性信用交易是指要求破产人就所提供的信贷作出高昂的付款，或者根据有关合同的法律原则是不合情理的信贷交易。"

③ 最后分配

如破产管理人认为可以分配破产财产或者可实现其认可的数额,应当通过宣布其进行最后分配的意愿或表明没有可进一步分配的财产,并指定最后日期进行针对破产财产的债权申报。在最后期限届满时,破产管理人应当在破产财产中支付破产的任何未偿付费用;若其打算宣布分配最终财产,应在已经证明债权的债权人中宣布并分配该财产,而不必考虑其他人的债权。若债务是合伙人与其他合伙人共同承担的,针对某一债务人的破产令通过时,除非其他债权人已经获得全额偿付,否则此项债务的债权人不得从破产人的独立财产中获得分配。

最后分配应当按照以下顺序进行:

第一,破产管理人进行破产程序的全部费用。第二,(1)破产开始日期前24个月的员工的工资;(2)担保债权人的债权。第三,在破产生效日期前12个月内,其他雇员的工资和任何未付款项。第四,破产开始前2年对中央政府及州政府的任何应付款项的全部或部分,包括印度统一基金和州统一基金。第五,破产人所欠的所有其他债务,包括无担保债务。

每种债务应按照上述顺序排列,同一类别的债务在其间平等分摊,并应全额支付,除非破产人的财产为不足以清偿所有债务。在这种情况下,债权人所得分配应按同等比例减少。因追回、保护或保存破产人资产而遭受损害或支付费用的债权人,审判机关可考虑债权人在此方面承担的风险,就该资产的分配,作出给予该债权人优于其他债权人的地位的决定。在偿付上述债务后的剩余部分,应用于支付从破产开始日期起尚未清偿的债务的利息,利息的支付不论债务的性质如何,均应用相同的方式计算。在合伙的情况下,合伙财产一律适用于支付合伙债务,并且每个合伙人的单独财产首先用于偿付其单独债务。如果合伙人的单独财产有盈余,则应作为合伙财产的一部分处理;如果合伙财产有盈余,则按照合伙财产中每个合伙人的权益比例作为各自单独财产的一部分进行处理。

7. 破产管理的完成

破产管理人应当召集债权人委员会会议,以完成对破产人财产的管理和分配,同时应向债权人委员会提供破产人财产管理情况的报告。债权人委员会应在收到报告后7天内批准破产管理人提交的报告,并确定破产管理人是否应解除责任。

8．债务解除令

破产管理人应在破产生效之日起1年内,或债权人委员会批准破产管理完成之时,向审判机关申请债务解除令。

债务解除令应将破产人从所有破产债务中解除责任。但以下债务不得解除:影响破产管理人的作用发挥的债务、影响破产程序运作的债务、以欺诈方式产生的债务及被破产人排除解除的债务。

五、结论

印度新《破产法》颁布之前,印度破产程序的便利程度在世界银行的统计中在189个经济体中位列第136位。① 其低效落后的破产制度及破产制度被滥用一起构成印度当前信贷市场陷入困境的原因。②《印度破产法》改变了原先破产程序多法并存的凌乱情形,巩固、修订并整合了包括《公司法》在内的多部现存的有关支付不能的法律,除金融公司外,所有公司、合伙企业和个人的破产与支付不能重整程序都将适用该法,打破了公司和个人与合伙企业破产法律分立的情况,使破产法律的适用更加统一和明确。在权利义务的确定方面,该法突出了债权人在支付不能与破产中的作用,充分考虑了各方债权人的利益(包括金融债权人和经营债权人、担保债权人和无担保债权人等),旨在提高债务回收率。在效率方面,《印度破产法》通过对支付不能重整程序规定严格的时间表来使公司迅速摆脱困境。同时,《印度破产法》还为法人破产提供了快速支付不能重整程序,该程序使满足条件的法人的破产时限在上述时间表的基础上得到了更大的缩短。在破产的承认与执行方面,《印度破产法》规定通过双边协议和与其他国家的互惠安排来解决跨境破产。在破产体制与框架方面,其创建了新的体制:审判机关(国家公司法法庭和债务回收法庭)、监督机关(印度破产事务委员会)、破产执业者和信息公共机构共同服

① See Doing Business, accessed September 1, 2017. http://www.doingbusiness.org/data/exploretopics/resolving-insolvency.

② See "India: The Insolvency And Bankruptcy Code, 2016 - Key Highlights", Accessed September 1, 2017. http://www.mondaq.com/india/x/492318/Insolvency + Bankruptcy/The + Insolvency + And + Bankruptcy + Code + 2016 + Key + Highlights.

务于破产程序,旨在促进破产解决和清算流程的专业化和高效化。可以说,该法是印度商业便利化的一大成就,是印度市场成熟的表现,将增强印度金融和银行业的发展潜力,同时也为印度吸引更多的外商投资提供了便利条件。①

An overview of the India Insolvency and Bankruptcy Code 2016

Shanshan YE　Tonglu YU

Abstract: In May 2016, IndiaLok Sabha passed the Insolvency and Bankruptcy Code. The law incorporates and modifies India's previous laws on bankruptcy, unifying the insolvency laws of corporate persons and individuals and partnership firms in a single law. It created a new system for the insolvency proceedings in India, in which National Company Law Tribunal and Debt Recovery Tribunal will be the Adjudicating Authorityin insolvency resolution liquidation for corporate persons and insolvency resolution and bankruptcy for individuals and partnership firms respectively; the insolvency and bankruptcy board of India will act as the supervisory authority and the competent authority; the insolvency professional will specifically serve the insolvency proceedings; information utilities will provide a unified collection and inquiry service for insolvency-related information. These have enhanced the specialization of the mechanism and have increased the efficiency of the insolvency proceedings. There are three procedures in insolvency resolution liquidation for corporate persons: corporate insolvency resolution process, liquidation process and fast track corporate insolvency resolution process. Each procedure has strict time limit. The Code also provides three different procedures for insolvency resolutionand bankruptcy for individuals and partnership firms: fresh start process, insolvency

① See Anjan Kalita, "The Insolvency and Bankruptcy Code, 2016: a Milestone in India's Development Process", Accessed September 1, 2017. https://www.linkedin.com/pulse/insolvency-bankruptcy-code-2016-milestone-indias-process-anjan-kalita.

resolution process and bankruptcy process. The first two procedures were established to relieve the eligible debts of the debtor, while the latter is the choice of bankruptcy in the absence of reorganization. In the mean time, the Code gives creditors more rights in insolvency proceedings, which is conducive to raising the debt recovery rate of Indian bankruptcy, reflecting the improvement of the Indian business environment.

Key Words: Insolvency and Bankruptcy Code of India; Insolvency resolution liquidation for corporate persons; Insolvency resolutionand bankruptcy for individuals and partnership firms

金砖国家法律研究(总第2卷·2017年)
第193~215页

南非民事司法制度

Danievan Loggerenberg* 李思文**译

内容提要:南非高等法院在民事诉讼中采用的对抗制,起源于英国。正如所有国家的民事诉讼制度一样,南非民事诉讼制度并非一成不变,而是不断演进、发展和变化的。南非民事诉讼制度主要的法律渊源包括南非的《议会法案》及各种法院规则。为了满足社会日益变化的需求,这些法律渊源不断被修订及完善。但是由于法庭的拖延及高成本的程序机制,公众对民事诉讼程序存在不满。南非高等法院,通过规范法院诉讼程序等手段,为公众将纠纷诉诸司法程序铺平道路。南非民事诉讼程序的闪光之处在于,民事诉讼程序仍处在不断的发展和完善之中,旨在为民众通过司法程序解决纠纷扫清障碍、铺平道路,以更好地确保民众行使1996年《南非共和国宪法》中规定的基本权利,尤其是该宪法第34条赋予民众的获得公平审判权的行使。本文将对南非的法院系统、司法体系、高等法院诉讼程序及其根本原则、上诉、集体诉讼及可替代性民事纠纷解决机制等内容进行介绍。

关键词:法院系统　司法体系　高等法院的民事诉讼程序　上诉　集体诉讼　南非

---

* Danie van Loggerenberg,南非比勒陀利亚大学法学院教授。原文 Civil Justice in South Africa 载于 BRICS Law Journal Volume Ⅲ (2016) Issue 4,本文翻译已征得作者与出版社同意。

** 李思文,华东政法大学硕士研究生。

概述

南非的法律分为实体法和程序法。实体法主要涉及个体权利、义务,以及个体权利受到侵害时应当如何进行救济的具体规定。程序法,包括民事诉讼法,主要规定权利及义务如何落实,以及救济如何实现。

南非的法律主要来源于罗马—荷兰法。然而,自19世纪初,罗马—荷兰法的民事诉讼法已逐渐被英国法同化。①

本文将着重介绍南非高等法院中的民事诉讼对抗制。对抗制起源于英国,但自1828年英国实施该制度以来,②对抗制便按其自身轨道,逐渐发展成为一套独立的体系。

民事诉讼程序并非一成不变。“程序”(procedure)一词,内含有“向前”(going forward)的意思。③由此可以见得,民事诉讼程序不仅旨在通过推进庭审,解决当事人之间的纠纷,更致力于通过民事诉讼程序的不断变化发展,反映社会变迁所带来的新需求。所有的法律制度的发展及演变都与一国的历史、文化、社会、经济及政治环境等因素紧密相关。这些因素推进着法律制度的应用与变革。因此,民事诉讼法律制度也被上述各种因素所影响。并且,无论这些因素是否直接与司法相关,都对民事诉讼制度形成与发展产生作用,这种影响也在南非的民事诉讼法中有所体现。南非的民事诉讼法主要移植于英国法,同时也受罗马—荷兰法的影响。并且,受1996年《南非共和国宪法》(以下简称《南非宪法》)确立的宪法至上的宪政体制的影响,南非民事诉讼法体系下的任何规定都必须符合宪法精神。

---

① Hennie Erasmus, The Interaction of Substantive and Procedural Law: The Southern African Experience in Historical and Comparative Perspective, *Stellenbosch Law Review*, 1990, Vol. 1, p. 348.

② 南非民事诉讼法奠基人 Hennie Erasmus 认为:“南非民事诉讼程序‘起源于英国,甚至就是英国的民事诉讼程序’。在1828年第一次司法宪章以及1834年第二次司法宪章下,为好望角殖民地最高法院所创设的诉讼程序,展现出了普通法下诉讼程序的基本特征,即对抗制的诉讼程序,由诉讼当事人主导诉讼进程,法院在诉讼过程中保持被动以及中立的态度。整个诉讼程序具有道德性、即时性以及公开性。”

③ Wolfgang Bernhardt, *DasZivilprozessrecht*, 3rd ed., *Berlin*: *De Gruyter*, 1968, correctly states that a legal procedure is“alsLebensvorgangbetrachtet, einVerfahren. Daherkommtauch der Name: processor (procedure-vorwartsschreiten)”!

一、南非民事诉讼法的法律渊源

南非民事诉讼法并非是一部独立的法典，而是由以下法律渊源构成：

(a)《南非宪法》；

(b)高级法院2013年第10号法案；

(c)《南非宪法》第173条规定的高级法院的管辖权；

(d)地方法院1944年第32号法案；

(e)小额诉讼法院1984年第61号法案；

(f)法庭规则；①

(g)实践指导；

(h)普通法(例如，某种程度上罗马—荷兰法未被完全废止或者消失)；

(i)判例法。

二、法院系统

根据《南非宪法》第166条，南非的法院系统，具体由以下法院组成：

(a)宪法法院；

(b)最高上诉法院；

(c)高等法院；

(d)地方法院；

(e)根据《议会法案》建立或由《议会法案》认可的其他法院。

法院是独立机构，仅遵从于宪法及法律。法院必须公平公正、无所畏惧、不偏私地开展司法活动。②

任何国家机构或者个人都不得妨碍法院的正常运行。③

---

① 这些规则包括，宪法法院规则、最高上诉法院规则、针对高等法院不同审判庭的统一法庭规则及地方法院规则。

② 《宪法》第165(2)条。

③ 《宪法》第165(3)条。

国家各机关都必须通过立法或其他方式,协助及保护法院,以确保法院能够独立、公正、不偏私、有尊严地开展工作,保障法院工作的高效性,以及保障公众能够在有需要的时候通过司法途径寻求救济。①

《南非宪法》第34条明确规定:人人都有通过法院寻求救济的权利。换言之,人人都享有通过法院或者在合适的情况下由其他独立的、公平公正的裁判庭或法庭,经过公平公开的审理及法律适用后,解决争议的权利。

三、特别法院

根据《南非宪法》第166条,以下几种特别法院可以根据《议会法案》设立或者依法获得效力认可:

1. 对海事案件享有管辖权的法院:根据《海事管辖规则》第2(1)条,②南非高等法院的各审判庭,均有权对任何海事诉请进行审理及判决。这些与海事有关的诉请包括:海事打捞,因在岸上发现的船只、船货、货物所提起的相关诉请。并且,在第二种情况下,无论该诉请提起地、争议船只的登记地、船只所有权人的居住地、住所或国籍,南非高等法院的各审判庭,均对此类案件有管辖权。

2. 劳动法院:根据《劳动关系法案》第151条的规定,③劳动法院是为了彰显公平公正精神而设立的专门法院。④ 劳动法院拥有与高等法院同等的权力。⑤ 一般来说,劳动法庭主要处理因雇佣或其他劳动关系而引起的争议。⑥

3. 劳动上诉法院:根据《劳动关系法案》第167条的规定,⑦劳动上诉法院是为了彰显公平公正精神的而设立的专门法院。⑧ 劳动上诉法院拥有与最高

---

① 《南非宪法》第165(4)条。

② 1983年第105号《海事管辖规则》(Admiralty Jurisdiction Regulation Act No. 105 of 1983)。

③ 1995年第66号《劳动关系法》(Labour Relations Act No. 66 of 1995)。

④ 《劳动关系法》第151(1)条。

⑤ 《劳动关系法》第151(2)条。

⑥ 《劳动关系法》第157条。

⑦ 1995年第66号《劳动关系法》。

⑧ 《劳动关系法》第167(1)条。

上诉法院同等的权利。[①] 劳动上诉法院是审理因不服劳动法院的裁判而提起上诉的终审法院。[②]

4. 竞争上诉法院:根据《竞争法案》第 36 条的规定,[③]竞争上诉法院是依法设立的,与高等法院处于类似地位层级的法院。[④] 竞争上诉法院主要承担的职责是:审查竞争裁判庭作出的裁决或处理因不服竞争裁判庭的裁判而提起的上诉。[⑤]

5. 处理土地争议的法院:土地赔偿争议法院根据《土地赔偿法案》第 22 条的规定[⑥]依法设立。[⑦] 当土地争议案件属于土地赔偿法院管辖时,该法院所作出的判决或裁定,具有和高等法院同样的效力。[⑧] 除高等法院有权管辖的情况外,土地索赔法院有权对以下的争议事项作出处理,例如:

(1)根据《土地赔偿法案》的相关条款,决定是否能够获得土地赔偿的权利;[⑨]

(2)当私人主体拥有或控制的土地依照《土地赔偿法案》相关条款被征用或征收时,批准相应的赔偿方案;

(3)决定自然人是否有权取得《土地赔偿法案》第 3 条下规定的土地的所有权;

(4)确定当事人因对土地权的处置而获得的赔偿或任何对价是否公正合理。

6. 衡平法院:根据《促进平等和防止歧视法案》第 16 条的规定,[⑩]高等法院各法庭,事实上也是衡平法庭,处理其管辖权范围内的争议。[⑪] 各个衡平法

---

① 《劳动关系法》第 167(3)条。

② 《劳动关系法》第 167(2)条。

③ 1998 年第 89 号《竞争法》(the Competition Act)。

④ 《竞争法》第 36(1)(a)条。

⑤ 《竞争法》第 37(1)(a)和(b)条。竞争法法庭将对任何为竞争法所禁止的行为、提起的上诉进行审判,或者审查竞争委员会的决定(第 27 条)。

⑥ 1994 年第 22 号《土地赔偿法》(the Restitution of Land Rights Act)。

⑦ 《土地赔偿法》第 22(1)条。

⑧ 《土地赔偿法》第 22(2)(a)条。

⑨ 1994 年第 22 号《土地赔偿法》。

⑩ 2000 年第 4 号《促进平等和防止不公平歧视法》(the Promotion of Equality and Prevention of Unfair Discrimination Act)。

⑪ 《促进平等和防止不公平歧视法》第 16(1)(a)条。

庭负责处理关于不公平歧视、仇恨言论或者骚扰的控诉。①

7.选举法院:根据《选举委员会法案》第18条的规定,②选举法院所作的判决和裁定的效力与高等法院作出的具有同等效力。③ 当选举委员会的决定涉及某项法律的解释而上诉人认为此解释不合理,或存在法律规定的某种上诉理由时,上诉人则有权将此决定上诉至选举法院。④ 而在这种情况下,选举法院则有权审查选举委员会的决定,⑤对因反对委员会决定而提起的上诉进行听证及审判。

8.儿童法院:根据《儿童法案》第42条的规定,⑥各个地方法院也同时作为各个辖区的儿童法院,对以下相关事项享有管辖权:⑦

(a)儿童保护及儿童福利;

(b)对儿童的照料及接触;

(c)亲权关系;

(d)对儿童的抚养;

(e)是否有对儿童存在虐待、谩骂、剥削等行为,已触及刑事责任的除外;

(f)是否给予儿童临时性的安全照顾;

(g)儿童的收养问题,包括跨国收养。⑧

9.处理赡养、抚养等问题的法院:根据《赡养法案》第3条的规定,⑨各个地区法院(按区域分),也同时作为各个辖区的赡养法院,对相关案件享有管辖权。例如,对有关赡养、抚养条款的相关咨询进行解释,判决有关当事人应当承担赡养或抚养另一方的责任,向另一方支付赡养费或抚养费。⑩

---

① 《促进平等和防止不公平歧视法》第21(1)条。

② 1996年第51号《选举委员会法》(the Electoral Commission Act)。

③ 《选举委员会法》第18条。

④ 《选举委员会法》第20(1)(a)和(b)条。

⑤ 根据1996年第51号《选举委员会法》第3条,选举委员会依法被设立,主要承担加强立宪民主及推进民主选举程序的职责。该委员会的职责包括:“(ⅰ)管理任何选举;(ⅱ)确保自由及公平地选举;(ⅲ)改善选举条件,导向自由及公平地选举;(ⅳ)促进传播与正确、民主的选举程序有关的知识;(ⅴ)促进提升选举人教育水平。”

⑥ 2005年第38号《儿童法》(the Children's Act)。

⑦ 《儿童法》第42(1)条。

⑧ 《儿童法》第45(1)条。

⑨ 1998年第88号《赡养法》(the Maintenance Act)。

⑩ 《赡养法》第10~18条。

四、司法体系

1. 宪法法院、最高上诉法院及高等法院：根据《南非宪法》第174(1)条的规定，任何具备资质的男性或女性，当满足一定条件时，均可以被任命为司法官。值得注意的是，只有南非公民，才能够被委任成为宪法法院的司法官。

2. 劳动法院：劳动法院的院长及副院长必须是来自高等法院的法官，[①]并且在劳动法领域拥有专业知识和经验。[②]

劳动法院的法官必须也是高等法院的法官[③]或者是一名律师，[④]在劳动法领域拥有专业知识和经验。[⑤]

3. 劳动上诉法院：劳动上诉法院的人员构成为：

(1)劳动法院的院长：[⑥]根据《劳动关系法案》第153条第2款的规定，[⑦]劳动法院院长必须是高等法院法官，并且具备劳动法领域的专业知识和经验。

(2)劳动法院的副院长：[⑧]根据《劳动关系法案》第153条第2款的规定，[⑨]劳动法院副院长必须是高等法院法官，并且具备劳动法领域的专业知识和经验。

(3)为了保证劳动上诉法院相关工作的有效运作，在人员的配备方面，高等法院的法官也可被委任为劳动上诉法院的法官。[⑩] 根据《南非宪法》第174条第1款的规定，仅具备相关资质并且符合条件的人才可担任高等法院法官。

4. 竞争上诉法院：竞争上诉法院的院长及所有法官均必须从高等法院法官队伍中遴选。[⑪] 同时根据《宪法》第174条第1款的规定，任何具备资质的男性或女性，在满足一定条件时，均可以被任命为高等法院法官。

---

① 1995年第66号《劳动关系法》第153(2)(a)条。
② 1995年第66号《劳动关系法》第153(2)(b)条。
③ 1995年第66号《劳动关系法》第153(6)(a)(ⅰ)条。
④ 1995年第66号《劳动关系法》第153(6)(a)(ⅱ)条。
⑤ 1995年第66号《劳动关系法》第153(6)(b)条。
⑥ 1995年第66号《劳动关系法》第168(1)(a)条。
⑦ 1995年第66号《劳动关系法》。
⑧ 1995年第66号《劳动关系法》第168(1)(b)条。
⑨ 1995年第66号《劳动关系法》。
⑩ 1995年第66号《劳动关系法》第168(1)(c)条。
⑪ 1998年第89号《竞争法》第36(2)条。

5. 土地索赔法院:土地索赔法院的院长及院内所有法官的任职资格包括:

(1)必须符合相关资质和条件。[①]

(2)并且必须是高等法院的法官;或是至少具备10年以上相关专业工作经验的出庭律师或事务律师;[②]或在大学讲授法学。[③]

(3)通过专业训练及经验积累,熟练掌握《土地赔偿法案》[④]及南非其他法律[⑤]中涉及的相关土地争议问题的专业知识及处理经验。

6. 衡平法院:只有完成衡平法院常务司法官的专业培训后,法官、地方法官或者其他地方法官才可根据《促进平等和防止歧视法案》[⑥]中条款的规定,被委任成为衡平法院的常务司法官。[⑦]

7. 选举法院:选举法院的人员构成为:

(1)1名院长,由最高上诉法院的法官担任。[⑧]

(2)2名来自高等法院的法官。[⑨]

(3)2名南非公民。[⑩]

8. 儿童法院:儿童法庭的首席司法官必须是地方法官。[⑪] 根据《地方法官法案》第10条[⑫]的规定,任何具备资质的男性或女性,在满足一定条件时,均可以被任命为地方法官。

9. 赡养法院:任何具备资质的男性或女性,在满足一定条件时,均可以被任命为地方法官。

10. 为了更好地对司法系统工作人员进行专业培训,南非司法教育学院依据《南非司法教育学院法案》[⑬]而设立,旨在为司法系统工作人员提供教育培训,以期加强法院工作的独立性、公平公正性和权威性,提高司法效率,为

---

① 1994年第22号《土地赔偿法》第23(b)条。

② 南非对律师类别的划分,和英国类似,如将律师分为事务律师(solicitors)及出庭律师(barristers)。

③ 1994年第22号《土地赔偿法》第23(c)(ⅰ)条。

④ 1994年第22号《土地赔偿法》。

⑤ 1994年第22号《土地赔偿法》第23(c)(ⅱ)条。

⑥ 2000年第4号《促进平等和防止不公平歧视法》。

⑦ 2000年第4号《促进平等和防止不公平歧视法》第16(2)条。

⑧ 1996年第51号《选举委员会法》第19(1)(a)条。

⑨ 1996年第51号《选举委员会法》第19(1)(a)条。

⑩ 1996年第51号《选举委员会法》第19(1)(b)条。

⑪ 2005年第38号《儿童法》第42(2)条。

⑫ 1944年第32号《地方法官法》(the Magistrates' Courts Act)。

⑬ 2008年第14号《南非司法教育学院法》(the South African Judicial Education Institute Act)。

当事人通过司法途径寻求救济铺平道路。

11. 从传统意义上来说，在南非，法官的职责主要是“释法”而非“造法”。[①] 然而，根据《南非宪法》第173条的规定，宪法法院、最高上诉法院及高等法院可以基于“司法利益”的考量，在一定程度上“发展”法律。[②] 此外，《南非宪法》第172条规定，在下列宪法事项中，最高法院拥有如下权力：

(1)当法院在其权限范围内处理与宪法有关的事项时，法院：

(a)宣布违反宪法的法律或行为在其“违法的范围内”无效；

(b)以及下达其认为公平公正的指令，包括：

(ⅰ)限制某项无效宣告的溯及力；

(ⅱ)以及在任何期间或任何条件下，中止某项无效宣告以使相关管辖机关可对该项违法事项进行纠正。

(2)(a)最高上诉法院、南非高等法院或者具有相同地位的其他法院，可以对《议会法案》、省级法案、总统的行为是否合宪作出决定。但是，除非获得宪法法院的承认，该类关于是否合宪的决定没有拘束力。

(b)法院作出违宪判令以后，可以对相关当事方授予临时禁令或临时救济，或延期开庭，以等待宪法法院对该法令或行为是否违宪作出最终决定。

(c)国家立法机关必须将该项违宪判令转送至宪法法院。

(d)任何有利益诉求的自然人或国家机关，可以直接向宪法法院提出申请或上诉，以确认或变更某法院已经作出的违宪判令。

五、诉讼程序

1. 诉讼中的基本原则[③]

“两造兼听”(*audialterampartem*)原则，即在整个诉讼过程中，当事人均享有同等机会，向对方当事人及法庭陈述己方的案件事实。这同时也意味着，

---

① Lucas C. Steyn, *Die Uitleg von Wette* (*Interpretation of Statutes*), 5th ed., Cape Town: Juta, 1981, p. 1.

② 南非普通法(即实体法)滥觞于罗马—荷兰法。

③ See, in general, Wouter le R. de Vos, Civil Procedural Law and the Constitution of 1996: An Appraisal of Procedural Guarantees in Civil Proceedings, *Journal of South African Law*, 1997, Vol. 3, p. 444; Estelle Hurter, Seeking Truth or Seeking Justice: Reflections on the Changing Face of the Adversarial Process of Civil Litigation, *Journal of South African Law*, 2007, Vol. 2, p. 240.

一方当事人有权知晓另一方当事人对案件的陈述及相关证据材料,以防诉讼过程中,一方当事人因对方当事人突然提出的新事实或新证据而自乱阵脚。

双方当事人对案件享有掌控权,即是否将一个案件提交法院审理、是否决定应诉、决定调解的范围等问题均由当事人双方自由决定。当事人也有权自己决定将向法院提交何种证据材料。

通常情况下,案件必须公开审理。

诉讼中,还有口头辩论原则,即在案件审理的过程中,当事人及其证人将提供言词证据。

法官在审判案件时不得主导诉讼进程,并且应当保障公平公正、不偏私地进行裁判。

法官有义务在一定期间内,作出合法明确的判决,并陈述相应理由。①

以下诉讼原则贯穿于法庭规则之中:

(1)法庭不鼓励通过形式主义来运用法庭规则。②

(2)设计法庭规则本身并非目的,而是一种手段。即通过法庭规则的设计来合理地节约诉讼成本及取得较高的诉讼效率。③

(3)在适用法庭规则时,应当本着便于法庭开展工作、不增加当事人诉讼成本及提高纠纷解决效率的原则,解释和适用法庭规则。④

(4)法庭规则是用来服务法庭的。⑤

(5)法庭有权通过适用法庭规则,为诉讼当事人实现正义,并且在诉讼过程中,也遵守实现正义的原则来处理各项相关事宜。⑥

---

① See, for example, Strategic Liquor Services v. Mvumbi No. 2010 (2) SA 92 (CC) and Exdev (Pty) Ltd. v. Pekudei Investments (Pty) Ltd. 2011 (2) SA 282 (SCA).

② Trans-African Insurance Co. Ltd. v. Maluleka 1956 (2) SA 273 (A) at 277A – B; Maharaj v. Barclays National Bank Ltd. 1976 (1) SA 418 (A) at 423E; Federated Trust Ltd. v. Botha 1978 (3) SA 645 (A) at 654C; Rabiev. De Wit 2013 (5) SA 219 (WCC) at 222E – 223A.

③ Hudson v. Hudson 1927 AD 259 at 267; Federated Trust Ltd. v. Botha, supra, at 654C – E; Eke v. Parsons 2016 (3) SA 37 (CC) at para. 40.

④ Ncoweni v. Bezuidenhout 1927 CPD 130.

⑤ RepublikeinsePublikasies (Edms) Bpkv. AfrikaansePersPublikasies (Edms) Bpk 1972 (1) SA 773 (A) at 783A – B; Standard Bank of South Africa Ltd. v. Dawood 2012 (6) SA 151 (WCC) at 159E; Mukaddam v. Pioneer Foods (Pty) Ltd. 2013 (5) SA 89 (CC) at para. 32; Eke v. Parsons, supra, at paras. 39 – 40.

⑥ RepublikeinsePublikasies (Edms) Bpk v. AfrikaansePersPublikasies (Edms) Bpk, supr, at 783C – D.

(6)设计法庭规则的目的是实现公平正义而非阻碍公平正义的实现。实际上,法庭规则存在的首要意义就是为了保障公平正义的实现。①

(7)在未出现实质性不公正的情况下,不允许在庭审程序中提出技术性反对。因为如果可以随意允许在未有实质不公正出现的情况下就对庭审程序提出质疑,则会阻碍判决的有序进行,增加诉讼的经济成本和时间成本。②

2. 对抗制诉讼的程序

在高等法院,一宗典型的诉讼始于立案及法院传票的送达。③当事人自行采取各种步骤向法院提起诉讼并且为案件的审判准备必要的材料。在该阶段,法官仅对是否给予当事人临时救济作出考量。在审判过程中,当事人仍然起主导作用。具体体现为:由当事人决定哪些证据将在法庭上出示;由当事人主导询问证人的程序。在该阶段,法官将审查诉讼程序是否合法,再最终给予判决。

审前阶段,以当事人之间交换诉状及履行特定程序为主要特征。特定程序包括:例如为正式庭审做准备而进行的证据开示。审判阶段则由几个连续的法庭程序构成。其中的标志性程序是由当事人直接的对证据进行口头陈述。在这一过程中,当事人将向法庭呈出所有的证据材料以陈述该方事实。法官将基于所有的证据材料,作出判决。④整个诉讼程序由代表各方当事人利益的出庭律师主导。法官的作用,仅是确保律师们在遵循"游戏规则"的情况下进行诉讼。当双方当事人结束事实陈述后,他们将依次向法官陈述各方论据。当事人向法庭陈述论据的目的包括两方面:其一,引导法官形成有利于该方当事人事实的判断;其二,引导法官根据相关法律原则,作出为司法机关认可的意见。在陈述论据阶段,出庭律师起着重要作用。法庭不能就庭上提出的论据发起疑问,也不能提示当事人他们疏忽了哪些问题。律师们常常会

---

① RepublikeinsePublikasies (Edms) Bpk v. AfrikaansePersPublikasies (Edms) Bpk, supra, at 783A – B; Mukaddam v. Pioneer Foods (Pty) Ltd., supra, at para. 32.

② Trans-African Insurance Co. Ltd. v. Maluleka, supra, at 278F – G.

③ 在高等法院的诉讼程序中,在对抗制动议的场合下,各方当事人经过宣誓后,可以申请动议通知书(即提交证词、答辩、回复答辩)。

④ 南非的法官没有权限自行下达动议,以寻求案件的事实。法官只能基于当事人提供的材料,来建立起案件的事实。也就是说,法官无法主动寻求案件的客观事实。法官必须尊重法律事实,或者在乐观情况下,尊重与客观事实相一致的法律事实。See Wouterle R. de Vos & Daniel E. van Loggerenberg, Activism of the Judge in South Africa, 4 Journal of South African Law 592, 598 (1991).

估测法官是否会作出有利于该方当事人的判决,因此"司法无准备"(judicial unpreparedness)原则也不被严格遵循。因此,实际上,"法院在整个诉讼过程中的主要职责是确保由当事人提出或主张的法律问题在法庭上明确解决"。①但是,法庭没有权限也没有责任,根据其自己认为的事实作出相应的法律判断。事实的陈述是属于当事人的"特权"。

律师进行总结陈词后,法庭有可能下达暂时性的口头判决。但在实践中,更多的时候,法官暂不作出判决,而是通过一定时间对案件进行通盘考量后,下达书面判决。判决必须以一定的形式记录下来。实践中的通行做法是,法庭对一个案件作出的判决必须是基于对事实及法律的双重考量。②

3. 对抗制上诉程序③

典型的对抗制上诉,始于动议通知的送达。在动议中,必须包含当事人的书面证词。动议通知通常必须载明以下几项内容:

(1)由高等法院的哪个庭受理该上诉请求;

(2)上诉的当事人;

(3)上诉人的请求(如请求哪些救济);

(4)被上诉人应当作出回应及提交应诉状的时间期限。

上诉人提交的证词中所载的事实,必须简明扼要,并且以时间顺序排列,且所载的事实,不应包括有争议的事实。具体事实的陈述,应当包括以下信息:

(1)上诉人享有上诉权利,即上诉人的出庭资格;

(2)法院有管辖权;

(3)双方当事人所依据的诉讼程序;

(4)上诉请求的相关证据。

在上诉申请中,被上诉人的应诉文件中,通常应当包括以下信息:

(1)应诉通知书;

(2)答辩书。

---

① Lawrence G. Baxter, Civil Litigation and Jura Novit Curia, *South African Law Journal*, 1979, Vol. 96, p. 536.

② 案卷记录,是出于对当事人公平公正的考虑。这也为之后可能的上诉程序提供方便。

③ See Daniel E. van Loggerenberg, *Erasmus Superior Court Practice*, Vol. 2, 2nd ed., Cape Town: Juta, 2015.

上诉人可以对被上诉人提交的应诉文件进行回复。通常而言,上诉人所有的主张都应当写明于书面证词中。上诉人不得将对被上诉人的回复中提出的补充事实,写进原来的证词中。

上诉人的上诉书面证词、被上诉人的应诉状及上诉人针对此应诉状的回复,是上诉程序中常见的三类书面文件。然而,法院在其自由裁判范围内,可以允许当事人提交进一步的书面证词,补充的书面证词带来的相关事实信息等可能改变法院对案件的判决思路。上述补充证词仅在少数情况下才可使用,如上诉人的回复证词中出现提及了新的事实。

尽管按照标准惯例,书面证据应当在听证程序开始之前就提交,但实际上,代理人在听证程序中,会以口头方式叙述载于宣誓书中的,基于事实所提出的法律论据。

六、民事诉讼中的证据规则①

南非的证据法并非依照罗马—荷兰法的传统而建立。南非民事诉讼中的证据规则大多遵循普通法的传统。1961 年 5 月 30 日,英国民事证据规则在南非正式施行。除此之外,南非议会法案中也对民事证据规则有所规定,但对一些具体事宜并无涉及。南非证据法也包括判例法,以遵循先例为原则。

《南非宪法》第 35(5)条规定,以违反《权利法案》中规定的任何权利的方式获取的证据,并且该证据的使用将导致不公正的审判或有损司法公信,则该项证据应当被排除。

支持一方当事人主张的证据的证明程度,应当遵循“盖然性权衡”原则。②

典型的对抗制诉讼中,在结束陈述诉请的程序后,将重点关注文书证据披露及请求提交专家证据上。在该阶段,当事人提供证人证言以证明其所提出的各方主张。③并且,当事人也必须确保证人能够出庭作证。证据准备阶段

---

① See David T. Zeffertt and Andrew P. Paizes, *The South African Law of Evidence*, 2nd ed., Durban: LexisNexis, 2009.

② Ocean Accident and Guarantee Corporation Ltd. v. Koch 1963 (4) SA 147 (A).

③ 证人证言有优先权,不需提前向法庭或对方当事人披露。

及相关的证据程序,均应由当事人主导和启动。[1]而法庭在该阶段,不主动推进诉讼进程,除非当事人主动寻求法庭解决与该阶段程序或其他程序相关的争议。

审判程序中的举证类似于一个“单方展现”的过程“单方面的连续展现”,由当事人自行提出证据材料来证明己方提出的案件事实和观点。一般来说,证据将以口头辩论地形式呈现,每个证人需要接受另一方代理人的交叉询问。法官将基于该阶段的证据材料,作出最终的判决。在审判程序中,法官处于被动状态,并秉持中立的态度,避免“陷入当事人之间的冲突之中”。[2]但法官有权就某些尚待明确地问题向证人提问。同时法官也必须判断代表当事人利益的代理人是否恰当地遵循当前诉讼阶段的程序规则。但必须指出的是,法官不得超出这种权限范围,如以交叉询问的方式向证人提问或者超出权限范围传唤非由当事人申请的证人出庭作证。

实际上,当事人在调取及提出证据方面的“权力”已随时间的推移,逐渐为立法所明确或已被确立为法庭规则。这些发展演变包含以下几个方面:[3]

1. 如果客户的账户可以透支且该账户钱款每天都有浮动时,当商业银行请求该客户还款时,该商业银行必须提供相关账簿及其他交易记录,以明确该客户或其保证人及共同债务人的具体欠款数额。事实上,提供账簿里的多项钱款来往信息,尤其当账簿是由不同银行职员记录的情况下,是十分困难的。因此,银行业间逐渐形成惯例,即银行与客户及其保证人签订协议,并载明银行经理签发的证明书,构成初步证据,以证明银行与债务人之间的债权债务关系。上述证明书可以在法庭上作为证据使用。在 Senekal v. Trust Bank of Africa Ltd. [4]案中,上述证明书就曾作为证据在上诉庭(现为最高上诉

---

① See Estelle Hurter, Seeking Truth or Seeking Justice: Reflections on the Changing Face of the Adversarial Process of Civil Litigation, *Journal of South African Law*, 2007, Vol. 2. At 242 Hurter, inter alia, states:“当事人将与证人(包括专家)会谈,并决定请求哪些人士,应哪种法院指令出庭作证。证据准备工作以及证据提交,全都掌握在当事人自己手中。” At 243 Hurter states:“小结:在对抗制制度下,当事人将决定所有的诉讼程序的形式、内容以及诉讼进程。”

② Per Lord Greene in Yuill v. Yuill 1945 All ER 183 (CA); and see Hamman v. Moolman 1968 (4) SA 340 (A) at 344E – G.

③ 南非证据法,建立在于 1961 年 5 月 30 日在南非施行的英国证据法之上。See, in this regard, Zeffertt&Paizes 2009, at l3 etseq.

④ 1978 (3) SA 375 (A).

法院)使用。[①]

2.《电子通讯及交易法》规定,[②]在日常经营中,个人发出的数据信息,[③]或者经由专业工作人员证明真实无误的数据信息的复制件可以在民事诉讼程序中作为证据使用。并且,记录这些信息的复制及打印件或其中摘取的任何部分所反映的事实,也可在庭审程序中质证。根据这项条款,在民事诉讼程序中,商业银行提供的账单直接具有证据效力。

3.《证据规则修正法案》第3条规定,[④]可以授权当事人,在某些情况下提交传闻证据。允许传闻证据的使用实则为证据规则的一大突破。[⑤]《证据规则修正法案》第3条具体规定如下:

(1)在遵守其他相关法律的情况下,在刑事或民事程序中,传闻证据不得作为证据被使用,除非:

(a)被对抗的一方当事人同意在诉讼程序中使用传闻证据;

(b)如果需要依据当事人的信用来决定传闻证据的证明力,则该当事人必须接受质证;

(c)法庭,必须基于以下因素来考虑是否使用传闻证据:

(ⅰ)诉讼性质;

(ⅱ)证据性质;

(ⅲ)提出该项传闻证据的理由;

(ⅳ)该项传闻证据的证明力;

(ⅴ)一方当事人无法提出客观证据的原因;

(ⅵ)允许该项传闻证据的使用,是否会对当事人造成任何不公平;

(ⅶ)其他应当为法庭所考虑的因素。

法庭应当基于司法正义,考虑是否使用传闻证据。

---

① 债务人将决定是否对该种初步证据提出驳斥意见。若初步证据未被反驳,则初步证据将成为足够的证据,以支撑证明书所反映的事实。

② 参见《电子通讯及交易法》第15条。《电子通讯及交易法》于2002年8月30日生效。See Julien Hofman, South Africa in Electronic Evidence: Disclosure, Discovery and Admissibility in S. Mason etal., eds., London: LexisNexis, 2007. (the Electronic Communications and Transaction Act).

③ 2002年第25号《电子通讯及交易法》第1条,将"数据"定义为,"任何形式下,信息的电子呈现",将"数据信息"定义为,"通过电子方式产生、发送、接受或储存的数据,包括(a)语音,即在自动交易中被使用的语音;以及(b)已被储存的记录。"

④ 1988年第45号《证据补充法》(the Law of Evidence Amendment Act)。

⑤ See Zeffertt & Paizes 2009, at 389 et seq. 39.

(2)上述(1)条款不得采纳原本不被接受的证据,除非该证据是传闻证据。

(3)根据上述(1)(b)条款的规定,传闻证据暂时可被接受,除非该当事人同意接受质证。如果该当事人未接受质证,则法庭将不予考虑接受该传闻证据。但是,若基于上述(1)(a)条款或者(1)(c)条款,则该传闻证据仍应当被法庭接受。

(4)相关定义:“传闻证据”指的是某一类证据,无论该证据是以口头还是书面的形式呈现,该类证据的证明力都将基于提供该传闻证据的人(而不是直接提供该证据的人)的信用;“当事人”指的是被提起公诉的一方或者是反对引入传闻证据的一方当事人,包括原告。

4.适时检查制度,是一项为了使法院能够更好地遵循证据规则及适用证据的制度,包括实物证据。在 Kruger v. Ludick① 案中,该制度的具体运用如下:

当实行适时检查时,记录法庭的核心观点是十分重要的一项工作。记录可以由法庭自己制作并给予当事人就该记录内容征询当事人的想法,如提出质疑或者认可内容。如果双方当事人愿意,还可对争议所涉及的主要证据进行质疑并且提出自己的修正意见,在这种情况下,当事人可以通过询问相关证人来确认内容。

在上述对南非证据规则的介绍中,可以见得主导取证的是当事人而非法官。

七、上诉

《上级法院法案》②对于上级法院受理上诉的具体情形作出了规定。该法第16(1)条对下列情形作出了规定:

(a)若对高等法院独任法官作出的一审裁判提起上诉,并且在获得法庭允许的情况下,则可以向最高上诉法院或该庭的合议庭提起上诉[第16(1)

① 1947 (3) SA 23 (A) at 31.

② 2013年第10号《上级法院法》(The Superior Courts Act)。

(a)(ⅰ)]条;

(b)若对高等法院多位法官作出的一审裁判提起上诉,则可以向最高上诉法院提起上诉[第16(1)(a)(ⅱ)条];

(c)若对高等法院作出的二审裁判提起上诉,则可以向最高上诉法院提起上诉[第16(1)(b)条];

(d)若对与高等法院地位相似的法院的审判庭作出的裁判提起上诉,则可以向最高上诉法院提起上诉[第16(1)(c)条]。

在上述各类情况中,只有当一审法院或最高上诉法院允许上诉的情况下,该案才可上诉。

根据 Zweni v. Minister of Law and Order of the Republic of South Africa① 案所设立的原则,《上级法院法》第16(1)条中所规定的"裁判"具有如下三种属性:②

(ⅰ)该裁判具有终局效力,并且不可能被一审法院变更。

(ⅱ)该裁判必须明确确定各方当事人的权利,如该裁判授予当事人清楚明确的救济;

(ⅲ)该裁判应当包含对当事人在主要诉讼程序中所要求的救济作出有实质性意义的划分。③

根据《上级法院法》第17(1)条,只有当法官或有关法官持有如下意见的时候,才允许上诉:

(a)该上诉具有一定的胜诉可能性[第17(1)(a)(ⅰ)条];

(b)存在其他重大理由使得上诉必须被允许,如对涉诉争议可能产生冲突判决[第17(1)(a)(ⅱ)条];

(c)对一审裁判进行上诉,将产生实际影响或效果(换言之,如果对一审裁判进行上诉,但未能产生实际影响或效果,则上诉请求将不被允许)[第17(1)(b)条];

(d)若一审裁判未对案件的所有争议焦点作出处理,但通过上诉能够迅

---

① 1993 (1) SA 523 (A) at 5321 - 533B.

② See Cf. South African Broadcasting Corporation Soc Ltd. v. Democratic Alliance 2016 (2) SA 522 (SCA) at 5571 - 558D.

③ See VanStreepen& Germs (Pty) Ltd. v. Transvaal Provincial Administration 1987 (4) SA 569 (A) at 5861 - 587B; Marsay v. Dilley 1992 (3) SA 944 (A) at 962C - F.

速且公平公正地解决当事人之间的实际争议[第17(1)(c)条]。

如果当事人就非宪法性事项向宪法法院提起上诉,当且仅当该事项所涉的法律问题牵涉广泛的公共利益而必须由宪法法院进行考量时,该上诉请求才可能被允许。①

当一个判决正处于上诉状态或者已被允许上诉时,则该判决的效力待定,若已开始执行,则必须中止执行。②但是,若当事人提出并能够证明若中止执行该判决,其将有可能因此承受不可恢复的损害(以及另一方当事人不会承受不可恢复的损害),则法院仍可能会下发指令继续执行该判决。③如果法院作出上述指令,未受到诉讼利益的一方将自动获得向最高法院提起上诉的权利,且在此种情况下最高法院也必须将该上诉作为紧急事项处理并且接受该上诉请。④

八、集体诉讼

《宪法》第38条规定的任何人,当其在《权利法案》中规定享有的任何权利受到侵犯或者威胁时,都有权向具有管辖权的法院主张救济。例如,要求该法院声明当事人所享有的权利。在以下几种情况下,当事人有权向法院提起主张:

(1)代表自身利益时;

(2)当相关人士无法代表自身利益,则可以代表该人利益;

(3)是某一群体或某一类人群中的一员,或代表该群体或该人群的利益;

(4)代表公众利益;

(5)代表会员利益的组织协会。

普通法和成文法都未对不主张宪法权利的集体诉讼或者未主张权利法案中规定的权利的集体诉讼进行规定。

---

① 《宪法》第167(3)(b)(ⅱ)条。

② 2013年第10号《上级法院法》第18(1)条。

③ 2013年第10号《上级法院法》第18(1)~(3)条。

④ 2013年第10号《上级法院法》第18(4)条。

在 Children's Resource Centre Trust v. Pioneer Food (Pty) Ltd.[①]案中,最高上诉法院在普通法的基础上进行"扩张解释",允许针对非宪法性权利提起集体诉讼。[②]

最高上诉法院之所以作出这样的"扩张解释",是基于这样一个理由:基于宪法的权利请求与非基于宪法的权利请求具有相似性。因此就集体诉讼而言,区分宪法权利与非宪法权利的做法并不合理。

根据最高上诉法院所确立的规则,针对非宪法性权利提起的集体诉讼必须满足以下条件:

(1)证明文件[③]

集体诉讼的诉讼代表人,必须向法院提起申请,使其允许将此诉讼作为集体诉讼受理。此后,法院可以签发传令,召见该诉讼代表人。法庭在决定是否将该诉讼作为集体诉讼受理前,需要综合考量如下几方面因素:

(ⅰ)依据客观标准,该集体确实存在;

(ⅱ)诉讼理由中包括可裁判的问题;

(ⅲ)集体成员所面对的事实和/或法律是一致的;

(ⅳ)从诉讼理由反映出来的,所追求的救济或请求的损害赔偿,是可被查明的并且能被裁判的;

(ⅴ)当诉讼请求是损害赔偿请求时,应有合适的程序,使获得的损害赔偿可以向集体成员分配;

(ⅵ)被推选的代理人能够代表集体,进行诉讼;

(ⅶ)根据集体的组成情况及诉讼性质,集体诉讼,将会是解决集体成员们诉求的最恰当的方式。

(2)集体的定义[④]

在集体诉讼中,集体中的每一位成员在整个诉讼程序的所有阶段都必须对该诉讼请求具有诉讼利益。

---

① 2013 (2) SA 213 (SCA).

② 最高上诉法院基于《宪法》第 173 条,认为其有权发展普通法。根据《宪法》第 173 条,宪法法院、最高上诉法院及高等法院各自享有固有权利,有权为了司法利益需要,维护及规范各自诉讼程序及发展普通法。

③ At 226H - 227B, 228B - E and 229C - E.

④ At 229E - H and 213F - G.

(3)诉讼所涉争议必须是可裁决事项[①]

集体诉讼申请人必须能够证明该诉讼请求是依据法律提出,并能提供证据证明。换言之,该诉讼请求必须在法律上成立,并且能有初步证据能够证明其在法律上成立。

(4)向法院申请集体诉讼证明时所适用的程序[②]

申请证明时,申请人必须提供一份载明具体涉诉事由、诉讼集体相关信息,以及所希望向法院寻求的救济等相关信息的书面文件。宣誓书中必须载明已获取的证据、将来会被获取的证据及将来获取该证据的途径,以支持诉讼请求。

(5)集体诉讼必须具有共同的事实或者法律争议[③]

集体中的所有成员均具有共同的事实争议或法律争议,或者对共同的事实及法律均存在异议,且这些争议将一并在该集体诉讼中得到解决。

(6)诉讼代表人及其律师[④]

诉讼代表人可以是该诉讼集体中的一员,或者是能够代表集体利益的人。这一规则,适用于针对宪法权利提起的集体诉讼及其他类型的集体诉讼。代表人的利益不得与集体成员们的利益相冲突,并且,代表人应当具备相应的能力来进行诉讼。具体指:该诉讼代表人有能力获取证据,承担诉讼成本,以及与律师沟通。值得注意的是,该诉讼代表人与律师之间达成的有关律师费用支付的协议必须向所有诉讼参与人披露,并且应当避免律师与诉讼集体中任何一位诉讼参与人存在利益冲突。

在最高上诉法院对 Children's Resource Centre 案作出判决的同一天,最高上诉法院也对与该案争议内容类似的 Mukkaddam v. Pioneer Food (Pty) Ltd.[⑤]案作出了判决。在 Mukkaddam v. Pioneer Food (Pty) Ltd. 案中,面包经销商向法院提起集体诉讼,指控面包生产商有违反竞争法的固定价格行为。法官在 Children's Resource Centre 案与 Mukkaddam 案中给出的判决理由相当一致。在 Mukkaddam 案中,申请人想要是以"自愿加入"的方式参加集体诉讼,因为原告有权自行选择是否加入集体。最高上诉法院认为,这种情况下,

① At 232A – E and 233B – 236B.

② At 236A – F.

③ At 236F – 237D.

④ At 237D – 238D.

⑤ 2013 (2) SA 254 (SCA).

并非属于集体诉讼,而是共同诉讼。因为根据《高等法院规则》第 10 条,共同诉讼,允许多个原告加入一起诉讼案件当中。最高上诉法院认为,申请人为了自身利益提起集体诉讼,法院支持该种请求的唯一好处在于,申请人将不用独自承担责任费用。法院认为,这不构成充足的理由,以授权该起诉讼为集体诉讼。当事人可以依据《高等法院规则》第 10 条,发起共同诉讼。

在这之后,Mukkaddam 案以 Mukaddam v. Pioneer Foods (Pty) Ltd.[①]名义,向宪法法院提起上诉。宪法法院认为:[②]

(1)根据《宪法》第 173 条中所提及的"司法利益"这个概念,决定一个诉讼是否为集体诉讼,一个重要标准在于这个诉讼请求是否是为了"司法利益"。

(2)最高上诉法院在 Children's Resource Centre 案中设定的要求应当作为一个考量因素来决定某个诉讼请求中是否体现"司法利益"。但是,在通过集体诉讼申请之前,该因素不能作为前置条件或者被认定为管辖事实。

(3)上述提到的因素,均不构成诉讼争议的核心。

(4)根据《宪法》第 34 条及第 38 条的规定,在任何情况下,均不得对集体诉讼参与人行使正当权力进行限制及设置任何程序障碍使得一个符合条件的诉讼无法以集体诉讼的形式进行。除非被证明某些诉讼行为违反"司法利益",并且根据《宪法》第 137 条的规定,在此种情况下,必须有明确的理由能够证明"司法利益"受到影响。

(5)法院应当将集体诉讼,视为一种可以为当事人所使用的诉讼方式。但是需要指出的是,法院应当对集体诉讼保有一定程度的控制权。在某些案子中,正如最高上诉法院在 Mukkaddam 案中所认为的,允许一个诉讼以集体诉讼的方式进行可能未必恰当,甚至有可能与"司法利益"相悖。因此,法院必须将妨碍司法利益而不是促进司法利益实现的集体诉讼拒之门外。从这一角度而言,事先的证明制度,并非阻碍司法利益的实现,而是充当着促进司法利益实现的工具。

(6)如上文所述,根据非宪法性事项而提起集体诉讼之前,需要经由申请,并由法院决定是否允许此诉讼以集体诉讼的方式进行。但必须指出的是,如果当事人为实现《权利法案》中所赋予的权利而对国家提起集团诉讼则

---

① 2013 (5) SA 89 (CC).

② At 99D - 101C.

不适用前述规则。当所提起诉讼程序是针对某个公众人物的时候,由于该类公众人物不参与特定诉讼程序之中,因此针对这些人群而提起的诉讼,不能落入集体诉讼的范围内。若遇到此类情形,在没有对《宪法》第38条进行解释的情况下,询问是否需要根据此条取得事先证明以提起集体诉讼,是既不明智也没必要的。这一方面的问题,有待将来解决。

集体诉讼模式的出现,实际上对南非法官及法院提出了许多新要求以保证众多与诉讼所涉争议的利害关系人能够及时地加入到诉讼中来以解决相应争议。就这个程度而言,为了保证更多诉讼当事人能够及时地聚集到一起进而提起集体诉讼并且在集体诉讼中有效解决争议,法官需要积累必要的专业知识(从培训以及实践中获得)才可以保证其具备处理集体诉讼案件中所需要的各种专业技能。

九、可替代性民事纠纷解决机制

南非法律规定了三种形式的可替代性民事纠纷解决方式:(1)谈判;(2)调解;(3)仲裁。①

当前立法新趋势是支持可替代性解决机制的发展,如建立特别裁判庭等。

十、南非民事诉讼制度的改革

在1994年南非种族隔离制度废除以后,南非开始致力于新的社会政治制度与经济制度的改革。因此,南非民事诉讼相关法律制度也面临着改革压力,以应对社会的日益变化。在实践中,高昂的诉讼成本、法院低下的司法效率及诉讼程序的冗繁,是试图通过司法途径解决纠纷的当事人面临的主要问

① 1965年第42号《仲裁法》(the Arbitration Act)。See John A. Faris, The Procedural Flexibility of Arbitrationas an AdjudicativeAlternative Dispute Resolution Process, *De Jure*, 2008, Vol. 41, p.504. 仲裁程序可由正式的国内仲裁机构或国际仲裁机构进行,如国内仲裁机构:南非仲裁基金会。

题。因此,南非立法者面对的最大的挑战是如何为当事人降低诉讼成本,以使更多有需要的人可以通过司法途径解决纠纷。但实际上,南非的法律工作者们也在不断努力完善民事诉讼程序,并努力在宪法的框架下,发展完善民事诉讼程序,以期为有需要通过司法途径解决纠纷的公众铺平道路,维护《宪法》第34条赋予的"公众享有受到公平公正审判的权利"。

Civil Justice in South Africa

Danievan Loggerenberg

Abstract: The South African adversarial system of civil procedure in the High Court owes its origin to that of England. As with all civil procedural systems, the South African system is not stagnant. Its primary sources, namely Acts of Parliament and rules of court, are constantly amended in an attempt to meet the changing needs of society. Court delay and costinefficient procedural mechanisms, however, contribute to public dismay. The High Court, in the exercise of its inherent power to regulate its process, do so with the purpose of enhancing access to justice. The advantage of the system lies in the fact that it is not cast in stone but could, subject to the Constitution of the Republic of South Africa, 1996, be developed to make it more accessible to the public whilst protecting the public's fundamental rights entrenched in the Constitution and, in this regard, particularly the right to afair trial embedded in sec. 34 of the Constitution. This contribution gives an overview of the system with reference to the court structure, the judiciary, the process in the High Court and its underlying principles, appeals, class actions and alternative civil dispute resolution mechanisms.

Key Words: Court structures; Judiciary; Civil procedure in the High Court; Appeals; Class actions; South Africa

金砖国家法律研究(总第2卷·2017年)
第216~229页

以金砖新开发银行为视角探究金融体系发展趋势

——兼论“华丽转身”背后的潜在问题

张　鸽*

内容提要:金砖新开发银行的成立是发展中国家自主合作追求共同利益的成果,发展中国家为主导、各国平等享有话语权是其显著的特色。新开发银行的设立将使发展中国家完善基础设施建设、优化内部制度、减弱对原有金融秩序的依赖,投身本国的可持续发展。新开发银行的创新之处也预示着全新国际环境下金融体系和合作机制的发展趋势,倒逼着现有金融秩序改革完善。为了更好地运作新开发银行,并切实造福发展中国家,我们也需要深入分析其目前存在的隐患与问题,构建更稳定、科学的合作机制。

关键词:金砖新开发银行　发展中国家　合作机制　金融秩序

发展中国家在国际社会的表现越来越令人瞩目,经济发展在世界经济中所占总量不断提升,经济结构不断优化,增速有时远高于发达国家的一般水平,在国际贸易中产生日益重大的影响。根据WTO于2017年发布的《世界贸易统计年鉴》,在2016年,发展中经济体的商业贸易额占全世界总额的41%,而在商业服务中的份额也达到

---

* 张鸽,华东政法大学国际法专业硕士研究生。

了全世界总额的34%。[①] 发达国家与发展中国家不再是一种纯粹的此高彼低的位阶关系，而是各具发展特色与发展潜力。

在日新月异的国际金融形势下，反观久未变更的国际金融体系，不难发现陈旧的体系并不能适应当今的新发展，发展中国家在这种体系下的发展无疑会受到诸多约束与"瓶颈"。因此，为了自身的国家利益与发展契机，发展中国家集思广益进行了多种创立开发性金融体系的尝试，争取以独立的姿态为自身谋求福利，脱离发达国家控制的"游戏领域"。金砖新开发银行就是这些尝试之一，并且成功地付诸实践，产生了极大的影响力。

成立金砖国家开发银行的最初设想产生于2012年3月29日在印度德里举行的第四届金砖国家领导人峰会，但其实2011年4月第三届金砖国家领导人峰会上的《三亚宣言》中就包括有"加强金砖国家发展银行间金融合作"的计划。最终，在2014年7月15日于巴西福塔莱萨举行的第六届金砖国家领导人峰会上，"金砖五国"——巴西、俄罗斯、印度、中国、南非的领导人签署协议，宣布成立金砖国家开发银行，亦称"金砖新开发银行"。[②]

金砖新开发银行作为发展中国家创新的尝试，具有很强的代表性，反映的是整个国际金融体系的新风向，暗示着未来一段时间内国际金融变迁与发展的主流——趋于多元化、注重话语权、塑造利益共同体。

一、从发达国家一元主导到发展中国家多元平等

从"二战"后经济秩序重建到现如今，主流的经济和金融体系还是以发达国家为主导。比如最具有代表性的世界银行：它以发展和减贫为宗旨，为发展中国家的经济和社会发展提供资金支持和专业咨询。不可否认，世界银行在消除贫困和促进经济社会发展方面发挥了重要作用，但近年来其中的问题和弊端也不容忽视。因为发达国家的主导，其利益倾向并不可能顾及发展中国家的切实权益，对发展中国家的金融支持往往不足。发达国家参与程度高，影响力大，发展中国家虽然参与其中，但是被动决策多于主

① 参见《世界贸易统计年鉴2017》，载世贸组织网站：https://www.wto.org/english/res_e/statis_e/wts2017_e/wts2017_e.pdf，最后访问日期：2017年8月2日。

② 《金砖国家领导人第六次会晤福塔莱萨宣言》第11～12条。

动决策,同时,其陈旧的治理模式与发展中国家逐渐进步的实力并不相匹配。因此,虽然世界银行与国际货币基金组织(IMF),常被并列称为"二战"后世界金融体系的"两大支柱",但是它们存在的问题亦是各国有目共睹的。早在20世纪70年代,世界经济格局就曾发生过一次巨大的变革。随着"二战"结束之后德国和日本经济迅速复苏、崛起,美国和美元在世界经济和金融中的绝对统治地位开始面临严峻考验。1971年12月,《史密森协定》(Smithsonian Agreement)签订,美国终止了其向外兑出黄金、回购美元的义务,同时汇率平价调整、美元贬值。1973年,欧洲多国抛售美元,固定汇率制终结。至此,"美元与黄金挂钩、其他国家货币与美元挂钩"的布雷顿森林体系彻底崩溃了。① 旧体系的崩溃并没有令世界银行与IMF完全消失,这一次金融体系的改革并不算彻底,也没有呼唤出为发展中国家谋福利的全新金融体系,发展中国家在金融体系中被动受限的"瓶颈"状态没有得到根本的解决。但令人欣慰的是,旧体系的力不从心与最终崩溃促使着IMF的注意力逐渐向发展中国家转移。

对现有金融体系的另一次"当头棒喝"就要属2008年金融危机了。此次波及全球的金融危机对美国造成自20世纪30年代"大萧条"以来的最大打击,美国的经济稳定性、政治信用度、制度优越性受到空前的质疑,而其他的发达国家也难逃一劫。可以说,这次金融危机在经济、制度等多个层面对美欧的金融主导地位产生了消极影响,也刺激着发展中国家跳出窠臼,寻求自己独立的发展路径。英国《金融时报》专栏作家马丁·沃尔夫曾明确指出,"我们不仅正在目睹美国自诩为'唯一超级大国'的短暂时期的结束,从更广泛的意义上说,我们也正目睹延续多个世纪的西方主导地位的终结……相对衰落的西方将不得不与世界其他地区合作"。②

显然,国际金融的发展正在由发达国家的"一元驱动"转变为发达国家与发展中国家"多元并驱",充分体现着各国之间的"包容性竞争"。③ 以此为背景,由发展中国家主导的新的金融体系——金砖银行应运而生。实际上,约

① 参见高海红:《布雷顿森林遗产与国际金融体系重建》,载《世界经济与政治》2015年第3期。

② [英]马丁·沃尔夫:《中国能"和平"崛起吗?》,载FT中文网:http://www.ftchinese.com/story/001035645? full=y,最后访问日期:2016年12月27日。

③ 樊勇明、贺平:《"包容性竞争"理念与金砖银行》,载《国际观察》2015年第2期。

瑟夫·斯蒂格利茨(Joseph Stiglitz)和尼格拉·斯特恩(Nicholas Stern)早已提出发展中国家组建开发银行的构想。① 令人欣慰的是,这一理论设想近几年终于得以付诸实践。根据金砖国家达成的协议,金砖银行的核定资本为1000亿美元,初始认缴资本为500亿美元,由初始成员"金砖五国"平均出资,各国享有平等的投票权。5个成员国都将派出自己的财政部长或央行行长,担任银行的董事代表,负责制定银行具体操作规程。因此在实践层面,金砖新开发银行也确实做到了让发展中国家平等共赢。此外,金砖新开发银行还保持了一种"开放性":允许更多具有相同利益诉求的发展中国家加入其中。其成员国并不局限于目前的五国,随着条件的成熟,今后会有更多的发展中国家纳入该机构,共享该金融体系带来的福利。②

新开发银行秉持着"发展中国家平等主导""为发展中国家服务"的宗旨,为新兴经济体和广大发展中国家提供了崭新的平台,在国际金融诸多领域为发展中国家作出了贡献。

(一)优化发展基础设施建设

根据世界银行的估计,发展中国家存在1万亿美元以上的基础设施缺口,并且随着更多的低收入国家进入发展正轨,全球基础设施的投资需求会更大。此外,由于存在市场失灵,基础设施的实际供给量通常小于最优供给量。而且由于大多数基础设施建设项目具有资本密集、投资期长、沉没成本巨大等特点,供给的短期边际成本远远超出长期平均成本,极易造成现金流的严重期限错配。③ 发展中国家的基础设施建设不仅缺少资金,实际上还缺乏吸引并高效运作资金的规则和制度。就金砖五国而言,目前普遍面临的新挑战是实现更高层次的经济发展,实现可持续发展和保持经济相对高速增

① 2012年,印度外交部长克斯纳(SM Krishna)在访谈中说,提议建立金砖国家开发银行的原创来自斯蒂格利茨和斯特恩。他们认为,为满足新兴发展经济体的投资需求,应建立金融中介系统即南南开发银行(后被称为"金砖开发银行""金砖国家开发银行""金砖国家银行"等),以循环利用自身储蓄。参见王龙云:《金砖五国领导人会议将举行或成立联合开发银行》,载《经济参考报》2012年3月27日。

② 唯一的附加条件是金砖国家的资本金份额不低于55%,这是为了保证新开发银行的控制权由发展中国家掌握。

③ 参见潘庆中等:《"新开发银行"新在何处——金砖国家开发银行成立的背景、意义与挑战》,载《国际经济评论》2015年第2期。

长,增强在国际社会的适应力和影响力。①

在这样的需求背景下,新开发银行坚持以支持基础设施建设为主营项目,弥补世界银行与IMF不足,为发展中国家稳健发展提供保障,实为开发性金融模式的重要推广者。新开发银行不仅有助于为发展中国家在交通、电力、电信、环境保护等方面的投资提供资金支持,同时还能在项目规划、设计、建设、运营的过程中促进投资地的信用与制度建设,因此既从外部进行资金保障,又从内部进行机制优化,保证了发展中国家基础设施建设长期、稳定的发展。

(二)协力提升外汇储备收益

金砖国家存在一个显著的问题:具有巨额的外汇储备,但没有渠道进行有效投资。金砖国家目前的投资理念相对陈旧、刻板与保守:对持有安全性高、收益率低的发达国家国债具有很高的偏好,但对企业债券、股票等的投资偏好较低。但是这样的投资结构并不利于外汇储备获得高效的收益。② 发达国家在经历了次贷危机之后,国债年收益率远低于股票等投资的收益。金砖国家本就资源紧张、储备过高,再将投资依赖于发达国家国债等单一、陈旧的渠道,难免有点儿"吃力不讨好"。因此,寻找外汇储备保值增值新渠道迫在眉睫。

通过新开发银行建立金砖国家金融合作机制,不失为解决上述问题的可行路径之一。首先,新开发银行可以通过央行资本金的认缴集中各国外汇储备,同时通过债券发行、国际金融市场融资等途径,有效聚集金砖区域内及国际间的闲散资金,加强资金供求之间时空转移的效率,统筹资金运作,减少部分领域资金过剩、部分领域资金匮乏的不平衡问题。这种"协调管理"的模式具有更强的协动性、合作性、互补性,有助于从整体战略上提高储备管理效率。其次,将大量的外汇储备作为新开发银行资本金进行运用,也将减轻央行基础货币投放的负担,缓解通货膨胀的压力。再次,新开发银行可以通过发放贷款、投资实体经济、基础设施建设等方式拓展投资渠道,对基础设施的

① 参见金砖国家基础设施质量统计情况,源自于世界经济论坛:《全球竞争力报告2016~2017》,载世界经济论坛:https://cn.weforum.org/reports/2016-2017,最后访问日期:2017年8月1日。

② 参见[美]拉吉夫·比斯瓦斯:《重塑金融结构,推动开发性金融的发展——论新开发银行》,顾海燕译,载《国外理论动态》2015年第9期。

投资还能刺激金砖国家内需，带动经济增长，可谓一举两得。最后也是最重要的是，新开发银行这一创新的金融合作机制为各个国家提供了集思广益的平台，新开发银行可以借鉴各国实践经验，变换考虑与尝试资金期限、规模、币种、风险的各种组合，以期满足中长期投融资需求并保证收益水平。可以说新开发银行的合作机制可以从思路上与路径上解决外汇储备过量而投资收益不足的问题。

（三）共同促进货币多元独立

新开发银行的设立将促进金砖国家的经济一体化，这也必然推动货币的国际化、增加内部投资和贸易，形成良性循环。金砖国家将逐步降低对美元及对不公正的国际经济秩序的依赖性。① 全新的合作机制还能促进各个金砖国家银行及资本市场间的合作，以及资源环保与高新技术等领域的投融资合作，扩大本币结算和贷款业务。这一进程也将促进国际货币多元化，从而推动平等公正的新货币体系建立。美元一家独大的情况得以缓解，就意味着各国货币可以趋于平等，这也能够逐渐摆脱以往世界银行与 IMF 对发展中国家贷款施加的严苛附加条件，减少政治因素对金融体系的影响，真正构建一个合理、公正有序的国际经济新秩序。

二、从重视参与权到追求话语权

既存的国际金融体系普遍能够重视给予各国以参与权，在准入门槛上没有过多不合理的限制，但是平等的准入机会并不代表各国在其中享受的话语权平等。比如说世界银行对发展中国家的贷款往往伴随附带条件。此外，亚洲开发银行也不例外，因为长期受到美、日等大国战略的影响，因此没有充分考虑发展中国家的诉求。可见在原有的金融体系中，发达国家处于主导地位，具有很强的话语权与控制权，而新兴市场和发展中经济体在机构治理上的话语权却无法做到与其经济实力相匹配。各国是根据出资额的多少来决定话语权的大小，因此充当贷款国的大国与充当借款国的小国之间无法平等地享受机会与权益。

---

① 参见赵继臣：《金砖银行与人民币国际化的机遇》，载《国际观察》2015 年第 2 期。

其实,新开发银行并不是发展中国家努力提高话语权的第一次尝试。发展中国家早已意识到如此僵化的体系可能会制约自身的发展,也感受到了抗争的必要性,并付诸行动。20世纪60年代末,出于对世界银行和美洲开发银行(Inter-American Development Bank)的不满,哥伦比亚、智利、委内瑞拉、秘鲁、玻利维亚等国创建了拉丁美洲开发银行。20世纪90年代亚洲金融危机期间,许多东亚、东南亚国家对IMF的救助感到失望,认识到加强地区金融合作的重要性,紧接着东盟十国和中国、韩国、日本于2000年5月4日在泰国清迈共同签署建立区域性货币互换网络的协议,也即"清迈倡议"。[①] 2009年12月,阿根廷、巴西、巴拉圭、厄瓜多尔、乌拉圭、玻利维亚、委内瑞拉7个拉丁美洲国家签署协议,计划成立南方银行(Bank of the South)。发展中国家作出的以上努力具有同一个目的:规避世界银行等现有金融机构发放贷款时的苛刻条件,[②]加强发展中国家间合作,为区域发展特别是基础设施建设提供更实际的资金支持。

金砖国家明确反对"出资额等于话语权"这一理念,并在《福塔莱萨宣言》中强调:虽然各国能力和发展水平不同,但在全球经济、金融和贸易事务中应当权利平等、机会平等和参与平等。同时,新开发银行的年度报告将不同于其他金融机构的报告,会更多地、更有侧重地反映新兴经济体的声音,表达发展中国家的需求,也可以为判断世界经济发展趋势提供另一个全新的视角。

新开发银行创建的合作机制以一种透明而又直接的方式,赋予了各参与国平等的话语权。传统的国际多边开发银行,基本上都是大股东主导的治理模式,按照经济实力决定出资比例,投票权与出资比例挂钩。不同于传统的开发银行,新开发银行坚持以"平等共治"为治理原则。其行长由5个成员国家轮流委任,第一任行长来自印度,董事局主席来自巴西,理事会首届主席来自俄罗斯。中国上海被选为总部所在地,新开发银行的非洲区域中心则设在南非。5个成员国平等分享这一新的多边开发银行治理权力,开创了国际多边开发银行的全新治理模式。对于新开发银行的治理创新,中国财政部副部长朱光耀作出了这样的评价:"金砖国家开发银行的建立,体现了一种创新的机制模式,反映

① 2008年金融危机之后,清迈倡议升级为"清迈倡议多边化协议"(Chiang Mai Initiative Multilateralization)。

② 世界银行一直由美国主导,其对发展中国家的金融支持在国别和项目的选择等问题上常常受到美国政府的左右。例如,1972年的《冈萨雷斯修正案》(The Gonzalez Amendment)规定,总统应授意每一个多边开发银行的执行董事,投票反对(没收美国资产的)国家运用机构的资金。

了金砖国家改革的理念。它确实与现有的开发银行不同，它的构成不是以经济规模作为股权分配的基础，而是按照平等的原则，5 个国家平分股权份额，各占 20%，这在开发银行机制上确实是一种新的探索、新的尝试。”①

新开发银行的意义与价值并不局限于金砖五国能够享有平等的话语权，更在于它开创了一种全新的合作机制与合作理念：各国可以超脱于投资比例，享受极其透明与纯粹的平等，拥有不受政治因素影响的话语权。在发展中国家日益壮大的国际情势下，各国逐渐从满足于参与权走向了重视话语权。新开发银行的实践也预示着新时期国际金融体系发展不可逆转的趋势：发展中国家越来越注重与自己地位相匹配的话语权，越来越追求受到实质公平的对待。

三、从区域集中性到诉求集中性

基于一定目的而建立的新兴金融体系大多具有区域集中的倾向。例如，亚洲开发银行主要致力于促进亚洲及太平洋地区发展中成员经济和社会的发展。南方银行宗旨是为南美国家融资提供更多的选择，减少世界银行和 IMF 通过贷款对南美各国经济政策的干预。诸如此类的区域集中性金融机构还有很多，其合理性在于地理位置集中的国家政治、经济、文化因素更具相通之处，而且经济往来更为密切，容易基于共同的目标开展合作。因此很多学者认为新开发银行很可能是一种“重复建设”。比如古斯塔博 · 弗朗哥等认为：国际上现已成立美洲、非洲、亚洲、欧洲开发银行等区域性金融机构，金砖国家分别是各自的成员，可满足其投资需求，若再组建金砖国家开发银行，无疑是重复建设。②

但是从另一方面分析，在通信技术、电子科技迅猛发展的时代，地理差异的影响大幅下降，不同地理环境的国家与经济体也可以享受科技的优势展开全新意义上的合作，因此过分局限于地缘因素反而会让全球金融体系的创新受限。新开发银行就是利用科技与通信优势，顺应全球化浪潮，冲破地缘禁

---

① 朱光耀：《金砖成员国合作进入机制化进程》，载中国经济网：http://intl. ce. cn/specials/zxxx/201412/15/t20141215_4126626. shtml，最后访问日期：2017 年 4 月 20 日。

② 参见李昕：《前巴西央行行长：金砖开发银行与外交官的大富翁游戏》，载财新网：http://special. caixin. com/2013 - 06 - 24/100545105. html，最后访问日期：2017 年 5 月 20 日。

锢的创举,其运作根本不可能因为成员国地理位置的分散而受阻,真正起决定性作用的是各国之间的合作利益及金融合作机制的合理性。

尽管金砖国家已经是诸多金融机构的成员,但它们在其中的投票权较低,话语权不足,从中切实获得的融资和所起的作用十分有限,新开发银行正是这些国家为了实现自身发展(无论是加强基础设施建设还是实现其他领域金融创新)、追求共同利益而达成的共识,从根本上来看,促使金砖国家加强机制化合作的纽带在于其共同的发展使命。《福塔莱萨宣言》指出:“该银行将本着稳健的银行业经营原则,深化金砖国家间合作,作为全球发展领域的多边和区域性金融机构的补充,为实现强劲、可持续和平衡增长的共同目标作出贡献。”而新开发银行首任行长瓦曼·卡马特在开业演讲中也表示,“金砖银行并不是要挑战现有体系,而是要不断补充现有体系,银行运营中将尽量采用最佳实践,并以此为基础,争取做得更好”。[①] 为实现共同发展目标,也照顾五成员国显示发展的需要,新开发银行选择聚焦基础设施建设,更具针对性地服务发展中国家。基础设施建设不仅可以在实体工程上造福发展中国家,促进内部制度优化,而且可以带动更多私人资本注入,动员更多的社会资金弥补基础设施建设缺口,务实地为发展中国家的可持续发展目标做贡献。实际上,金砖国家也牢抓最初建立金砖合作机制的目标与宗旨,通过历次会议推进合作的不断完善,并取得了显著成果。

金砖历次峰会及成果汇总

届数与时间	地点	参与国家	成果
第一届 2009年6月	叶卡捷琳堡 (俄罗斯)	中国、印度、俄罗斯、巴西	正式启动了金砖国家之间的合作机制。 发表《“金砖四国”领导人俄罗斯叶卡捷琳堡会晤联合声明》。 呼吁建立一个更加多元化的货币体系
第二届 2010年4月	巴西利亚 (巴西)	中国、印度、俄罗斯、巴西	就世界经济金融形势、国际金融机构改革、气候变化、“金砖四国”对话与合作等问题交换看法,并发表《联合声明》。四国商定推动“金砖四国”合作与协调的具体措施,“金砖国家”合作机制初步形成

① 《金砖银行今日上海开业:将更名为新开发银行》,载《第一财经日报》2015年7月21日。

续表

届数与时间	地点	参与国家	成果
第三届 2011 年 4 月	三亚 (中国)	中国、印度、俄罗斯、巴西、南非	此次会议的亮点是新成员南非首次参加会晤,金砖四国开始变为金砖五国。会议通过《三亚宣言》,对金砖国家的未来合作进行了详细的规划
第四届 2012 年 3 月	新德里 (印度)	中国、印度、俄罗斯、巴西、南非	发表了《新德里宣言》。探讨了成立金砖国家开发银行的可能性,希望该银行能与世界银行并驾齐驱。 签署了两项旨在扩大金砖国家本币结算和贷款业务规模的协议,使金砖国家间的贸易和投资便利化
第五届 2013 年 3 月	德班 (南非)	中国、印度、俄罗斯、巴西、南非	发表了《德班宣言》和行动计划。会议决定设立金砖国家开发银行、外汇储备库,宣布成立金砖国家工商理事会和智库理事会。会晤以金砖国家同非洲的伙伴关系为主题,首次举行了金砖国家与非洲领导人对话会
第六届 2014 年 7 月	福塔莱萨 (巴西)	中国、印度、俄罗斯、巴西、南非	五国领导人决定,成立金砖国家开发银行,总部设在中国上海。建立金砖国家应急储备安排。五国领导人还共同见证了多项合作协议的签署。 会议发表《福塔莱萨宣言》
第七届 2015 年 7 月	乌法 (俄罗斯)	中国、印度、俄罗斯、巴西、南非	汇总历年合作成果,计划进一步加强合作,在尊重和坚持基于《联合国宪章》的国际法方面捍卫共同利益。 会议发表《乌法宣言》
第八届 2016 年 10 月	果阿 (印度)	中国、印度、俄罗斯、巴西、南非	主题为“打造有效、包容、共同的解决方案”。 发表《果阿宣言》

(资料来源:根据中国外交部网站相关资料整理,载 http://fmprc.gov.cn; https://www.brics2017.org/hywj/ldrhwwj/,最后访问时间:2017 年 7 月 18 日。)

新开发银行建立的基础在于金砖五国共同发展的现实需要,也当然会体恤其他具有相同诉求的发展中国家的需要,因此不会在发展合作项目中附加具有价值观导向的政治或者经济条件。可以说,新开发银行不是一个地缘集中性合作机构,也不是一个价值观绑定和输出机构,而是以共同利益诉求为纽带建立的新兴合作机制。

总的来说,新开发银行体现了全新的金融体系构建趋势与核心特点:发展中国家越来越能把握自身的金融发展,新旧力量间也能从对抗博弈走向合作共赢。其筹建运行及未来更多潜在成员的加入,将有效推动现有多边国际金融机构的改革。

四、华丽转身时也要正视现实瑕疵

新开发银行的"新"突出体现在赋予发展中国家新地位,立足于世界经济新格局,构建金融合作新机制,①它其实是发展中国家在发达国家主导的金融体系中无法找到合适的发展机遇,进而动用自身力量,集结自身伙伴构建全新金融合作机制的一种尝试。对这样的一次尝试,有拍手称赞,也不乏抨击诟病。作为金砖五国之一,中国更要关注新开发银行"华丽转身"背后潜在的问题。为实现新开发银行主张的目标,必须不断地发现问题、纠正问题。

(一)处理外部竞争关系:明确自身所处地位

自2012年新德里峰会提出建立金砖银行以来,关于其与现有金融体系之间关系的讨论从未停止过。"对抗论""补充论""互动论"等各种讨论浪潮此起彼伏。② 主要的争议在于:新开发银行是对现有金融体系的有益补充与完善,还是对抗与挑战。

持对抗论观点的以美国雪城大学政治学教授坎贝尔(Horace G. Campbell)为代表,他认为,新开发银行为贫穷国家打造了提供贷款的金融平台,有能力挑战美国的"过度特权",并将挑战世界银行在当今国际经济体系中的地位。③ 此外海牙全球正义研究所的一项研究认为,新开发银行的建立可能给本已过度多样的国际体系带来伤害,并鼓励墨西哥、印度尼西亚、韩国和土耳其(所谓的MIST国家)采取类似的行动,使全球治理的重心从国际货币基金组织和世界银

---

① 参见潘庆中等:《"新开发银行"新在何处——金砖国家开发银行成立的背景、意义与挑战》,载《国际经济评论》2015年第2期。

② 参见樊勇明、贺平:《"包容性竞争"理念与金砖银行》,载《国际观察》2015年第2期。

③ 参见[美]贺拉斯·坎贝尔:《金砖银行挑战美元的"过度特权"》,张艺等译,载《中国投资》2014年第8期。

行等向不同国家联盟的新合作机制转移。① 对抗论者基本观点是,新开发银行挑战了原有的金融体系,很可能导致现有金融秩序混乱并受到威胁,是一次带有竞争野心的尝试。

持补充论观点的则以美国哥伦比亚大学金融学教授琼斯(Stephany Griffith-Jones)为代表,在他看来,金砖银行的优势在于它重视五国的国家开发银行之间的紧密互动,因此将有助于补充与完善现存金融体系,具体而言即能够弥补世界银行和其他地区发展银行的不足之处。②

以上论点基于自身的立场,均具有一定的合理性,但也侧面反映了新开发银行在自身地位性质界定上不够明确。因此,新开发银行在投入运作、切实贡献的同时,必须明确自身的性质地位,妥善处理与其他现有金融机构之间的竞争关系。

客观地说,新开发银行兼具补充性和竞争性,顺应了国际发展合作体系变迁的客观趋势和需要。③ 其补充性体现在弥补了现有金融体系对发展中国家权益关注的不足。它赋予发展中国家的话语权、平等共治权都达到了前所未有的高度,与发展中国家日益壮大的现状相吻合。而以上突出的优势必然导致新开发银行构成了对现有金融体系的潜在竞争与挑战。发展中国家看到新开发银行对自身基础设施建设、外汇储备收益、货币国际化、提升话语权及获取发展利益具有优势时,将会提高在本金融机制内的合作程度,在事实上打击了原有金融体系的权威地位。因此,新开发银行必须充分而全面地认识到自身的补充性与竞争性,与原有金融体系合作互动、良性竞争,共同促进国际金融新秩序的构建。

(二)巩固内部合作基础:求同存异、加强合作

新开发银行的良好运行离不开金砖各国之间的扎实的合作基础与良好合作关系。但我们必须认识到,目前的金砖国家还是一个相对松散、非正式的合

① See Jill Coster van Voorhout, Thorsten Wetzling, The BRICS Development Bank: A Partner for the Post - 2015 Agenda?, *Policy Brief*, November 2013, The Hague Institute for Global Justice, p. 4, Accessed October 27, 2016. http://thehagueinstituteforglobaljustice. org/cp/uploads/publications/policy - brief - 7 - BRICS_1391003524. pdf.

② See Stephany Griffith-Jones, A BRICS Development Bank: A Dream Coming True?, *Discussion Paper for United Nations on Trade and Development*, No. 215, p. 14, Accessed July 8, 2017. http://unctad. org/en/PublicationsLibrary/osgdp20141_en. pdf.

③ 参见张海冰:《新开发银行的发展创新》,载《国际展望》2015 年第 5 期。

作框架,①各国在具体合作过程中仍存在不少分歧与障碍,新开发银行未来的筹建和运营仍有待于各国进一步求同存异。此外,金砖各国合作也容易陷入"集体行动失灵"的泥淖之中,②金砖各国作为理性经济人,始终会以本国利益作为其政策的立足点,因而有可能产生依赖或投机心理,不能积极主动地贡献自己的那一部分力量。

在具体合作过程中,也要注意处理平权共治带来的效率低下的问题。金砖国家的平权决策模式与大多数现有多边金融机构以某些大国为主导的决策方式不同,不存在制度上的主导者、决策者,任何一国都不拥有制度上的主导权。这种平权治理、决策的合作机制是国际多边合作的一次创新尝试,充分保障了各国平等的话语权。但是注重绝对公平的同时很容易影响决策的效率,且易受各国政治因素、政策导向的影响,很难高效达成共识。因此各国也需要在实践中总结经验,创建兼具公平与效率的治理、决策机制。

虽然新开发银行主张的是"平权共治、合作共赢",并不规定主导力量,但是这不代表更具实力的国家不能发挥带头作用。中国经济占金砖国家经济总量一半以上,经济规模超过其他四国总和,经济增长在五国中相对稳定,宏观经济环境也较为健康。因此,新开发银行事实上的核心推动力就是中国,其在新开发银行中的行动可以起到很好的表率作用。通过中国积极带领,各国可以深度挖掘共同利益,求同存异、鼎力配合,金砖国家及新开发银行都得以具备更加牢固的合作基础。

金砖新开发银行作为发展中国家为主要力量构建金融合作机制的一次实践,具有深远的时代意义,其构建的平台不仅服务于目前发展中国家具体的建设,更是发展中国家合作进行可持续发展的重要根基。发展中国家得以实现自我的发展目标,提升话语权,减轻对发达国家主导的金融体系依赖程度,以独立的姿态推进国际金融新秩序的建立。与此同时,发展中国家也要求同存异,深化合作根基,保证合作效率,提高合作水平,与原有的金融体系相互借鉴、良性互动,为国际金融的和谐健康发展奉献一己之力。

---

① 参见潘庆中等:《"新开发银行"新在何处——金砖国家开发银行成立的背景、意义与挑战》,载《国际经济评论》2015年第2期。

② See Stuenkel, Oliver, The Financial Crisis, Contested Legitimacy, and the Genesis of Intra-BRICS Cooperation, *Global Governance*, Vol. 19, Issue 4 (October-December 2013), pp. 611 – 630.

Exploring the Development Trend of Financial System from the Perspective of New Development Bank of BRICS

—Currently Discuss Potential Problems Behind the "Gorgeous Turn-back"

Ge ZHANG

Abstract: The establishment of new development bank of BRICS is the result of the cooperation of the developing countries in pursuing common interest. The distinctive feature of the bank is that developing countries play the leading role and enjoy equal discourse power. The establishment of new development bank enables developing countries to improve their infrastructure construction, optimize the internal system and weaken the dependence on original financial order. They can be devoted to sustainable development of themselves. The innovation of the new development bank also indicates the new development trend of the financial system and cooperation mechanism against the new international background, which may stimulate the reformation of the current financial order. In order to operate the new development bank and benefit the developing countries in a better way, we also need to analyze potential problems to build a more stable and scientific cooperation mechanism.

Key Words: New Development Bank of BRICS; Developing countries; Cooperation mechanism; Financial order

图书在版编目(CIP)数据

金砖国家法律研究. 总第2卷. 2017年 / 林燕萍, 杜涛主编. -- 北京 : 法律出版社, 2018
ISBN 978-7-5197-1972-2

Ⅰ. ①金… Ⅱ. ①林… ②杜… Ⅲ. ①法律-研究
Ⅳ. ①D9

中国版本图书馆CIP数据核字(2018)第021931号

金砖国家法律研究(总第2卷·2017年)
JINZHUAN GUOJIA FALÜ YANJIU
(ZONG DI-2 JUAN·2017NIAN)

林燕萍 杜 涛 主编
陈文婧 执行主编

责任编辑 汤子君 张发靖
装帧设计 鲁 娟

出版 法律出版社
总发行 中国法律图书有限公司
经销 新华书店
印刷 北京京华虎彩印刷有限公司
责任校对 郭艳萍
责任印制 陶 松

编辑统筹 学术·对外出版分社
开本 720毫米×960毫米 1/16
印张 14.75
字数 227千
版本 2018年3月第1版
印次 2018年3月第1次印刷

法律出版社/北京市丰台区莲花池西里7号(100073)
网址/www. lawpress. com. cn
投稿邮箱/info@ lawpress. com. cn
举报维权邮箱/jbwq@ lawpress. com. cn
销售热线/010-63939792
咨询电话/010-63939796

中国法律图书有限公司/北京市丰台区莲花池西里7号(100073)
全国各地中法图分、子公司销售电话:
统一销售客服/400-660-6393
第一法律书店/010-63939781/9782 西安分公司/029-85330678 重庆分公司/023-67453036
上海分公司/021-62071639/1636 深圳分公司/0755-83072995

书号:ISBN 978-7-5197-1972-2 **定价**:58.00元
(如有缺页或倒装,中国法律图书有限公司负责退换)